Pour comprendre
la crise argentine

Collection **Horizons Amériques Latines**
dirigée par Denis Rolland, Joëlle Chassin Pierre Ragon et Idelette Muzart Fonseca dos Santos

Déjà parus

ABBAD Y LASIERRA I., Porto Rico, (1493-1778). *Histoire géographique, civile et naturelle de l'île*, 1989.
BALLESTEROS Rosas L., *La femme écrivain dans la société latino-américaine*, 1994.
GRUNBERG B., *Histoire de la conquête du Mexique*, 1996.
LECAILLON J.-F., *Résistances indiennes en Amériques*, 1989.
LECAILLON J.-F., *Napoléon III et le Mexique. Les illusions d'un grand dessein*, 1994.
MINAUDIER Jean-Pierre, *Histoire de la Colombie. De la conquête à nos jours*, 1996.
ROINAT C., *Romans et nouvelles hispano-américains. Guide des oeuvres et des auteurs*, 1992.
ROLLAND D. (ss la dir.), *Amérique Latine, Etat des lieux et entretiens*, 1997.
ROLLAND D. (dir.), *Les ONG françaises et l'Amérique Latine*, 1997.
SARGET M..-Noëlle, *Histoire du Chili de la conquête à nos jours*, 1996.
SEQUERA TAMAYO I., *Géographie économique du Venezuela*, 1997.
CAMUS Michel Christian, *L'Ile de la tortue au cœur de la flibuste caraïbe*, 1997.
ESCALONA Saul, *La Salsa, un phénomène socioculturel*, 1998.
CAPDEVILA Lauro, *La dictature de Trujillo*, 1998.
BOHORQUEZ-MORAN Carmen L., *Francisco de Miranda. Précurseur des Indépendances de l'Amérique latine*, 1998.
LANGUE Frédérique, *Histoire du Venezuela, de la conquête à nos jours*, 1998.
LE GOFF, Marcel, *Jorge Luis Borges : l'univers, la lettre et le secret*, 1999.
RIVELOIS Jean, *Drogue et pouvoir. Du Mexique des princes aux paradis des drogues*, 1999.
PROCÓPIO Argemiro, *L'Amazonie et la mondialisation. Essai d'écologie politique*, 2000.
De AlMEIDA Paulo Roberto et Katia de Queiros Mattoso, *Une histoire du Brésil*, 2002.
LANGUE Frédérique, *Hugo Chavez et le Venezuela*, 2002.
PRADENAS Luis, *Le théâtre au Chili : traces et trajectoires (XVIe – XXe siècle)*, 2002.

Denis Rolland et Joëlle Chassin éditeurs

Christophe Aguiton, Jean-Michel Blanquer, Daniel Campi,
Laurence Caramel, François Chesnais, Thomas C. Dawson, Daniel
van Eeuwen, Rubén Elsinger, Ted Goertzel, Marianne Gonzalez,
Pierre Kalfon, Horst Köhler, Jean Jacques Kourliandsky,
Anne O. Krueger, Christine Legrand, Estela López, Serge Marti,
Pascal Morand, Pablo Ortemberg, Susana Peñalva, Florence Pinot,
Carlos Quenan, Pierre Salama, Marcos Savini, Jérôme Sgard,
Marcelo E. Sili, Anoop Singh, Joseph E. Stiglitz, Arnaud Zacharie

Avec l'aimable autorisation d'*Alternatives Internationales,* d'ATTAC,
d'*Espaces Latinos*, du FMI et du journal *Le Monde*

Pour comprendre la crise argentine

Collection
Horizons
Amériques latines

Institut d'Etudes Politiques
Strasbourg

L'Harmattan

Cet ouvrage a pour point de départ un débat public organisé par Denis Rolland, Joëlle Chassin et les éditions L'Harmattan en mai 2002 sur le thème « La crise en Argentine ».

Nos remerciements chaleureux :
- aux participants (Marianne Gonzalez, Estela López, Isabel Santi, Pablo Ortemberg, Carlos Quenan) et nombreux assistants de ce soir-là,
- à Pilar Bernaldo Gónzalez et Geneviève Verdo qui ont relayé l'invitation des éditions L'Harmattan,
- à Marie-Christine Lacoste, administratrice du réseau internet sur l'Amérique latine de Toulouse,
- à Bruno Mauprivez du FMI (Paris),
- à William Emmanuel, Reuters (Paris),
- à Devrig Mollès (doctorant, Strasbourg 3),
- à tous ceux qui nous ont autorisés à reprendre ici un de leurs textes,
- à l'Institut Universitaire de France,
- et aux organismes qui nous ont permis de reproduire certaines de leurs publications parmi lesquelles :
- *Alternatives Internationales*,
- ATTAC,
- *Espaces Latinos*,
- le Fonds Monétaire International.
- *Le Monde*,
- *Le Monde diplomatique*,
- *The Washington Post*,

Traduction et adaptation des textes argentins : Joëlle Chassin avec Denis Rolland

Pour François-Xavier Guerra,

Carte politique de l'Argentine
d'après Alain Rouquié, *L'Argentine*, Paris, PUF, 1984, p. 25.

© L'Harmattan, 2003
ISBN : 2-7475-3865-6

Sommaire

Introduction : Argentine, un an après, *Denis Rolland* 9

1. Clés générales 13

Où vont les Amériques ? *Jean-Michel Blanquer* 15
Document : Amérique latine : les revers d'une libéralisation
   précipitée, *Laurence Caramel et Serge Marti*, Le Monde,
   15-10-2002 20
Après la décennie perdue, la décennie piégée par
   le libéralisme, *Pierre Salama* 22
Repères chronologiques : la crise en Argentine et
   dans les pays voisins, *Denis Rolland* 26

2. Clés économiques et financières 33

Une crise inédite, *Carlos Quenan* 35
Document : Should Countries like Argentina be able
   to Declare Themselves Bankrupt? *Anne O. Krueger*,
   FMI, 18 janvier 2002 45
« Chronique d'une crise annoncée », *Pierre Salama* 48
Document : L'Argentine face aux institutions financières
   internationales, *Christine Legrand*,
   Le Monde, 20-11-2002 57
Document : Why the Nation That Followed the Rules Fell
   to Pieces, *Joseph E. Stiglitz*, Washington Post,
   12 mai 2002 60
Le FMI et le désastre argentin, *Jérôme Sgard* 65
Document : IMF Extends Argentina's SRF Repayment
   Expectation by One Year, FMI, 20 novembre, 2002 74
Le meilleur élève devenu bonnet d'âne, *Arnaud Zacharie* . 75
Document : Dette illégitime ou criminalité financière contre
   développement humain, *Arnaud Zacharie*, ATTAC,
   juin 2001 80
Libéralisation de l'économie et « désalarisation » sous
   contrainte : l'Argentine de l'an 2000 en proie à
   une crise structurelle, *Susana Peñalva* 83
Document : Ce qui se joue en Argentine, *François Chesnais* 109

3. Clés historiques, politiques et sociales ... 113

De Perón à Duhalde, la faillite d'un système politique,
    Daniel van Eeuwen ... 115
Dieu n'est plus argentin, *Pierre Kalfon* ... 121
Dépérissement diplomatique, érosion d'une nation,
    Argentine 2001-2002, *Jean Jacques Kourliandsky* ... 128
"Transformisme" et culture politique, considérations
    sur la crise, *Daniel Campi* ... 141
Prendre la rue, une tradition argentine, 19 et 20
    décembre 2001, *Marianne Gonzalez* ... 149
La formation des assemblées populaires en Argentine :
    portrait de la protestation et de l'explosion
    associative, *Pablo Ortemberg* ... 169
Document : Forum social en Argentine, *Christophe Aguiton,
    ATTAC* ... 188
Document : Témoignage d'une Argentine émigrée en France,
    Estela López ... 191
L'impact des politiques néolibérales sur une province
    marginale : le cas de Jujuy, *Marcelo Lagos* ... 195
La faim tue les enfants dans le « grenier du monde »,
    Rubén Elsinger ... 204

4. Clés pour l'avenir ... 211

Du désastre au renouveau, *Pascal Morand* ... 213
La crise argentine, un regard de la campagne,
    Marcelo E. Sili ... 221
Document : Why Brazil isn't Argentina, 08-2002, *Ted Goertzel* ... 229
Le Mercosud n'est pas mort, *Marcos Savinil* ... 232
Document : Argentina and the IMF, Brazil and the IMF,
    Transcript of a Press Briefing on Latin America, *Horst
    Köhler, Anne Krueger, Anoop Singh, Thomas C.Dawson,
    23-09-2002* ... 239
Les représentations de l'Europe et de l'Argentine
    à l'heure de la crise, *Florence Pinot* ... 255

Les auteurs ... 269

Introduction : Argentine, un an après

Denis Rolland
IEP Strasbourg, CHEVS FNSP, IUF

Du début du XIXe siècle, jusqu'après la Seconde Guerre mondiale, l'Argentine a attiré des flux considérables de population européenne, émigrés ou réfugiés ; elle a ainsi été de très loin le premier réceptacle latino-américain de population d'origine française. Longtemps, l'Argentine est restée perçue comme une « terre promise » : à l'attrait évident de la terre disponible ou facile à acquérir s'ajoutaient la politique de peuplement « blanc » et européen de la plupart des gouvernements argentins, la promotion subséquente en Europe, et l'idée d'un espace culturellement voisin, « latin ».

L'Argentine a cependant connu à deux reprises une inversion importante des flux, devenant un lieu de départ important : pendant la dictature militaire et depuis la fin de l'année 2001. Pour cette dernière crise, il suffit, par exemple, de voir depuis un an les queues interminables aux portes des consulats des pays du Nord, Etats-Unis, Espagne ou autres pays européens... Ou il faut se souvenir que certaines agences de presse ont annoncé en février 2002 que l'Etat d'Israel aurait prévu 140 millons de dollars pour « convaincre les juifs argentins » de partir en raison de la crise économique[1]...

Ecrire sur la crise argentine un an après les événements de l'automne 2001 n'est pas facile.

Pour qui aime ce pays, ce finistère de l'Amérique et cet « extrême Occident » par excellence, c'est se pencher avec

---

[1]. Les autorités de la *Delegación de Asociaciones Israelitas Argentinas* (DAIA) ont affirmé alors ignorer tout de ce supposé plan. Cependant José Ercman estimait alors qu'entre 4000 et 4500 juifs pourraient partir en 2002 soit plus du double du maximum jamais atteint.

douleur sur un drame humain, comme l'écrit Pierre Salama. C'est essayer de réfléchir sur « la chronique d'une crise annoncée » dont nos amis argentins ne sont malheureusement pas sortis, loin s'en faut. C'est tenter d'expliquer une crise toujours profondément visible à Buenos Aires et dans quelques capitales provinciales, mais aux traces parfois encore plus tragiques ailleurs, là où des enfants meurent aujourd'hui des conséquences de la malnutrition.

L'Argentine, un pays que l'on croyait riche de son avenir et que l'on voit aujourd'hui englué dans la dette et un passé dont nul ne peut affirmer qu'il soit bien géré...

L'Argentine, après avoir été un modèle de bon élève des institutions financières internationales, est désormais devenue un cas d'école désormais de crise économique et financière : l'Argentine a malheureusement gagné sa place dans les cours universitaires sur les crises économiques récentes...

L'Argentine que l'on disait à l'époque de Quino et de son héroïne Mafalda « Un pays riche peuplé de pauvres » est-elle encore ce pays riche des lendemains de la Seconde Guerre mondiale à qui l'on promettait volontiers un avenir brillant et qui pesait si fort sur le marché et les cours des céréales et de la viande ? Ou doit-on se résoudre à la considérer comme un pays à demi pauvre, même riche de ses ressources naturelles du sol et du sous-sol, même riche de potentiel humain (mais avec quel avenir au vu de la dégradation profonde et déjà ancienne de son système éducatif) ?

Cette crise très grave, un observateur vigilant en percevait sans difficulté tous les signes annonciateurs, bien avant l'automne 2001. Carlos Quenan et Susana Mila envisageaient comme probable un défaut sur la dette souveraine et ajoutaient : « Toute la question est de savoir quelles en seront les modalités et les conséquences »[2]...

Les journaux, la télévision, internet n'ont eu de cesse de montrer, depuis fin décembre 2001 et à travers toute la planète, ces conséquences... Mais, finalement, l'Argentine du chaos financier et d'un désatre social sans précédent est peu à peu

---

[2]. « Argentine, le tourbillon de la crise », Carlos Quenan et Susana Mila, *Ramsés 2002*, Paris, Dunod-IFRI, 2001, p. 220.

retombée dans son semi oubli du bout du monde. Selon le quotidien français *Libération*, dont les journalistes se sont exercés à la périlleuse tentative de synthèse « 2002 en 100 mots », il resterait bien, de l'Argentine à la fin de 2002, le mot de *corralito*[3]... Mais l'enseignant que je suis n'est pas certain que le mot reste longtemps en mémoire.

Ce livre voudrait précisément contribuer à ce qu'on oublie ni l'Argentine, ni certaines leçons à tirer de cette crise.

Michael Reid, responsable du service Amériques de *The Economist* évoque l'avenir proche argentin dans ces termes : « Les Argentins éliront un nouveau président en mars. De prime abord, rien ne semble indiquer qu'un changement à la tête de l'éxécutif suffira à imposer une conduite politique solide et cohérente. Un taux d'abstention élevé trahira la défiance des citoyens envers la classe politique, mais les péronistes au pouvoir ont toutes les chances de l'emporter. Reste à savoir lequel se retrouvera au palais présidentiel »... Et il poursuit, jetant cette ombre terrible sur l'avenir, sans qu'on soit en l'état, actuellement, de s'opposer précisément aux termes de la prédiction : « Quel que soit le vainqueur, c'est une nouvelle année de populisme incohérent, de stagnation économique et de détérioration du tissu social qui attend l'Argentine »[4]. Un des objets de ce livre, un an après, en détaillant par exemple certaines formes nouvelles d'organisation sociale, certains signes de rénovation sectorielle ou des relations régionales, est aussi d'essayer de penser l'avenir de l'Argentine autrement qu'à travers des lunettes noires...

Face à la difficulté d'expliquer toutes les facettes de cette crise qui tire encore vers le bas un pays qui fut l'une des puissances émergentes du milieu du XXe siècle et dont il est difficile aujourd'hui de prévoir précisément le devenir, nous avons décidé

---

[3]. *Libération*, 17-12-2002. *El corralito* est l'étroit couloir par lequel passent les bêtes avant de rejoindre le lieu de soin ou l'abattoir.
[4]. Michael Reid, *The Economist*, traduit in *Le monde en 2003, Courrier International*, décembre 2002, hors-série n°22, p. 39.

- de réunir un large éventail de spécialités et d'opinions variées, d'Argentine, de France, du Brésil et des Etats-Unis,
- d'associer documents informatifs contemporains du cœur de la crise, documents écrits avec le recul de quelques mois et articles de réflexion écrits spécifiquement pour cet ouvrage.

Ainsi, des textes issus du FMI voisinent avec des textes issus des mouvements contestant vigoureusement son action. Cet éclairage nous a paru opportun : donner à lire des textes destinés à nourrir une réflexion est notre principal objectif, quitte à bousculer une vision parfois un peu trop établie des choses ; lire ce que l'on n'est pas habitué à lire est souvent fructueux.

L'ouvrage est construit autour de quatre clés : analyses globales « cadrant » la crise, tout d'abord ; indispensables clés économiques et financières ensuite ; éléments permettant de comprendre le profond enracinement historique, politique et social de certaines manifestations de la crise ; « clés pour l'avenir » enfin, lesquelles espèrent jeter quelques rais de lumière dans ces immenses ciels argentins - encore trop sombres.

Ce livre est dédié à un maître, collègue et ami, François-Xavier Guerra, qui vient de nous quitter.

Et, parce que les chemins de la misère sont encore plus inacceptables lorsqu'ils sont prévisibles et tracés en terre fertile, que ce livre soit dédié aussi à tous les Argentins qui souffrent de la crise.

Première partie

Clés générales

Où vont les Amériques ?

Jean-Michel Blanquer[1]
IHEAL

Le phénomène Lula jette une lumière crue sur les enjeux oubliés de la géopolitique du continent américain. Il rappelle en effet que la relation transatlantique est un jeu à trois termes, ce qui est d'ailleurs une chance dans la crise actuelle où le face à face favorise les raisonnements étroitement binaires.

Il est courant de considérer l'Amérique latine comme un domaine réservé des Etats-Unis. Depuis plusieurs années, il apparaît que cette influence n'est pas unilatérale et que l'on assiste, symétriquement, à une latinisation des Etats-Unis. La dernière élection présidentielle en a été le signe très marquant puisque l'état qui a été décisif, la Floride, est aussi l'un des plus hispaniques (avec la Californie et le Texas qui justement sont les grands poids politiques du système). Avant le 11 septembre, l'Amérique latine apparaissait comme la nouvelle priorité de la politique étrangère américaine et le président Fox en visite d'Etat dans les jours qui ont précédé les tragiques événements avait pu entendre de la bouche du président américain que « le Mexique [était] le pays le plus important dans les relations internationales des Etats-Unis ».

Dans le même temps, l'Europe, à la faveur de la démocratisation et de la libéralisation des pays d'Amérique latine, a fait un retour en force dans cette région. L'Espagne est ainsi le premier investisseur dans de nombreux pays. La France n'est pas en reste, la plupart de ses grandes entreprises étant présentes, et son influence culturelle se maintient à un niveau élevé.

---

[1]. Directeur de l'Institut des Hautes Etudes de l'Amérique latine (Université Paris III- Sorbonne Nouvelle). Article d'abord paru dans le journal *Le Monde*.

Dans ce contexte, les Latino-Américains ont intérêt à faire valoir vis-à-vis des Etats-Unis leur cousinage de plus en plus prononcé (il y a désormais à Washington un lobby cubain, un lobby mexicain, un lobby colombien etc.) et l'importance de leur relation avec l'Europe. Washington y répond par son projet de grande zone de libre échange des Amériques (ZLEA), de l'Alaska à la Terre de Feu, affiché pour l'horizon 2005 par la Déclaration de Québec. Bruxelles y répond par une politique de coopération assez bien dotée et par des négociations commerciales pragmatiques ayant abouti déjà à un accord avec le Mexique et avec le Chili et, dans un futur proche, avec le Mercosur, comme cela a été affirmé au sommet de Madrid de mai 2002.

Il n'y a donc plus une arrière-cour des Etats-Unis, à la fois dépendante et immuable, mais un phénomène plus subtil, qui place dans une relation triangulaire les trois piliers du monde occidental, et qui rend l'Amérique latine beaucoup moins périphérique que l'on avait l'habitude de le penser.

C'est pourquoi on ne peut que s'étonner de la passivité extraordinaire dont ont fait preuve les Etats-Unis et l'Union européenne face à la très forte et très annoncée dégradation des économies latino-américaines au cours des derniers mois. Le 11 septembre a remis l'Orient au sommet de toutes les préoccupations, occultant bien d'autres enjeux, qui ne sont peut-être pas moins importants, dans la mesure où, d'une certaine façon, ils sont internes. Ainsi, le FMI a accordé toutes les facilités demandées à la Turquie et au Pakistan au moment même où, à la fin de l'année 2001, il refusait de soutenir davantage l'Argentine. Le prix nobel d'économie, Joseph Stiglitz, a pu faire du cas argentin l'emblème de la nécessité d'une réforme du FMI. Une certaine ingratitude américaine vis-à-vis d'un pays qui avait été un allié plus que loyal en politique étrangère et plus qu'orthodoxe en matière économique au cours de la dernière décennie a conduit à délivrer un message ambigu. On a châtié un pays ami, pour l'exemple.

Et ce qui devait arriver arriva : si l'on pouvait éviter la contagion argentine à court terme parce que la prévisibilité de la crise argentine avait permis des retraits de capitaux et diverses précautions, on ne pouvait laisser se créer tout de même un tel trou noir économique et social (plus de 50% de la population sous le seuil de pauvreté) sans créer en chaîne des torts profonds soit par des causes économiques directes (l'Uruguay lié financièrement et commercialement à l'Argentine) soit par des effets psychologiques indirects (la dette brésilienne apparaît aujourd'hui plus inquiétante). Et, aujourd'hui, comme en témoigne la tournée du secrétaire d'Etat américain au Trésor dans le Mercosur, les Etats-Unis sont obligés de contenir les effets d'une politique à courte vue. Ils ne peuvent en particulier laisser dériver le Brésil dont l'éventuel défaut de paiement aurait des conséquences extrêmement graves pour l'économie mondiale. Ceci explique le prêt finalement accordé par le FMI. Mais les problèmes structurels demeurent : tant que l'Amérique latine continuera à être considérée comme une terre de prédation d'où l'on se retire dès que le vent tourne, tant qu'elle ne sera pas perçue comme le véritable troisième pilier du monde occidental, avec ce que cela suppose de solidarité et de responsabilité, elle restera la région de tous les dangers et de toutes les injustices.

La stabilisation politique et économique de l'Amérique latine nécessite un moteur puissant. Ce moteur est naturellement le Brésil. C'est pourquoi les Etats-Unis sont paradoxalement condamnés à soutenir ce pays, pourtant beaucoup moins docile que l'Argentine, au moment même où arrive au pouvoir un homme qui leur est hostile. Eux-mêmes très endettés, ils ne peuvent se cantonner à un rôle de donneur de leçons. Parce que l'Amérique est un tout, la dégradation de la situation latino-américaine pourrait se transformer en talon d'Achille économique mais aussi politique pour Washington.

Chacun doit aller au bout de sa logique. Si les Etats-Unis souhaitent véritablement une intégration continentale, ils doivent prendre leurs responsabilités et consentir des efforts à la hauteur de l'enjeu. Ce n'est certainement pas le cas aujourd'hui et il suffit pour s'en convaincre de comparer, d'un côté, l'action de l'Union européenne pour intégrer et consolider les économies d'Europe centrale et orientale et, de l'autre côté, l'inaction des Etats-Unis pour promouvoir un développement du Sud de son propre continent. Le libre-échange ne peut servir de formule absolue. Si tel était le cas, le président Bush ne pourrait justifier la récente augmentation très importante des subventions agricoles, coup très dur porté aux exportations latino-américaines. Les Etats-Unis devront donc prendre au pied de la lettre la Déclaration de Québec qu'ils ont inspirée et ajouter des préoccupations en matière de justice, d'environnement et d'équité sociale aux seules questions commerciales. Le Canada aura un rôle essentiel à jouer pour favoriser cette évolution.

Du côté européen, les occasions ratées ont été nombreuses. Ainsi, il aurait été pertinent de manifester une solidarité très forte avec l'Argentine dès la crise de décembre 2001 et - pourquoi pas ?- de proposer une alliance en matière monétaire qui puisse représenter une alternative au faux choix actuel entre dévaluation et dollarisation. Il est trop facile de critiquer les Etats-Unis et de n'avoir rien à proposer soi-même. Trop souvent, comme on le voit pour la crise colombienne, l'Europe est en situation de jouer à la « puissance sympathique », défendant les droits de l'Homme et promouvant la coopération (ce qui est déjà bien) mais n'assumant aucun aspect politique d'une situation (le problème global de la drogue et la question de l'ordre public en l'espèce). Il faut prendre acte de la volonté d'intégration continentale manifestée par les Etats-Unis et développer une stratégie appropriée. Mieux vaut tenir compte de cette réalité et proposer une relation plus profonde aux Latino-Américains, non pas concurrente mais complémentaire du projet des Etats-Unis. Il serait ainsi suicidaire de ne pas répondre aux appels que le nouveau président brésilien adressera à l'Europe pour qu'elle ouvre ses marchés et aide le Brésil à retrouver une respiration financière.

A moyen terme, une telle attitude forgera le socle d'une relation transatlantique qui aura une influence positive sur la relation Etats-Unis-Amérique latine et sur la relation Etats-Unis-Union européenne. La notion de politiques publiques communautaires peut avoir un bel avenir en Amérique du Sud, comme le montrent certains grands projets d'infrastructures actuellement à l'étude ou en cours. La culture politique et administrative brésilienne, très proche de celle de la France, jouera un rôle important dans ce sens. A long terme, les trois pôles formeront un « triangle atlantique » partageant des valeurs politiques démocratiques, favorisant un développement économique conjoint et proposant une vision équilibrée des relations internationales.

Le Brésil est probablement aujourd'hui le pays le plus porteur de cette vision. Le président Cardoso a préparé le pays à cela en favorisant la notion d'intégration à l'échelle sud-américaine. Lula, pour sa part, par ses positions contre la ZLEA et favorables à l'Europe, prépare en fait les termes d'une approche équilibrée. Cela suppose que le Brésil assume ses responsabilités de puissance régionale, ce qui n'a pas toujours été le cas jusqu'à présent.

Où vont les Amériques ? Cette question ne concerne pas que le sud. Elle implique totalement les Etats-Unis, qui sont autant latino-américanisés que les latino-américains sont nord-américanisés. Et elle ne doit pas laisser indifférente l'Europe qui dispose encore des moyens de peser dans les évolutions en cours. Soit nous restons passifs et la situation continuera à se dégrader en Amérique du sud aboutissant à un axe archéo-protestataire Caracas-Brasilia-Buenos Aires. Soit nous jouons le jeu de la nouvelle donne brésilienne, et nous pourrons alors aider à la naissance d'une véritable troisième voie sur le plan du développement social comme sur le plan des relations internationales. Derrière la crise économique actuelle de l'Amérique du sud, il n'y a pas qu'un problème financier immédiat inquiétant. Il y a la chance d'une renaissance des relations transatlantiques. Il y a en jeu aussi, à l'échelle de l'Histoire, une vision de la structuration politique, économique et sociale du monde occidental.

Document
Amérique latine : les revers d'une libéralisation précipitée

Laurence Caramel et Serge Marti
Le Monde, 15-10-2002.

Le numéro 13, celui du candidat Lula sur l'urne électrique lui a porté chance. La victoire de Lula [...] marque bien sûr un tournant majeur dans la vie politique, sociale et économique des 170 millions de Brésiliens, mais, compte tenu du poids exercé par ce pays – le Brésil assure à lui seul 30 % du produit intérieur brut (PIB) régional -, c'est tout le bloc sud-américain qui est interpellé. A un moment où l'ensemble des pays de la région, exception faite, peut-être, du petit Chili, se débat dans d'angoissantes difficultés économiques et doit faire face à une forte augmentation des inégalités liées à une libéralisation trop brutale. Une descente au fond du trou qui justifiera, peut-être, le verdict de « nouvelle décennie perdue » appliqué à une région qui, au sortir cahotant de la dictature militaire, avait déjà « perdu » les années 1980.

Le marasme général et tout particulièrement la débâcle argentine dont on a longtemps affirmé, à tort, qu'elle n'impliquait pas de risque de contagion, explique en partie la « vague rouge » qui, au Brésil, devrait porter au pouvoir un Lula soucieux mais aussi contraint d'adoucir son image gauchiste autrement que par le port de la cravate. Le candidat du PT a, en effet, été chaudement prié par le Fonds monétaire international (FMI) de s'engager à respecter la politique budgétaire de son prédécesseur. C'est à ce prix que Brasília, en pleine tempête monétaire, a pu se voir promettre 30 milliards de dollars, le plus gros prêt jamais consenti par l'institution.

Au Venezuela, c'est un président populiste de la gauche qui se bat avec une partie de la rue, témoin les violents incidents entre adversaires et partisans d'Hugo Chávez qui se sont soldés, le 10 octobre, par un mort et six blessés dans le centre de Caracas. Au Pérou, le président d'origine indienne Alejandro Toledo a toutes les peines à justifier l'action de son nouveau gouvernement. L'instabilité politique règne aussi en Equateur, qui avait pourtant cru trouver un remède imparable à ses déboires en se tournant vers la dollarisation, et au Paraguay, tandis que la Colombie continue à affronter enlèvements et conflits armés. Sur le front économique, le président mexicain, Vicente Fox, aux Affaires depuis un an et demi seulement, a été contraint d'annoncer un budget d'austérité destiné à faire face à une croissance très fortement ralentie.

Quelle que soit l'issue du scrutin au Brésil, le risque d'une grave crise financière demeure. Les pays de la région sont a priori peu dépendants de leur voisin, commercialement parlant, mais tous risquent de pâtir d'un éventuel défaut sur le paiement de la lourde dette du pays (226 milliards de dollars, fin 2001), qui ne manquerait pas de précipiter un peu plus le retrait général des investisseurs étrangers, échaudés par les déboires répétés des pays émergents. En 2001, et la tendance s'est aggravée depuis, les financements étrangers sous forme de prêts bancaires, d'achats d'actions ou d'obligations ont chuté de 17 %, à 75 milliards de dollars, par rapport à l'année précédente, en Amérique latine et aux Caraïbes. Les investissements directs étrangers (IDE) ont, de leur côté, reculé de 11 % à 85 milliards de dollars, selon les chiffres de la Conférence des Nations Unies pour le commerce et le développement (Cnuced).

L'ajustement peut paraître minime. Il est tragique pour des pays qui comptent sur cette manne pour compenser un financement domestique défaillant. D'ores et déjà, l'Amérique latine est entrée en récession en 2002, avec une contraction de l'activité de 0,6 %, selon les dernières prévisions du FMI, et, si l'institution financière annonce la reprise pour l'an prochain, il y a encore, pour gagner ce pari, beaucoup d'incertitudes à lever. Alors même que les gouvernements de la région – et pas seulement au Brésil – doivent affronter une hostilité croissante des populations à l'égard des réformes libérales engagées depuis plus d'une décennie, la Banque interaméricaine de développement (BID), qui a réuni, le 10 octobre à Madrid, une cinquantaine d'économistes spécialistes de la région, s'est montrée préoccupée par la montée de ce sentiment anti-réformes portant en germe la tentation d'un retour au populisme et du repli sur soi. Il y a pourtant dans ce rejet une explication très rationnelle que la plupart des économistes ont admise : la libéralisation n'a pas, à quelques exceptions près, tenu ses promesses. La croissance n'est pas au rendez-vous : l'Amérique latine érigée en modèle de la transition vers l'économie de marché, fait aujourd'hui moins bien qu'au cours de la décennie 1970, pendant laquelle la croissance progressait en moyenne au rythme de 5,6 % par an. Pour noircir encore un peu plus ce tableau, les crises se sont multipliées au fur et à mesure que ces pays liaient leur survie financière aux marchés internationaux des capitaux. « On peut se demander comment des pays qui ont suivi longtemps les recommandations du FMI et de la Banque mondiale ont pu se retrouver dans la situation actuelle », constate Guillermo Calvo, l'économiste en chef de la BID, sans aller au-delà de ce constat d'échec. L'heure est aux questions, mais, comme le remarquait un des participants de la rencontre de Madrid : « Ce n'est pas en pleine tempête qu'il est le plus facile de changer de cap ». L'urgence, à savoir pas de retour en arrière à chaud, devrait donc l'emporter, en attendant des jours meilleurs.

Après la décennie perdue,
la décennie piégée par le libéralisme

Pierre Salama [1]
Paris XIII, revue *Tiers Monde*

La libéralisation des années quatre vingt-dix devait renforcer les économies latino-américaines. Elle a éradiqué l'inflation, permis un certain retour à la croissance, modeste si on la compare à celle des années 50-70 ou bien à celle des économies asiatiques. Elle a été surtout extrêmement volatile et s'est caractérisée par une dépendance financière et technologique croissantes, des inégalités impressionnantes en augmentation, un niveau de pauvreté très élevé et une extrême vulnérabilité des pauvres à des perturbations macro-économiques particulièrement fortes. Après la « décennie perdue » selon l'expression de la Commission économique pour l'Amérique latine (Cepal) des années quatre vingt, les années quatre vingt-dix pourraient être qualifiées de « décennie piégée ».

A première vue, tout n'est pas négatif dans ce bilan. L'hyperinflation a été jugulée et ses effets corrosifs sur le revenu des plus pauvres, supprimé. Une certaine modernisation de l'appareil de production est en cours, ce qui se traduit par un essor conséquent des exportations. En quinze ans, la valeur des exportations est multipliée par cinq au Mexique, par trois en Argentine et par deux au Brésil. Cette modernisation est différente selon les pays : l'Argentine se reprimarise, nombre d'entreprises industrielles ferment, le Mexique développe une industrie d'assemblage à très faible valeur ajoutée de telle sorte que la croissance de ce secteur est fortement dépendante de la conjoncture des Etats-Unis et, avec la récession nord américaine, la chute de ce secteur entraîne la suppression de

---

[1]. Reproduit avec l'aimable autorisation du journal *Le Monde*.

25 % des emplois dans les usines d'assemblage en l'espace d'un an. Le Brésil résiste mieux, mais connaît une substitution partielle de sa production nationale par des importations.

Les nuages s'accumulent cependant très vite et obscurcissent fortement l'horizon : le déficit de la balance des services enfle à mesure que l'internationalisation du capital augmente et que croît la dette externe, les évolutions étant beaucoup plus marquées en Argentine qu'au Mexique ou au Brésil. Avec l'internationalisation croissante du capital, d'autres sources de déficits massifs et croissants sont apparues : paiement de royalties au titre des brevets, sorties de capitaux au titre des dividendes et profit rapatriés, montée en puissance de l'endettement externe privé et de son service. Les besoins de financement, accrus par l'amortissement de la dette, sont de plus en plus soumis aux aléas du marché international des capitaux et de la venue des investissements directs étrangers. L'essor des investissements étrangers dans les années quatre-vingt-dix a été considérable, mais aujourd'hui il fléchit fortement.

Lorsque le besoin de financement excède les capacités de financement, ce qui a été le cas en 1995, en 1998-99 et aujourd'hui, les taux d'intérêt s'élèvent à des niveaux astronomiques avec l'augmentation de la prime de risque, parfois vertigineuse. Cette hausse alourdit le service de la dette interne des états et de l'Etat central, creuse le déficit budgétaire, suscite une réduction des dépenses publiques, renforce les aspects anti-sociaux du développement et précipite la récession, elle-même source d'autres déficits. La dépendance financière tend de ce fait à faire lier la croissance et sa régularité aux comportements des marchés financiers. Le fonctionnement de l'économie s'oriente vers ce que Keynes nommait une « *économie casino* »: le besoin de financement appelle des entrées de capitaux à la mesure de ce besoin croissant. Selon des travaux récents de Rodrik, la volatilité des flux bruts de capitaux privés expliquerait un peu plus de la moitié de la volatilité du PNB de l'ensemble des économies latino-américaines, alors que dans les années quatre-vingt, ce chiffre s'élevait à vingt pour cent. Ainsi, sans pour autant négliger d'autres causes à la venue d'une crise (détérioration des termes de l'échange, conjoncture récessive des principaux pays développés, surinvestissement), la logique financière introduite par le fonctionnement d'une « économie casino » tend à imposer une *grande instabilité* et donc des fluctuations importantes de l'activité économique. La logique financière de ces régimes d'accumulation fortement ouverts sur l'extérieur sans y être préparés, imprime à la croissance un profil de « montagnes russes ». Au total, ce type de croissance repose sur 'le fil du rasoir'. Cette volatilité de la croissance n'est pas sans effet sur l'incapacité de réduire la pauvreté.

Un des faits saillants de « l'histoire récente de la pauvreté » en Amérique latine depuis le début des années quatre vingt dix est en effet la difficulté à réduire de manière significative l'ampleur de la pauvreté, sa profondeur, et les inégalités parmi les pauvres. La fin des hyperinflations a certes provoqué dans un premier temps une réduction sensible de la pauvreté, mais celle-ci a été de courte durée. Avec la libéralisation des marchés, les inégalités entre le capital et le travail tendent à s'accentuer, et celles entre travail qualifié et travail non qualifié augmentent, ce qui rend difficile la réduction de la pauvreté, à moins d'avoir un taux de croissance très élevé. Ce qui n'a pas été le cas. La croissance a été surtout particulièrement volatile. Or, le cycle du PIB ne s'accompagne pas d'un cycle inversé de la pauvreté : lorsque la croissance baisse, les pauvres sont affectés d'une manière plus que proportionnelle par cette baisse, et lorsque celle-ci repart à la hausse, le niveau de pauvreté reste stable, lorsqu'il n'empire pas, pendant une durée plus ou moins longue. Ce paradoxe s'explique par l'accentuation des inégalités observée pendant la crise et à la sortie de celle-ci. La logique aurait voulu que lors de ces phases dépressives, dont souffrent plus particulièrement les pauvres, les dépenses sociales augmentent afin d'amortir ces effets négatifs. Tel n'est généralement pas le cas. La recherche d'une crédibilité auprès des bailleurs de fonds internationaux conduit à rechercher un équilibre budgétaire au détriment de ces dépenses. La réduction des dépenses sociales conduit à une baisse de la qualité de l'enseignement public, une baisse des dépenses de santé etc. et les « capacités » de sortir de la pauvreté, une fois la reprise économique venue, sont réduites d'autant.

Ce constat d'échec est patent. Presque toutes les économies latino-américaines sont soit en crise ouverte (Argentine), soit en crise latente avec un ralentissement impressionnant de leur croissance. Les inégalités ont augmenté, la pauvreté perdure à des niveaux élevés quand elle ne croît pas fortement. La dépendance technologique s'est accrue, la dépendance financière devient une caractéristique majeure du fonctionnement de ces économies. Le rêve d'une intégration latino-américaine s'étiole sous les coups de boutoir des perturbations macro-économiques et de la volonté des Etats-Unis d'imposer une vaste zone de libre échange. A l'inverse, l'échec même de la libéralisation nourrit aujourd'hui des projets alternatifs ainsi qu'on peut le voir au Brésil et en Argentine. Une nouvelle période semble s'ouvrir, plus soucieuse d'équité que celle d'hier.

Repères chronologiques : la crise en Argentine et dans les pays voisins

(en italiques, les données concernent d'autres pays que l'Argentine)

1991
adoption du *Currency Board* par le gouvernement argentin, Domingo Cavallo étant ministre des Finances, pour remédier aux années d'hyper inflation : 1 peso = 1 dollar ($).

1994
1er juillet : Fernando Henrique Cardoso, ministre brésilien des Finances du gouvernement Itamar Franco dévoile le plan « real », pour remplacer le cruzeiro et stabiliser l'inflation.
4 juillet : Le real (BRBY) est coté à 93,5 cents de dollar.
décembre : crise de confiance au Mexique ; dévaluation du peso.

1995
1er janvier : le père du plan real est élu Président de la République au Brésil.
janvier : Le gouvernement nord-américain et le FMI prêtent 47,8 milliard de dollars au Mexique pour éviter un défaut de paiement.
1er juillet : le real est coté 91,9 cents ; l'inflation est passée de 7000% à 30% en un an.
Le peso argentin résiste à l'effet « tequila ».

1998
novembre : la monnaie brésilienne est attaquée (1,19 par dollar) dans le sillage de la crise russe ; le FMI prête 41 milliards de $ au Brésil.

1999
8 janvier : le gouverneur du Minas Gerais et ancien Président de la République déclare unilatéralement un moratoire sur la dette de son Etat, à l'origine d'une crise de confiance des investisseurs vis-à-vis des placements financiers au Brésil.
15 janvier : le gouvernement brésilien laisse flotter le real. Fin janvier il est coté à 2,1 pour un dollar.
 : Régionalement, détérioration des termes de l'échange pour l'Argentine dont la monnaie reste ancrée au dollar, qui plus est un dollar fort.
mars : hausse des taux d'intérêts au Brésil.
15 mai : le real est poussé à la hausse par la croissance économique 1,65 pour 1 dollar.
10 décembre : Fernando de la Rua prend la charge de la Présidence de la République après une campagne où il a promis de sortir le pays de la dépression profonde et d'en finir avec la corruption régnant sous le gouvernement de son prédécesseur, Carlos Menem. Il est élu à la tête d'une coalition "Alianza", dont les principaux membres sont l'*Unión Cívica Radical* et le FREPASO. Carlos "Chacho" Alvárez, du Frepaso, est le vice-président. José Luis Machinea est nommé ministre de l'Economie.

2000

29 mai : L'Argentine annonce près de 1 milliard de dollars de réduction budgétaire, espérant ainsi redonner confiance à une économie à l'agonie. Près de 20,000 personnes manifestent deux jours plus tard. Le taux officiel de chômage atteint son niveau le plus haut en 3 ans 15,4 %.

5 octobre : remaniement ministériel.

6 octobre : Après avoir dénoncé sans succès des pratiques corrompues au sein du Sénat, le vice-Président Carlos Chacho Alvarez, désavoué de fait par le Président de La Rúa, démissionne (et quitte la politique). Le gouvernement ne demande aucune enquête. Les marchés financiers coupent le crédit à l'Argentine.

18 décembre : Le gouvernement argentin annonce qu'il a obtenu un programme d'aide de 40 milliards de dollars conduit par le FMI. Les marchés réagissent positivement.

2001

19 février : Les remous de la crise financière en Turquie atteignent les marchés émergents, dont l'Argentine.

février : Le real brésilien passe sous la barre des 2 pour un dollar, en raison des craintes des marchés quant à un défaut éventuel du Brésil sur sa dette et d'un contexte financier régional dégradé.

2 mars : Le ministre de l'Economie Machinea démissionne.

4 mars : Le nouveau ministre de l'Economie, Ricardo López Murphy, confirme le maintien de la parité. La bourse de Buenos Aires réagit à la hausse.

16 mars : Annonce d'un budget d'austérité, avec 1,9 milliard de dollars d'économies en 2001, 2,5 en 2002. Forte réaction politique. Trois ministres en désaccord démissionnent. Les marchés sont en forte baisse. L'économie ne donne pas de signe de récupération.

20 mars : Démission du ministre de l'Economie, Ricardo López Murphy. Domingo Cavallo, l'homme qui avait jugulé l'hyper inflation une décennie auparavant, reprend possession du ministère.

21 mars : Cavallo promet une croissance forte pour la fin de l'année sans pour autant recourir à d'impopulaires coupes budgétaires. Son plan prévoit un impôt sur les transactions financières. L'Argentine perd son accès aux marchés de capitaux internationaux.

23 mars : Le risque pays argentin dépasse les 1000 points.

28 mars : Les agences de notation Standard & Poor's et Moody's abaissent les notes de l'Argentine.

29 mars : Le gouvernement obtient du Congrès l'octroi de « pouvoirs extraordinaires » au ministre Cavallo pour rétablir l'économie.

2 avril : Annonce d'un déficit fiscal plus important que prévu.

23 avril : Le risque pays argentin dépasse de nouveau les 1000 points.

27 avril : Le FMI déclare que l'Argentine ne doit pas abandonner son système de change à parités fixes et diminue les prévisions de croissance du pays de 2 % à 1/1,5 %.

24 mai : Le gouvernement argentin propose aux investisseurs un échange de bons (Brady FRB, Bocones, eurobones et Bontes) pour de nouveaux

bons à échéance en 2008, 2018 et 2031 (en juin il annonce avoir échangé pour 29,5 milliards de $ de titres).

juin : Large consolidation de la dette interne aux dépens des épargnants.

15 juin : Cavallo annonce l'application d'un « facteur de convergence » (euros/dollar) pour le commerce extérieur, facilitant les exportations et renchérissant les importations.

juin : Le real descend provisoirement à 2,478 pour un dollar. Nombreuses interventions de la Banque centrale.

10 juillet : Cavallo propose un plan pour éviter un défaut de paiement de la dette ou une dévaluation en réduisant de plusieurs milliards de dollars le budget fédéral pour rechercher l'équilibre immédiat. Les investisseurs étrangers doutent des possibilités de succès. Les notations de l'Argentine par les agences de rating en matière de risque-pays sont de plus en plus inquiétantes.

30 juillet : Cavallo propose le « déficit zéro ». Le Sénat, dominé par l'opposition péroniste, vote une loi qui stipule qu'il ne peut dépenser plus que ce qu'il collecte. Les salaires et pensions publiques de plus de 500 $ sont diminués de 13 %.

août : Rupture de l'ordre monétaire interne par l'émission à grande échelle de monnaies locales

21 août : Le directeur du FMI, Horst Köhler, propose d'augmenter la ligne de crédit de l'Argentine.

septembre : le real brésilien descend à 2,83 par dollar. Nombreuses interventions de la Banque centrale.

10 octobre : L'Argentine est le pays du monde à la plus haute cotation de risque-pays : 1916 points.

14 octobre : Le parti d'opposition péroniste inflige au gouvernement une sévère défaite aux élections législatives de mi-mandat Il devient la principale force des deux chambres. Forte abstention cependant et nombreux votes nuls ou blancs (« *vota bronca* »).

30 octobre : De La Rúa déclare que la participation à la restructuration de la dette sera volontaire. Le risque-pays atteint 2.121 points.

1er novembre : Début de restructuration de la dette publique.

2 novembre : Les marchés financiers donnent l'estocade. Le risque-pays dépasse les 2.500 points.

7 novembres : Accord entre le gouvernement fédéral et certaines provinces (officialistes) sur la réduction de la rétrocession fiscale de l'Etat fédéral (plan déficit 0).

8 novembre : Les gouverneurs péronistes refusent de suivre. Voyage de De la Rúa et Cavallo aux Etats-Unis ; rencontre du Président avec Georges W. Bush et de Cavallo avec des investisseurs.

14 novembre : Les gouverneurs péronistes des provinces de Buenos Aires, Córdoba et Santa Fe signent finalement un compromis fiscal avec l'Etat fédéral.

18 novembre : Cavallo revient à Buenos Aires sans avoir obtenu du FMI son appui en vue d'une restructuration de la dette publique argentine.

26 novembre : La Banque centrale plafonne les taux d'intérêts des dépôts bancaires afin d'éviter une envolée des taux.

30 novembre : Le risque-pays atteint 3.490 points (J.-P. Morgan). Retraits massifs de l'épargne. Rumeurs de dollarisation ou de confiscation des dépôts.

1er décembre : Annonce du « *corralito* » : blocage des dépôts (pour 90 jours initialement); 41 milliards de pesos bloqués par les banques le 3. Retrait maximum hebdomadaire de 250 $. Contrôle des changes, restriction des transferts de devises à l'étranger et nombreuses autres mesures.

5 décembre : Le FMI annonce qu'il ne libérera pas un prêt prévu de 1,264 milliard de dollars. Le pays est au bord de la cessation de paiements.

6 décembre : Le gouvernement annonce qu'il va contraindre les fonds de pension à transformer leurs dépôts bancaires en titres publics afin de financer les dépenses de l'Etat.

13 décembre : Une grève générale paralyse le pays. Le chômage atteint, selon les statistiques officielles, 18,3 % de la population active (2,53 millions d'Argentins).

14 décembre : Le gouvernement paie à temps les échéances de sa dette publique, évitant de justesse la cessation de paiements. Le vice-ministre de l'Economie, Daniel Marx, démissionne. Pillage des rayons alimentaires d'un supermarché dans le centre du pays.

16 décembre : Nouveaux pillages.

17 décembre : Présentation au Congrès du projet de budget 2002, avec des dépenses en baisse de 19 %.

18 décembre : Début d'une nouvelle vague de protestations populaires. L'économiste en chef du FMI, Kenneth Rogoff, déclare le plan Cavallo « indéfendable ».

19 décembre : Des manifestations contre la pauvreté et les coupes budgétaires dégénèrent dans tout le pays en émeutes et pillages. Le gouvernement déclare l'Etat de siège mais les protestations continuent avec notamment des concerts de casseroles, en réponse partiellement au discours de De la Rúa quelques heures auparavant. La Chambre basse remet partiellement en cause les pouvoirs spéciaux de Cavallo.

20 décembre : Cavallo démissionne en même temps que le reste du ministère. L'opposition se rétracte et ne propose plus de former un gouvernement de coalition.

21 décembre : Le Président De la Rua démissionne. Le bilan des émeutes est de 27 morts. Ramón Puertas assure l'intérim.

23 décembre : Le Congrès élit le péroniste Adolfo Rodríguez Saa, gouverneur de la province andine de San Luis, comme Président par interim. Saa dit qu'il va suspendre les paiements de la dette extérieure, écarter aussi bien dévaluation que la dollarisation et créer un million d'emplois !

25 décembre : Défaut sur la dette souveraine.

28 décembre : Nouvelle vague de manifestations protestant en particulier contre la nomination dans l'entourage d'Adolfo Rodríguez Saa de personnalités considérées comme clairement corrompues et contre sa décision de maintenir les restrictions bancaires. Une douzaine de

policiers est blessée lorsque les manifestants s'approchent du Congrès.

30 décembre : Rodríguez Saa cherche des soutiens mais son propre parti est divisé. Face au manque de soutien dont il dispose, il démissionne.

2002

1er janvier : Le péroniste Eduardo Duhalde, ancien gouverneur de la province de Buenos Aires (il a très fortement endetté la province), ancien vice-Président de Carlos Menem, ancien challenger malheureux de De la Rua aux élections présidentiellesest désigné par l'Assemblée législative Président provisoire jusqu'aux élections de septembre 2003.

3 janvier : L'Argentine est formellement en état de cessation de paiements, ne remboursant pas une échéance à cette date.

6 janvier : Duhalde abandonne la parité ; le peso est dévalué de près de 30 %. Pour le commerce extérieur et les transactions « officielles », le peso est fixé à 1,40 pour un dollar, mais il flotte pour tous les autres cas.

: *le real est attaqué, mais récupère au bout d'une semaine.*

10 janvier : Le gouvernement met en place des restrictions bancaires nombreuses, bloquant l'essentiel de l'épargne des Argentins.

11 janvier : Le peso ouvre à la vente à 1,70 pour un dollar, soit une dévaluation de 40 %.

11 janvier : Fin du *feriado* bancaire. Reprise de la vente de dollars.

17 janvier : Le peso atteint 2,00 pour 1 dollar.

25 janvier : Des dizaines de milliers de manifestants descendent dans les rues pour protester contre les restrictions bancaires. Nombreuses arrestations.

1er février : La Cour suprême de Justice déclare illégal le *corralito*. La Cour est encore plus attaquée par l'opinion.

3 février : Le gouvernement annonce un nouveau plan, destiné notamment à obtenir l'aide du FMI : « pesification » des dettes 1 pour 1, calendrier pour les retraits en pesos . Le ministre de l'Economie Jorge Remes Lenicov envisage de lever certaines restrictions bancaires.

février : Les dépôts des personnes de plus de 75 ans restent libres ; les dépôts peuvent être utilisés pour l'achat de maisons ou appartements neufs ou anciens, y compris en cours de construction ; mais seul l'achat de véhicules neufs permet de débloquer des fonds.

6 mars : Mission du FMI en Argentine ; pourparlers mais pas d'aide débloquée dans l'immédiat.

25 mars : Le peso atteint le seuil de 4,00 pour 1 dollar.

8 avril : Nouvelle mission du FMI ; aucune aide n'est débloquée. Le FMI demande la restriction des budgets provinciaux.

10 avril : La mission du FMI en Argentine dirigée par le directeur des opérations spéciales, l'Indien Anoop Singh, déclare que le Fonds est « fermement décidé à aider l'Argentine pour qu'elle puisse sortir de la crise et retrouver une croissance soutenue (…) une fois que sera adopté un programme solide ». Le FMI conditionne la reprise de son aide à l'Argentine (aide gelée de 9 milliards de dollars) à la baisse

des dépenses, y compris des provinces, à la maîtrise de l'inflation et au flottement de la monnaie ; il demande au gouvernement argentin d'adopter des réformes pour protéger les intérêts des industriels et éviter un tratiement différentiel entre investisseurs nationaux et investisseurs étrangers. Le Brésil est cité en exemple pour la gestion de l'inflation et la crise est simplement expliquée : « La raison de la crise réside dans les erreurs de la politique fiscale. La structure des finances publiques de l'Argentine (gouvernements fédéral et provinciaux) a augmenté les dépenses à un niveau qu'il n'est plus possible de financer de façon ordonnée ».

: le real atteint à la hausse 2,264 pour un dollar. Mais rapidement la monnaie brésilienne est de nouveau attaquée ; et ce jusqu'aux élections de l'automne.

23 avril : Remes Lenicov, ministre de l'Economie, démissionne.

26 avril : Roberto Lavagna, ancien ambassadeur auprès de l'UE et de l'OMC lui succède.

26 juin : Emeutes de chômeurs dans le Grand Buenos Aires, avec barrage de routes. Deux morts.

2 juillet : Duhalde annonce des élections anticipées pour mars 2003.

25 juillet : En pleine campagne électorale pour la Présidence, le candidat du PT étant donné largement vainqueur, le real brésilien franchit la barrière psychologique de 3 pour 1 dollar.

30 juillet : Uruguay : fermeture des guichets des banques pour stopper la fuite des capitaux. Les placements argentins estimés à 7 milliards de dollars (réputation de l'Uruguay et absence d'impôt sur le revenu) auraient fondu à 2,5.

31 juillet : Uruguay : Montevideo premier pillage d'un magasin d'alimentation

1er août : Uruguay : émeutes et pillages « de la faim » à Montevideo

4 août : Uruguay : le peso a perdu la moitié de sa valeur depuis mars ; gel partiel des placements à terme en dollars dans les banques du secteur public ; prêt relais de 1,5 million de dollars à l'Uruguay.

5 août : Visite du Secrétaire d'Etat au Trésor nord-américain Paul O'Neill au Brésil (puis en Uruguay et en Argentine). Réouverture des guichets des banques en Uruguay.

27 avril et 18 mai 2003 : Elections (prévues initialement pour mars 2003) présidentielles argentines (selon le calendrier prévu).

25 mai : Démission prévue du Président intérimaire Eduardo Duhalde.

Denis Rolland
D'après la presse et les agences de presse (AFP, Reuters).

Deuxième partie

Clés économiques et financières

Une crise inédite[*]

Carlos Quenan
IHEAL, CDC-IXIS

La crise argentine, la plus récente du cycle de grandes « crises émergentes » qui a démarré avec l'effondrement du peso mexicain en décembre 1994 et s'est poursuivie avec notamment les crises asiatiques de 1997, russe de 1998, brésilienne de 1999 et turque de 2000 est, à plusieurs égards, inédite. En effet, la crise argentine a été largement anticipée par les marchés et les observateurs. Ce qui n'a pas empêché qu'elle soit la plus grave ; et qu'elle ait, une fois éclatée, suscité la réaction la plus réticente de la part du FMI et du Trésor américain. La crise argentine est aussi inédite du fait qu'elle touche tous les domaines de la vie sociale et s'est traduite par l'effondrement ou le discrédit des principales institutions du pays[1].

A la base, l'insolvabilité financière de l'Etat

Mais, au delà du fait que, dans son déploiement, la crise argentine est devenue une crise multidimensionnelle, de change, bancaire et socio-politique, elle est, à l'origine, une crise d'endettement public.

Cette crise est intervenue après plusieurs années de forte croissance (1991-1997) pendant lesquelles nombre d'observateurs pensaient l'Argentine enfin tirée d'affaire.

En effet, la "décennie perdue" des années quatre-vingt (recul du PIB par habitant, accélération de l'inflation qui débouche sur

---

[*] Cet article est une version élargie et actualisée de : Luis Miotti et Carlos Quenan, « L'Argentine toujours au bord du gouffre », *Le Monde*, 25 juin 2002.
[1] Parmi les récentes crises financières des pays émergents seule celle de l'Indonésie présente d'importantes similitudes avec la crise argentine.

deux épisodes d'hyperinflation en 1989 et 1990...), a été l'antichambre d'un virage radical qui a constitué un nouveau départ en matière de modèle de développement.

Après plusieurs échecs, le plan de stabilisation et de réforme structurelle, mis en place au début des années quatre-vingt-dix, visait une réduction du déséquilibre budgétaire et l'amorce d'un processus d'ouverture et de libéralisation de l'économie. Toutefois, la priorité était de juguler l'hyperinflation et de récupérer la capacité de contrôle de la conjoncture. Ainsi, ce plan, qui fondait sa crédibilité sur le changement du régime monétaire et des changes en officialisant le haut degré de dollarisation de fait de l'économie, a sanctionné l'instauration d'un *currency board* bi-monétaire, appelé en Argentine « la convertibilité »[2]. Les nouvelles règles ont suscité un retournement spectaculaire des anticipations inflationnistes et, dans un cadre d'entrée massive de capitaux (rétablissement de l'accès aux marchés internationaux des capitaux après la signature des accords Brady, privatisations...) et d'emballement du processus de réformes (en particulier une ouverture commerciale et financière rapide) la reprise du crédit a induit une relance spectaculaire de la croissance entre 1991 et 1998 – surtout entre 1991 et 1994, qui tranche avec la persistante stagnation qui a caractérisé les décennies précédentes. Parallèlement, l'appréciation initiale du change réel lors des premières années de la convertibilité a commencé à diminuer en raison de la réduction de l'inflation, qui est devenue pratiquement nulle après 1995.

Néanmoins, la situation économique s'est fortement dégradée à partir de 1998. Cette dégradation résulte de plusieurs facteurs. D'une part, l'ampleur et la variété des chocs défavorables subis par ce pays. Entre 1997 et 1999, l'Argentine a été affectée par une hausse des primes de risque résultant des crises financières asiatique et russe, qui a renchéri le coût du

---

[2] Ce régime comportait une parité fixe établie par loi (1 peso = 1 dollar), des règles strictes en matière de création monétaire (la base monétaire devait être couverte au moins à 100 % par les réserves de change du pays), alors que l'on autorisait le passage sans restrictions d'une monnaie à l'autre pour tous les agents économiques. De même, les dépôts et les crédits pouvaient être libellés tant en pesos qu'en dollars.

financement extérieur et par une chute du prix des matières premières, qui a produit une forte détérioration des termes de l'échange et la stagnation du Brésil et, notamment en janvier 1999, la dévaluation de la monnaie de ce pays (principale destination des exportations argentines), ce qui a handicapé la compétitivité-prix des exportations industrielles. En outre, le peso, rattaché au dollar en vertu du *currency board* en vigueur depuis 1991, a subi mécaniquement l'appréciation de la monnaie américaine vis-à-vis de l'euro en 1999-2000 (l'Europe compte pour environ 20 % dans le commerce extérieur argentin).

Principaux indicateurs macroéconomiques

	1991 1994	1994 1997	1998	1999	2000	2001
Variation du PIB (en %)	7,9	4,1	3,9	-3,4	-0,3	-4,4
Inflation (IPC, en %)	28,3	1,6	0,7	-1,8	-0,7	-1,5
Chômage (en %)	8,6	15,3	12,9	14,3	15,1	17,0
Solde budgétaire (en % du PIB)	-0,1	-1,1	-1,4	-2,4	-2,1	-3,3
Service de la dette extérieure (% des exportations)	32,3	41,7	56,4	60,6	75,0	99,8

Sources : Ministère de l'Économie d'Argentine, IFI, CEPAL, CDC IXIS

D'autre part, les chocs exogènes défavorables ont renforcé les déséquilibres macroéconomiques qui, étant plutôt modérés au départ, se sont progressivement aggravés. Tel est le cas notamment du déficit budgétaire qui, presque inexistant au cours de la première moitié des années quatre-vingt-dix, s'est accru depuis 1995, notamment en raison de la réforme du régime des retraites (passage d'un régime par répartition à un système de capitalisation entraînant un important manque à gagner pour les finances publiques) et une hausse rapide du chômage. L'impossibilité d'avoir recours au financement monétaire du déficit dans le cadre du *currency board* a poussé les pouvoirs publics vers le financement obligatoire international (l'Argentine est devenue le premier émetteur d'euro-obligations émergentes à la fin des années quatre-vingt-dix), un financement de marché fort coûteux à la suite des crises financières des pays émergents. En outre, l'économie a basculé dans la récession pendant le deuxième semestre 1998, ce qui s'est traduit par une chute des recettes fiscales courantes. Or, la politique laxiste appliquée à la fin de son deuxième mandat par l'ancien président Menem (accroissement de 15,2 % des dépenses courantes en 1999), a aggravé le déficit budgétaire.

Vers la crise ouverte

Dès lors, l'Argentine s'est trouvée piégée dans un processus d'endettement auto-entretenu qui l'a enfoncée dans une crise de plus en plus profonde. La dégradation des ratios d'endettement public s'est accélérée. La dette extérieure brute (constituée majoritairement par des obligations souveraines), qui était de près de 40 % du PIB en 1995, a atteint plus de 50 % du PIB en 2000. Du fait de la montée de la dette publique, la charge d'intérêts dans le budget de l'état est passée d'un peu plus de 6 % des recettes totales en 1994 à 20 % en 2000. Autant, sinon plus inquiétant encore, le service de la dette extérieure rapporté aux exportations est passé de 40 % à près de 100 % entre 1995 et 2001.

Le contexte est celui d'une Argentine confrontée à de graves problèmes de gouvernabilité depuis octobre 2000, à la suite de la démission de C. Alvarez, vice-président et principal leader d'une composante de l'Alliance au pouvoir (F. De la Rua est président depuis fin 1999). Après plusieurs tentatives visant à regagner la confiance des investisseurs ("blindage" en accord avec le FMI en décembre 2000, "*mega-swap*" de 30 milliards de dollars d'une partie de la dette publique en juin 2001, politique de "déficit zéro" à partir de juillet 2001, réduction des salaires nominaux des fonctionnaires…) l'Argentine était de plus en plus proche d'un défaut généralisé. Pour y faire face, les autorités ont tenté de mettre en place une ambitieuse opération de restructuration "volontaire" de la dette contractée auprès des créanciers domestiques et internationaux. Même si la « phase 1 » du *swap* compulsif auprès de créanciers domestiques (transformant une dette obligatoire essentiellement en dollars en crédits bancaires) a eu lieu, la récession s'accentuait et l'aggravation de la méfiance donnait lieu à des sorties massives de dépôts – entre la mi-février et le début décembre 2001, plus de 16 milliards de dollars ont quitté le système en termes nets, dégradant le coefficient de liquidité des banques et accélérant la chute des réserves de change.

La crise ouverte a été déclenchée en décembre 2001 par la mise en place du « *corralito* » (le gel des dépôts bancaires) et la suspension du déboursement d'une tranche du prêt accordé par le FMI – ce qui a entraîné la remise en cause de l'accord en vigueur avec cette institution. Le « *corralito* », qui visait à enrayer les sorties massives de dépôts, a marqué le début de la fin du régime monétaire de currency board, et du gouvernement de l'ancien président De la Rua. Celui-ci a dû démissionner au milieu de graves troubles sociaux et du discrédit total de la classe politique. Parallèlement, la croissante insolvabilité de l'Etat a débouché sur le défaut de paiement de la dette publique externe contractée vis-à-vis des créanciers privés non résidents, décidé fin décembre 2001 par l'éphémère gouvernement de l'ancien président provisoire Rodríguez Sáa.

Par la suite, la crise de légitimité politique est allée de pair avec l'aggravation de la crise sociale qui a résulté du « choc de pauvreté » découlant de l'accroissement du chômage et de la diminution du pouvoir d'achat de la population, dans le cadre d'une forte récession et de la réapparition de l'inflation en vigueur après l'abandon du *currency board* et la dévaluation du peso, début 2002. En outre, le système bancaire, qui connaissait de croissantes difficultés en raison de la persistance du climat récessif, de l'importance de ses créances auprès du secteur public et du discrédit suscité par le « *corralito* », est entré en situation de crise ouverte à la suite de la « pésification » asymétrique décidée par le gouvernement transitoire de l'actuel président Duhalde – les bilans des entités financières, qui étaient majoritairement libellés en dollars, sont désormais libellés en pesos, mais avec des parités différentes pour les actifs et les passifs du système (1 et 1,40 pesos par dollar, respectivement).

Pas de sortie de crise à court terme

La grave crise actuelle de l'économie argentine est le révélateur de la persistance d'une vulnérabilité financière qui s'était déjà traduite par de nombreuses crises de la dette par le passé. Elle montre aussi la légèreté de la plupart des analystes, qui croyaient l'Argentine tirée d'affaire pendant les années quatre-vingt-dix. Certes, après l'hyperinflation de 1989-1990 et de nombreuses années de stagnation, ce pays de 36 millions d'habitants a été, parmi les « émergents », l'un des champions de la croissance entre 1991 et 1998. Néanmoins, la santé des finances publiques était précaire et l'accroissement de l'endettement public auprès des marchés financiers internationaux s'est emballé à partir du milieu des années 90. Dès lors, ce pays, extrêmement dépendant des financements extérieurs, a subi de plein fouet les chocs défavorables des crises émergentes de 1997-1999.

Certes encore, pendant les années 90 il y a eu un accroissement substantiel de la productivité industrielle (dans le cadre néanmoins d'un recul marqué du poids relatif de l'industrie), qui battait tous les records historiques de hausse, et qui n'a pas été accompagné par une augmentation des salaires réels, ce qui a constitué une différence considérable par rapport aux périodes précédentes. Toutefois, malgré la hausse des profits qui en résultait, l'investissement productif, qui s'est redressé par rapport au recul accusé pendant les années quatre-vingt, n'a pas atteint un niveau élevé pendant les années quatre-vingt-dix (21,6 % du PIB en moyenne en 1991-1998)[3].

Ce "saut de productivité" était le signe incontestable d'une modernisation de l'appareil productif, alors que les exportations connaissaient une croissance somme toute plus qu'honorable. Mais le degré d'ouverture commerciale (en particulier le ratio exportations/PIB) n'a que très peu progressé, ce qui contrastait avec le haut degré d'ouverture et de vulnérabilité financières.

Quoi qu'il en soit, en aggravant les déséquilibres macroéconomiques apparus vers le milieu de la dernière décennie, les chocs externes défavorables ont précipité le pays dans la récession, ce qui a dégradé la situation des finances publiques, alors qu'aucun fonds de stabilisation ou contra-cyclique n'avait été envisagé dans la période faste du *currency board*. Alors que l'Argentine ne pouvait plus refinancer ses échéances sur le marché international depuis le deuxième

---

[3] En outre, son effondrement est le facteur qui précipite la récession qui s'ouvre en 1998.

semestre 2000 et que les sources internes de financement se sont taries depuis juillet 2001, l'insolvabilité de l'Etat a rendu imminente la perspective d'un défaut généralisé. La méfiance à l'égard du *currency board*, dont la composition par monnaies et le niveau des dépôts bancaires en était le baromètre, ne pouvait que s'accentuer. Le problème de ce régime monétaire et de change n'était pas tant celui, réel, de la perte de compétitivité-prix résultant de l'appréciation du dollar et des dévaluations massives des monnaies des pays émergents (à commencer par le cas du real brésilien) associées aux crises de la deuxième moitié des années 1990, mais celui de l'inconsistance macroéconomique découlant de l'absence de maîtrise de la situation des finances publiques.

Alors que, dans le contexte politico-social de début 2002 l'abandon du *currency board* ne pouvait être fait qu'en « catastrophe », les premiers pas du gouvernement de transition du président Duhalde ont fait craindre le pire. Dans un cadre d'absence totale de stratégie de la part des pouvoirs publics, l'adoption d'un régime de flottement s'est traduite par une dépréciation brutale du peso (le dollar est rapidement passé de 1 à plus de 3,5 pesos), ce qui dépassait l'effet de « sur-réaction » constaté dans d'autres crises émergentes. Fruit d'une méfiance généralisée à l'égard de la monnaie nationale, cette sur-réaction a eu lieu malgré la situation d'illiquidité dans laquelle se trouvait l'économie en raison du gel des dépôts -qui a subi néanmoins des « fuites » considérables lorsque la Cour suprême de justice a donné une suite favorable aux recours présentés par les déposants. Alors que la « pesification » transformait les institutions financières en véritables coquilles vides, le PIB chutait en rythme annuel de plus de 15 % au cours du premier trimestre 2002. La disparition du crédit suite à une crise bancaire étroitement associée au refus de la monnaie nationale, et la réapparition de l'inflation, qui s'emballait en mars-avril, faisait planer la perspective de l'hyperinflation et d'une dollarisation de fait.

Face à cette situation, le gouvernement - après maintes hésitations et nombreux allers-retours - a commencé à faire, à partir de mai et juin 2002, quelques pas pour essayer de surmonter la crise ou, au moins, tenter de la maîtriser. Sur le plan économique il a multiplié les initiatives pour essayer d'avancer dans le règlement du problème du « *corralito* », tout en tentant de verrouiller les fuites de dépôts. Il a également réussi à stabiliser le taux de change à une parité d'environ 3,50 pesos par dollar, alors que les finances publiques commençaient à se redresser en raison notamment de la réduction en termes réels des dépenses, pour l'essentiel gelées.

En même temps, le gouvernement faisait quelques progrès dans l'adoption des mesures exigées par le FMI. Le parlement a par exemple approuvé la réforme de la loi des faillites et abrogé la loi dite de « subversion économique ». Plus récemment, la majorité des provinces a ratifié l'accord avec le pouvoir central en vue de réduire leur déficit budgétaire, en adoptant l'objectif de dégager un excédent primaire supérieur à 2 % du PIB. Toutefois, l'Argentine continue à se heurter à l'extrême sévérité dont ont fait preuve le FMI et le Trésor américain, qui s'est traduite par des négociations sans cesse repoussées.

Il est clair que la responsabilité principale de la crise revient aux autorités argentines. Il est vrai aussi que le FMI a apporté de l'aide (blindage de fin 2000, nouveaux prêts d'août 2001) avant le défaut et la fin du *currency board*. Mais il est incontestable que l'Argentine a pris régulièrement les «potions» prescrites par le FMI qui, impliquant toujours une austérité accrue, n'ont fait qu'affaiblir davantage le patient. Et il est également incontestable que le FMI a cautionné et encouragé le programme de privatisation et de libéralisation tous azimuts mis en place pendant les années 90, sans se soucier outre mesure des fragilités qui apparaissaient déjà ou des entorses -dont tout le monde connaissait l'existence- à la « *good governance* » qui ont caractérisé le gouvernement de l'ancien président Menem.

La vérité est que l'absence d'importants effets de contagion financière et d'enjeux géostratégiques pour les Etats-Unis tend à faire de l'Argentine un paria du système international. Quant au FMI, il est incapable de sortir du cadre traditionnel de la conditionnalité, trop centrée sur l'austérité budgétaire. Cette question devrait être abordée dans une perspective plus large visant à créer un choc financier positif à même de restaurer la confiance dans la monnaie, le cœur de la crise argentine. Certes, il est très difficile pour le FMI d'approuver un accord tant qu'il n'y aura pas de nouvelles autorités politiques re-légitimées en Argentine. Mais la perspective offerte par le FMI à court terme, à savoir un accord de portée limitée ne comportant pas d'argent frais et impliquant seulement le rééchelonnement de la dette argentine auprès des institutions multilatérales (principalement la Banque Mondiale et la Banque inter-américaine de développement) génère très peu d'incitations favorables à un accord pour les autorités argentines.

Ainsi, en réglant seulement, en novembre 2002, les intérêts d'une échéance de 805 millions de dollars dus à la Banque Mondiale, les autorités argentines risquent de faire évoluer la situation vers un défaut externe généralisé qui pourrait couper durablement ce pays de tout financement étranger. Mais, « l'incitation à l'accord » étant faible, les autorités argentines semblent décidées à ne pas utiliser les réserves de change pour rembourser les institutions multilatérales[4]. Au demeurant, le maintien des réserves de change autour de 10 milliards de dollars est considéré par les autorités comme une condition *sine qua non* pour consolider les anticipations favorables quant à la parité du peso.

En fait, la stabilisation du change autour de 3,50 pesos par dollar, qui a autorisé la suppression partielle du gel des dépôts – c'est-à-dire la suppression les restrictions sur les mouvements de comptes de dépôts à vue et d'épargne liquide, mais le maintien des restrictions en ce qui concerne les dépôts à terme[5], va de pair avec un ralentissement très net de l'inflation –que l'on estime à 40 % pour l'ensemble de l'an 2000. Ceci éloigne pour le moment le spectre de l'hyperinflation alors que la chute du PIB semble enrayée.

Mais il est encore trop tôt pour que ce que l'on appelle en Argentine le « *veranito* » (l'été indien) puisse être considéré comme le début d'un redressement durable. La situation actuelle demeure fragile et une véritable sortie de crise ne semble pas envisageable à très court terme. Alors que de nombreuses activités pourraient connaître un boom exportateur en vertu du

---

[4] A leur tour, celles-ci, qui sont très exposées auprès de l'Argentine, pourraient se voir *downgradées* par les agences de notation.
[5] Ces restrictions concernant les dépôts à terme sont appelées le « corralón » en Argentine.

changement des prix relatifs induit par la dévaluation, le manque de financement freine leur essor potentiel. L'assainissement et la restructuration du système financier prendra du temps, de même que la renégociation de la dette externe en défaut. Et, au-delà du fait que cette renégociation devra sans doute déboucher sur une décote substantielle, les ratios d'endettement se sont considérablement dégradés à la suite de la dévaluation.

Plus important encore : le défaut, l'abandon du *currency board* et la « pésification » asymétrique ayant impliqué la rupture de tous les contrats, le rétablissement de nouvelles règles de jeu crédibles est une condition indispensable pour ouvrir un nouveau chapitre de la vie économique de l'Argentine. Or, ceci suppose une refonte institutionnelle qui requiert une relégitimation de l'Etat et des dirigeants politiques. Mais il n'est pas du tout sûr que les élections présidentielles qui doivent avoir lieu en avril 2003 permettent d'avancer dans cette perspective.

Document

Should Countries like Argentina be able to Declare Themselves Bankrupt?

Anne O. Krueger,
*First Deputy Managing Director,
FMI-International Monetary Fund
18 janvier 2002*[1]

Walter Wriston, former head of Citibank, famously remarked that countries don't go bust. But, over the past two centuries, more than 90 have in fact defaulted on their debts and a number have done so several times. When it announced a moratorium late last year, Argentina became only the latest example.

Defaults are always painful, for debtors and creditors alike. And sothey should be. Countries - just like companies and individuals - should honor their debts and suffer when they fail to do so. Otherwise people will not be prepared to lend to them and they will find it much more difficult to finance investment. But when a country's debts become truly unsustainable, it is in everyone's interest that the problem is addressed promptly and in an orderly way. Alas, all too often that does not happen. Like a toothache sufferer delaying a visit to the dentist until the last possible moment, governments frequently try to put off the inevitable. The result is that the citizens of the defaulting country experience greater hardship than they need to, and the international community has a tougher job helping pick up the pieces.

The lesson is clear: we need better incentives to bring debtors and creditors together before manageable problems turn into full-blown crises. IMF staff have been examining how this could be done - by learning from corporate bankruptcy regimes like "Chapter 11" here in the US. We are some way from having a formal proposal, but we look forward to discussing these ideas with our executive board and other interested parties in coming months.

In thinking about a possible new approach, we began by asking why some countries leave it so long to restructure unsustainable debts. Reluctance to confront the economic and political disruption involved is obviously part of the answer - and no new approach can or should entirely eliminate those concerns. But logistical and legal barriers are important as well. Debt restructuring was difficult enough in the 1980s, when you could bring the holders of most of a country's debt together simply by gathering 15 bankers round a table. Things are

---

[1] Distributed by *Los Angeles Times* Syndicate International, *El Pais*, January 18, 2002.

much more complicated now. In recent years, countries have increasingly borrowed by issuing bonds as well as turning to banks. Bondholders are more numerous, anonymous and difficult to coordinate. This increases the "collective action problem" of getting agreement among creditors on the terms of a restructuring - even if almost all of them would benefit.

The resulting expectation that restructuring is likely to prove difficult and disorderly means that creditors may scramble to get their money back, in an attempt to beat others to it. We need to create stronger incentives for creditors to stay engaged, rather than rush for the exits.

Another obstacle to orderly restructuring has been the growing threat of legal action. In part this is because bondholders seeking repayment do not have to share the proceeds of litigation with other creditors - as banks have to do. A second reason is that litigants have recently overcome one of traditional barriers to suing debtor governments, namely the difficulty of locating and seizing their assets. In one recent case, for example, a "vulture fund" in effect held Peru to ransom by persuading courts in the US and Europe to prevent it servicing its debts to other creditors. It is not clear whether this technique would survive legal challenge in future cases, but it only goes to highlight a more general problem.

So how could the international community help? One answer would be for the IMF to lend a country all it needed to repay its creditors. But this would leave countries accumulating debt indefinitely. In any event our resources are limited, not least by the reluctance of our members to see taxpayers' money used to bail out private creditors. This reluctance is well-justified. Investors and lenders will act imprudently if they see the IMF waiting on the sidelines to ensure they get their money back. Just as we expect borrowers to repay their debts, so we should expect lenders to accept responsibility for the risks they take.

Looking to corporate bankruptcy regimes for inspiration makes much more sense. We could put a better set of incentives in place by creating a predictable legal framework that would in all probability rarely need to be activated formally. A country would have legal protection from its creditors for a fixed period while it negotiates a restructuring. In return, it would be under an enforced obligation to negotiate in good faith and to adopt policies that will get its economy back on track. Finally, once a restructuring has been agreed by a big enough majority of creditors, any dissenters would have to accept the same terms on offer.

These key features would need the force of law throughout the world, which won't be easy to achieve. But if and when they are in place, they are likely to act as a catalyst, encouraging debtors and creditors to reach agreement of their own volition. As in domestic bankruptcy regimes, most restructuring would likely take place "in the shadow of the law".

The benefits could be considerable, and not just for the debtors. By removing much of the uncertainty from the restructuring process, creditors should find that the value of their claims on an emerging market country hold up much better if it runs into economic trouble. And by helping investors and lenders discriminate more clearly between good and bad risks, an international workout mechanism could help countries with good policies secure capital more cheaply. It will also increase the efficiency and stability of the global financial system.

There are of course many practical and political obstacles to getting such an approach up and running. With the best will in the world, it would take two or three years to put in place. This is too late alas to help Argentina in its current difficulties. But as an investment in a stronger and less crisis-prone world economy for the future, the idea is well worth pursuing.

« Chronique d'une crise annoncée »

Pierre Salama
Paris XIII- revue Tiers Monde

En récession depuis quatre ans, en crise ouverte depuis décembre 2001, l'Argentine connaît une chute vertigineuse de son PIB, une montée en flèche du chômage et de la pauvreté, une hausse des prix devenue importante, une division par quatre de son taux de change en moins d'un an, un endettement externe en pourcentage de son PIB exprimé en dollar devenu intenable. Le système financier a été mis à mal par le gel d'une partie des avoirs (*corralito*), leur conversion en peso (au taux de 1 dollar pour 1,40 peso), et la transformation des dettes internes en dollar en peso au taux de un pour un : il se trouve brisé par l'incapacité de sortir de manière cohérente de ce gel.

La transformation d'une partie des avoirs liquides en dépôts à terme sous forme de bons (*corralón*), la libéralisation de ces derniers pour partie avec le risque qu'ils se transforment en dollars et pèsent sur l'évolution du taux de change et sur les réserves du pays, donnent lieu à des bras de fer entre le gouvernement, la banque centrale, la cour suprême et le FMI.

Parallèlement se créent et se développent des pseudo-monnaies : *lecops* (obligations émises par le gouvernement) servant à financer aujourd'hui le plan d'aide aux plus pauvres, ces derniers recevant la somme de 150 *lecops* équivalant à 150 pesos, des bons de troc entre les plus démunis, la monnaie « blé » utilisée par les agriculteurs pour payer en nature leurs *inputs* et éviter ainsi que soient gelés leurs avoirs, au moment même où les autorités publiques peinent à rapatrier les dollars gagnés par les grands exportateurs (blé, soja, élevage, énergie), à les empêcher de trop augmenter leurs prix internes et tentent d'imposer pour partie la manne que constitue la dévaluation pour des produits dont le prix est exprimé en dollar.

Cette crise vient de loin. De nombreux économistes argentins situent son origine dans la politique économique suivie par le gouvernement de la dictature (1976). Celle-ci a été caractérisée par son extrême libéralisme, rompant brutalement avec l'interventionnisme de l'Etat. D'autres, sans nier cette responsabilité, considèrent que la racine profonde de la crise se situe dans la politique suivie pour sortir de la période hyper inflationniste et récessive des années quatre-vingt. Le Plan de convertibilité (1991-2001), après un succès incontestable, a constitué progressivement une « camisole de force ». *Le «miracle» économique» dont se vantait à l'époque le Président Menem et dont se félicitait le Fond Monétaire International a viré au mirage.*

1. Le Plan de convertibilité de 1991 (*currency board*) ressemble beaucoup au système dit du *currency board* imposé au siècle passé dans certains pays par l'Angleterre, puissance coloniale de l'époque. Ce système existe dans quelques petits pays de l'est et à Hong Kong. A la différence cependant de Hong Kong, deux monnaies coexistent en Argentine pour l'ensemble des transactions : le peso et le dollar. Il impose une contrainte forte à l'émission monétaire : celle-ci doit être strictement limitée à l'entrée de devises. La base monétaire (billets et dépôts des banques auprès de la banque centrale) doit avoir pour contrepartie des dollars. Dit autrement, chaque peso créé doit avoir sa contrepartie en dollar et si l'entrée de dollars fléchit, l'émission de crédit, d'origine publique (déficit budgétaire) ou privée (crédit aux entreprises et aux particuliers) devrait suivre. La Banque centrale cesse d'être le *prêteur en dernier ressort* et refuse de refinancer (réescompter) des crédits faits par les banques lorsque des entrées de dollars ne sont pas suffisantes. On peut donc considérer que si les banques peuvent créer de la monnaie comme toute banque en accordant des crédits, leur refinancement auprès de la banque centrale dépend de l'entrée de dollars ; cela peut freiner leur volonté d'accorder des crédits à l'économie lorsque les entrées de devises sont insuffisantes, à moins qu'elles n'acceptent de prendre des risques importants. Les banques ont donc structurellement un problème de capitalisation et elles ne peuvent faire face aux demandes de liquidité s'il y a insuffisamment de dollars nouveaux et si les épargnants réclament la conversion de leurs dépôts en *cash*.

La fixité du taux de change réel implique nécessairement *une très grande flexibilité de la main-d'œuvre* puisque ce qu'on ne peut pas obtenir en terme de compétitivité par la manipulation des changes réels (dévaluation) doit l'être sur le coût du travail lorsque le niveau de la productivité est trop faible relativement à celui des Etats-Unis et que sa croissance, bien qu'élevée, reste insuffisante eu égard à cette contrainte de compétitivité. Cette contrainte va également lourdement peser sur les possibilités d'emprunt et poussera le gouvernement à chercher «un déficit zéro» de son budget.

Le plan de convertibilité a agi comme un véritable piège dont il devenait de plus en plus coûteux socialement de sortir à mesure que le temps passait : la flexibilité du travail avec son cortège de précarisation, travail à temps partiel, réduction des salaires réels, s'est imposée de manière quasi caricaturale. L'économie s'est fortement internationalisée, surtout du côté des mouvements de capitaux ; les sorties de capitaux se sont multipliées d'autant plus facilement que le taux de change réel s'appréciait et que le comportement rentier des entrepreneurs était stimulé par des arbitrages en faveur des placements financiers, se substituant de plus en plus aux investissements productifs.

2. Selon Frenkel et *alii,* le salaire réel en 1996, en dollar constant, pour l'ensemble de l'industrie, est de 40 % supérieur à celui de 1991 à cause de l'appréciation en terme réel du taux de change. Bien que la productivité ait fortement augmenté, elle ne parvient pas à compenser cette hausse des salaires réels exprimés en dollar constant. *Le coût unitaire du travail en 1996 était de 7 % supérieur à celui de 1991.* La réduction des salaires du secteur dit «ouvert», c'est-à-dire soumis à la concurrence internationale, commence mi-98 alors que la productivité du travail croît fortement à partir de mi-99. Il en résulte une baisse sensible du coût unitaire du travail en peso passant de 92 (base 100 en 1993) à 83 en 2001, soit une réduction d'un peu moins de 10 % depuis la dévaluation du réal. En effet, la compétitivité

de l'Argentine vis-à-vis du Brésil s'est effondrée lorsque le réal a été fortement dévalué par rapport au dollar en 1999 alors que le peso en terme réel restait apprécié (voir note 2). De cette étude il résulte que les marges de manœuvre pour accroître la compétitivité sont réduites avec le Plan de convertibilité. L'amélioration de la compétitivité peut provenir de la réduction des salaires réels dans le but d'abaisser le salaire réel en dollar constant, ce qui fut fait, mais elle n'est pas très efficace en raison de son effet récessif. En effet, l'Argentine, malgré une augmentation sensible de son degré d'ouverture depuis une quinzaine d'années, reste une économie relativement fermée, dont la croissance est surtout «tirée» par la demande intérieure. C'est aussi ce qui explique fondamentalement la *« primarisation » de l'activité économique* : le secteur industriel tend à être éradiqué, les petites et moyennes entreprises ont de plus en plus de mal à résister à la concurrence externe. Les exportations se concentrent là où leur prix s'exprime directement en dollar (matières premières d'origine agricole et minière dont le pétrole) et où la part du travail est faible. L'appréciation de la monnaie en terme réel conduit en Argentine à renforcer les comportements rentiers des entrepreneurs. Le taux de formation brute de capital reste ridiculement faible - surtout si on ne tient pas compte des investissements dans la construction -, lorsqu'on le compare aux économies émergentes asiatiques. Dans les années quatre vingt-dix, l'entrée de capitaux au titre des investissements étrangers directs, suite aux privatisations massives et à l'effet d'attraction provoqué par la création du Mercosur est importante. Les profits sont conséquents.

3. Entre 1993 et 2000, les 200 entreprises les plus grandes du pays ont gagné 28,441 milliards de dollars. 57 % de ces profits proviennent de 26 compagnies privatisées (source Flacso). Ces cinq dernières années, alors que la déflation a été de 4 %, la hausse des prix des services publics a été de 22 %. Selon les travaux de D. Azpiazu (2001), de 1992 à 2000 pour chaque dollar gagné par les 500 plus grandes entreprises privatisées, 80 *cents* sont expatriés. En 2000, au seul titre des profits et dividendes rapatriés plus de 1600 millions de dollars ont été expatriés et de 1992 à 2000, 8900 millions de dollars sont allés dans les maisons mères, soit 55 % des entrées au titre des privatisations. Lorsqu'on considère l'ensemble des rapatriements nets de ces profits et dividendes, au-delà donc des 500 plus grandes entreprises privatisées, les chiffres sont les suivants : 2066 et 2524 millions de dollars pour les années 1997 et 1998 (+6,8 %), auxquels il convient d'ajouter les intérêts nets de la dette qui passent de 6166 à 7608 millions de dollars entre les mêmes dates et les services nets liés à la balance commerciale qui passent eux de 4178 millions de dollars à 4281. L'ensemble de ces déficits correspond approximativement à un peu plus de la moitié de la valeur des exportations. Le réinvestissement des profits par les investisseurs étrangers correspond au tiers, voire au quart, des sommes remises à l'étranger au titre des dividendes et profits rapatriés. Les chiffres bruts sont éloquents : en 1997, 2842 millions de dollars et en 1998, 3353 millions de dollars ont été remis à l'extérieur alors que le réinvestissement des profits s'élevait respectivement à 815 et 697 millions de dollars pour ces années (Damill et *allii*, 2000). Les restrictions à la hausse des prix des services publics édictées en 2002 alors que la hausse des prix reprend vivement, l'obligation de continuer à payer les dettes externes en dollar alors que le peso s'est fortement déprécié, expliquent les fortes pertes de ces entreprises en 2002, pertes qui se situent très en deçà des gains de la décennie.

4. Selon les travaux de Damill et *alii* le solde cumulé de la balance du compte capital et financier de la balance des paiements, attribuable au gouvernement, avoisine 50% de l'ensemble des ressources obtenues par le pays sur les périodes 1992-1998 et 1997-1998, et davantage que celles obtenues par le secteur privé non financier, à l'origine de sorties massives au titre des revenus de l'investissement et de l'endettement privé. Les années où le secteur privé non financier ne parvient pas à capter suffisamment de ressources de l'extérieur, c'est l'endettement public qui compense ces insuffisances. Tel est le cas nettement en 1995 et 1996, années de crise et de sortie de capitaux en 1995. Ce sont donc les emprunts internationaux opérés par l'Etat qui permettent de «boucler» l'écart entre besoin de financement et capacité de financement du secteur privé. L'amélioration des fondamentaux de l'économie, et notamment l'équilibre fiscal, pourrait dans l'abstrait accroître la crédibilité du gouvernement devant les institutions internationales, abaisser le «risque pays», réduire les taux d'intérêt et être source d'entrées de capitaux, mais l'effet récessif provoqué par cette politique de contention des dépenses publiques et l'incapacité du secteur privé non financier à faire face à ses sorties de capitaux, rendrait cette situation inextricable. *En conclusion, et il s'agit d'un beau paradoxe, l'équilibre fiscal entre en opposition avec les intérêts du secteur privé non financier; le secteur privé a besoin des déficits de l'Etat pour se procurer des ressources à l'étranger dont il ne peut se passer.* Evidemment tel ne serait pas le cas si ce secteur réinvestissait ses profits, développait des activités productives visant à accroître les exportations, en un mot si les entrepreneurs étaient un peu moins rentiers. Paradoxe en partie explicable par le plan de convertibilité : le manque de compétitivité de l'industrie, et le contexte récessif par la suite, n'incitent guère à investir pour augmenter les capacités de production et à l'inverse, le maintien d'un taux de change réel apprécié favorise les sorties de capitaux.

La libéralisation de l'économie sans recherche d'effets compensatoires et l'abandon consécutif de l'idée même d'un Etat régulateur ont provoqué une montée des inégalités, une dépendance croissante vis-à-vis de la finance internationale. Le maintien du plan de convertibilité a accentué ces effets et provoqué la mise en place d'un véritable piège. D'un côté le maintien de ce plan aggravait la situation, d'un autre son abandon impliquait un coût social et économique immédiat plus élevé que la poursuite du maintien de ce plan. Le court terme l'emportant sur le moyen terme, la fuite en avant tenant lieu de politique, la sortie de ce plan ne pouvait avoir lieu que dans la panique. C'est ce qui s'est passé à la fin de l'année 2001. Il s'agit donc bien de la « *chronique d'une crise annoncée* ».

La responsabilité des gouvernants est double : d'un côté les effets régressifs de cette libéralisation se sont manifestés très vite et les gouvernants ont laissé l'appauvrissement de la majeure partie de la population se développer et l'enrichissement d'une fraction réduite de celle-ci s'accroître, d'un autre côté, conscients du piège, ils ont préféré le gérer au quotidien, multipliant à la fois les concessions libérales vis-à-vis du Fonds Monétaire International, concessions toujours considérées comme insuffisantes, et cherchant aussi à contourner certaines de ses exigences en laissant se multiplier des monnaies provinciales non convertibles, lourdes de menaces. La responsabilité principale de l'état actuel de l'économie n'est pas à rechercher dans l'attitude inflexible d'une institution internationale, mais dans celle des gouvernants et de la minorité qui a profité des politiques économiques mises en place, dans les périodes d'essor mais aussi et surtout dans les périodes de récession. Les interventions du FMI n'ont fait qu'accompagner une politique profondément libérale. Cependant, avec l'éclatement de la crise fin décembre 2001 et la venue d'une nouvelle équipe dirigeante au Fonds Monétaire Internationale, beaucoup plus dogmatique que la précédente, les remèdes proposés avec un haut degré de cynisme sont de nature à « tuer le malade » au lieu de le guérir.

L'exercice de l'économie n'est pas innocent lorsqu'on est au pouvoir. Il peut arriver que les politiques économiques suivies puissent produire des effets désastreux sur une fraction importante de la population. Lorsque ces effets ne se réduisent pas à une baisse de pouvoir d'achat, mais acquièrent un aspect qualitatif en détériorant profondément les conditions de survie, il devient légitime de considérer que *l'économie*, telle qu'elle est pratiquée, *puisse tuer*. On est alors en droit de se demander s'il conviendrait d'admettre l'idée d'une responsabilité criminelle en économie lorsque toute une série d'indicateurs sociaux indique une détérioration rapide et très importante. Ces indicateurs devraient mesurer l'évolution de la pauvreté elle-même vue à partir d'une batterie d'autres indicateurs : revenu, santé, espérance de vie, mortalité infantile *etc.*, mais aussi évaluer la détérioration de l'habitat, du système scolaire et la montée des homicides.

Cette responsabilité n'est pas reconnue encore aujourd'hui en droit. Elle est plus facile à admettre lorsque les gouvernements n'ont pas ou peu de légitimité, comme dans le cas de dictature. Elle est plus difficile à accepter lorsque ces gouvernements sont issus d'élections, comme c'est le cas en Argentine. Pourtant, certaines décisions de politique économique peuvent conduire à des situations extrêmes et le rejet démocratique de ces politiques, par la voie des élections, ne saurait suffire. Essentiel, ce rejet est insuffisant lorsque les effets de ces politiques sont désastreux pour la majeure partie de la population, comme on peut l'observer aujourd'hui en Argentine. Cette responsabilité devrait être évaluée, voire jugée devant une Cour économique internationale qui, à l'égal de ce qu'a été le tribunal Russell pendant la guerre du Vietnam, devrait juger les crimes économiques. De l'ordre du symbolique, ces jugements devraient rendre plus difficile la mise en œuvre de telles politiques ultralibérales en d'autres lieux.

Principales données

Le PIB baisse depuis 1999 : -39 % en 1999, -0,8 % en 2000, -4,4 % en 2001 et -16,3 % au cours du premier trimestre 2002 par rapport au même trimestre de l'année 2001. L'investissement chute de 12,6 % en 1999, ralentit sa baisse en 2000 (-6,8 %), connaît à nouveau une accélération de son déclin (15,7 % en 2001) pour s'effondrer en 2002 (-46,1 %).

La balance commerciale connaîtra un excédent de 12 milliards de dollars en 2002, dû pour l'essentiel à un effondrement des importations (-66 %) et à un léger recul des exportations (-5 %). Le ratio Dettes (publique et privée, d'un montant de 200 milliards de dollars fin 2001) sur PIB s'élève à 1,8, et à 1,3 si on ne considère que la dette publique à la fin du premier semestre 2002.

Le salaire réel a baissé de 30 % au cours du premier semestre dans le secteur privé, l'emploi a profondément chuté. En une année, 10 % des emplois « formels » ont disparu, surtout dans l'industrie - plus particulièrement dans les secteurs dits modernes -, et la construction. La précarisation et l'informalité explosent (plus de 90 % des emplois détruits en 2001 et 2002 sont des emplois stables et formels).

La pauvreté absolue (calculée selon la ligne de pauvreté) est passée de 27 % en 1998 à 53 % à la fin du premier semestre 2002 et le pourcentage d'indigents a augmenté entre les mêmes dates de 6 % de la population totale à 24,8 %. En 2002, on compte 18 millions de personnes (soit la moitié de la population) sans protection médicale, et le prix des médicaments a augmenté de 200 % alors que l'inflation s'élevait à 30 % au cours du premier semestre 2002.

Document
L'Argentine face aux institutions financières internationales

Christine Legrand
Le Monde 20-11-2002

L'Argentine se trouve au bord de la cessation de paiements vis-à-vis des institutions financières internationales après avoir refusé, jeudi 14 novembre, d'honorer une échéance de 805 millions de dollars à la Banque mondiale. Elle n'a versé que 79,5 millions de dollars, soit les intérêts dus à cette échéance. La Banque mondiale a aussitôt annoncé qu'elle cessait l'octroi de nouveaux prêts à l'Argentine.

"Nous ne payerons pas cette dette sans un accord préalable avec le Fonds monétaire international", a précisé le président argentin Eduardo Duhalde (péroniste), alors que son ministre de l'économie, Roberto Lavagna, à Washington, tentait désespérément de débloquer les négociations en cours depuis dix mois avec le FMI.

Après son spectaculaire effondrement financier, en décembre dernier, l'Argentine risque désormais d'être mise au ban de la communauté financière internationale, le FMI ne prêtant pas aux pays qui sont en cessation de paiement avec la Banque mondiale. Le gouvernement a refusé de puiser dans les réserves de la banque centrale (BCRA) pour faire face à l'échéance du 14 novembre. *"Si l'Argentine avait payé la Banque mondiale, les réserves seraient passées sous les 9 milliards de dollars, un chiffre recommandé par le FMI pour maintenir la solidité du programme monétaire"*, a fait valoir le chef de cabinet argentin, qui a rang de ministre, Alfredo Atanasof. Les réserves de la BCRA sont de 9,8 milliards de dollars, soit un tiers de leur montant d'il y a un an et demi. Elles étaient passées sous les 9 milliards de dollars en juillet à cause des injections permanentes de la banque centrale pour freiner la dépréciation du peso face au dollar (75 % depuis le début de l'année).

Convalescence

Ce nouveau bras de fer avec les institutions financières internationales intervient au moment où une brise d'optimisme souffle à Buenos Aires, avec un léger redressement de l'économie. En octobre, les rentrées fiscales ont augmenté de 35 % par rapport à la même période de l'an dernier, l'inflation a été ramenée à 2 %, la production industrielle reprend peu à peu et les exportations ont augmenté. Le puissant secteur agricole est particulièrement favorisé par la dévaluation du peso avec une main-d'œuvre devenue bon marché, des prix plus compétitifs et des exportations qui se font en dollars. Les récoltes ont atteint des niveaux records et notamment celles de soja, qui devraient rapporter quelque 500 millions de dollars de plus que l'an dernier. Après avoir touché le fond après quatre ans de récession, certains analystes estiment que l'Argentine est en convalescence. Face aux nouveaux réajustements exigés par le FMI, le gouvernement refuse de prendre le risque de mettre en péril les quelques acquis économiques mais aussi une fragile trêve sociale dans un pays où plus de la moitié des 37 millions d'habitants est tombée dans la pauvreté et a des problèmes d'emploi.

De nombreux économistes à Buenos Aires estiment que l'intransigeance des institutions financières internationales fait apparaître l'Argentine comme une victime des propres erreurs du FMI, dont elle fut le meilleur élève dans les années 1990, et que, tout compte fait, l'isolement financier international pourrait ne pas être aussi sévère. Le 5 novembre, la Banque interaméricaine de développement (BID) a octroyé à l'Argentine un prêt de 200 millions de dollars pour le financement d'œuvres publiques. Outre les immenses richesses naturelles du pays, *"l'appareil productif n'a pas été détruit, avec d'excellentes capacités humaines et une bonne infrastructure"*, a souligné Bernardo Kosacoff, économiste de la Commission des Nations unies pour l'Amérique latine (Cepal), dans un récent entretien au quotidien *La Nación*.

Le FMI critique le manque de consensus politique en Argentine. *"Nous avons besoin d'être sûrs que ce que nous décidons avec Duhalde sera mis en pratique"*, aime à répéter Horst Kölher, le directeur général du FMI. Jeudi, M. Duhalde a convoqué, pour le 18 novembre, une réunion avec tous les gouverneurs de province et les responsables des groupes parlementaires pour débattre des mesures que le pays doit adopter. A Buenos Aires, les institutions, fortement ébranlées depuis des mois par la colère populaire, ont du mal à retrouver leur crédibilité aux yeux des citoyens.

Le futur politique reste incertain. Eduardo Duhalde, désigné en catastrophe et pour un mandat provisoire, le 1er janvier, a promis de quitter le pouvoir le 25 mai prochain. Mais après avoir annoncé l'élection présidentielle pour le 30 mars 2003, le gouvernement évoque désormais la possibilité de la repousser. Cet éventuel report s'explique par les luttes féroces qui déchirent le mouvement péroniste, qui reste, et de loin, la principale force politique du pays.

Le ministre de l'économie, M. Lavagna, dénonce les "erreurs" du FMI

Le moratoire : l'Argentine observe depuis décembre un moratoire avec ses créanciers privés auxquels elle doit près de 50 milliards de dollars. Sa dette publique était estimée au 30 juin à 141 milliards de dollars.

Cette année, l'Argentine a remboursé 3,4 milliards de dollars d'échéances de sa dette avec les organismes financiers multilatéraux.

Rééchelonnement de la dette : Buenos Aires n'espère pas d'argent frais du FMI, qui a suspendu son aide depuis décembre 2001, mais un rééchelonnement de sa dette, qui est estimée à 14 milliards de dollars d'ici à la fin de l'année. La directrice générale adjointe du Fonds, Anne Krueger, a annoncé, jeudi 14 novembre, que celui-ci s'apprêtait à approuver un délai pour une tranche de 140 millions de dollars dont l'échéance était fixée au 22 novembre.

Les responsables de la crise : tout en admettant que la responsabilité de la crise incombe en premier lieu aux Argentins, le ministre de l'économie, Roberto Lavagna, mentionne régulièrement les *"graves erreurs"* commises par le FMI. *"Les déséquilibres étaient visibles dès 1994"*, a récemment souligné M. Lavagna devant la presse étrangère, à Buenos Aires, ajoutant que malgré cela les organismes financiers internationaux avaient continué à aider l'Argentine *"de façon aveugle"*, soutenant ainsi *"un modèle qui engendrait la faim et la pauvreté"*. En 2001, le dernier prêt de 9 millions de dollars du FMI a servi *"à financer la fuite de capitaux et à précipiter l'écroulement du système financier"*, a-t-il précisé. Concluant que si les négociations avec le FMI échouent, *"chacun devra assumer ses responsabilités"*.

Document
Argentina, Shortchanged
Why the Nation That Followed the Rules Fell to Pieces

Joseph E. Stiglitz
Washington Post, May 12, 2002.

It's a familiar refrain: Another Latin American republic, this time Argentina, can't get its act together. A profligate government and its populist policies have brought the country to ruin. Americans can smugly feel they are immune from such Latin ways.

Bewildered Latin Americans, however, see Argentina very differently. What happened, they ask, to this poster child of neo-liberalism and the notion that free markets would ensure prosperity ? This was the country that did everything right. How could it have fallen so far ?

There is some truth in both views, but ultimately, the one that's been popularized in America is, I think, misguided.

The crisis that had been brewing in Argentina for several years finally burst out last December. As the official unemployment rate approached 20 percent, with real joblessness substantially higher, workers had had enough. Street demonstrations overturned a democratically elected government. The country could not meet its debt payments. It had no choice but to default, and the economic regime, with the Argentine peso fixed in value to the dollar, had to crumble. Since then, the economy has gone from bad to worse.

Argentina would be better off if there were less corruption in political life and if it had not run deficits; after all, you can't have a debt crisis if you have no debt.

But the real question is, did those large deficits, corruption and public mismanagement cause the Argentine crisis? Many American economists suggest that the crisis would have been averted had Argentina followed the advice of the International Monetary Fund (IMF) religiously, especially by cutting back on expenditures (including at the provincial level) more ruthlessly. Many Latin Americans, however, think that the full IMF plan would have led to an even worse crisis - sooner. I think it is the Latins who are right.

Like most economists outside the IMF, I believe that in an economic downturn, cutting expenditures simply makes matters worse: tax revenues, employment and confidence in the economy also decline. Argentina is no more exempt from these basic economic principles than were the countries of East Asia in the late '90s. Yet the IMF said make cuts, and Argentina complied, trimming expenditures at the federal level (except interest) by 10 percent between 1999 and 2001.

Not surprisingly, the cuts exacerbated the downturn; had they been as ruthless as the IMFhad wanted, the economic collapse would have been even faster. Social unrest would have come earlier. And the calamity that followed the political unrest would almost surely have been every bit as bad. What is remarkable about Argentina is not that social and political turmoil eventually broke out, but that it took so long.

A closer look at its budget also shows how grossly unfair is the picture of Argentine profligacy that has been so widely painted. The official numbers reveal a deficit of less than 3 percent of gross domestic product -- not an outrageous number. Recall that in 1992, when the United States was experiencing a far milder recession than the current Argentine one, the U.S. federal deficit was 4.9 percent of GDP. An economy in recession normally runs a deficit, as tax revenues plummet and safety net expenditures increase; and there should be a deficit, for eliminating it simply plunges the economy into a deeper recession.

But even that 3 percent figure is misleading, because of Argentina's decision to privatize its social security system in the 1990s, a move encouraged by the IMF. With that change, money that had been "inside the budget" moved "outside." In such cases, even if nothing happens to the economy other than the privatization, the apparent budgetary position greatly worsens because the pension plan surplus is taken off the books. Consider this: If we had had a privatized Social Security system in 1992, for example, our deficit that year would have been more than 8 percent of GDP. Had Argentina not privatized, its 2001 budget would actually have shown a surplus. The pension shift did not create a macroeconomic problem. Yet, the IMF saw things as worse.

Even putting this aside, at the center of Argentina's budget deficits - however one assesses them - was not profligacy but an economic downturn, which led to falling tax revenues. Soaring interest rates resulted not so much from what Argentina did but from the mismanaged global financial crisis of 1997-98. All countries were badly affected, even Argentina, which the IMF still considered to be an A-plus student in 1998.

If budget profligacy or corruption was not the problem, what was? To understand what happened in Argentina, we need to look to the economic reforms that nearly all of Latin America undertook in the '80s. Countries emerging from years of poverty and dictatorship were told that democracy and the markets would bring unprecedented prosperity. And in some countries, such as Mexico, the rich few have benefited.

More broadly, though, economic performance has been dismal, with growth little more than half of what it was in the 1950s, '60s and '70s. Disillusionment with "reform" - neo-liberal style - has set in. Argentina's experience is being read: This is what happens to the A-plus student of the IMF. The disaster comes not from not listening to the IMF, but rather from listening.

That Argentina has moved to the bottom of the class has much to do with the exchange rate system. A decade ago, it had hyperinflation, which is always disastrous. Pegging the currency to the dollar - one peso equaled $1, no matter what the rate of inflation or the economic conditions - acted, almost miraculously, to cure this problem. The IMF supported the policy. It stabilized the currency and was supposed to discipline to the government, which couldn't spend beyond its means by printing money without breaking the peg. It could only spend beyond its means by borrowing. And to borrow, presumably, it would have to follow good economic policies. A magic formula seemed to have been found to tame the seemingly incorrigible politicians.

There was only one problem: It was a systemdoomed to failure. Fixed exchange rates have never worked. Even the United States couldn't live with a fixed exchange rate, going off the peg to gold in the midst of the Great Depression. Typically, failures do not appear overnight. They are not usually the result of mistakes made by the country, but of shocks from beyond their borders about which they can do little.

Had most of Argentina's trade been with the United States, pegging the peso to the dollar might have made sense. But much of Argentina's trade was with Europe and Brazil. The strong (most would say, overvalued) dollar has meant enormous American trade deficits. But with the Argentine peso pegged to the dollar, an overvalued dollar means an overvalued peso. And while the United States has been able to sustain trade deficits, Argentina could not. Whenever you have a massive trade deficit, you have to borrow from abroad to finance it. Although the United States is now the world's largest debtor country, outsiders are still willing to lend us money. They were willing to lend to Argentina, too, when it had the IMF stamp of approval. But eventuallythey realized the risk.

The risks were brought home by the Mexican peso crisis seven years ago and more forcefully by the global financial crisis of1997-98 when, suddenly, the interest rates that Argentina paid to its foreign and domestic creditors soared. Its level of debt seemed far less manageable, though even as late as last December, when it went off the dollar peg, its debt-to-GDP ratio was only around 55 percent. That's far less than that of Japan (where it is now around 130 percent) or many European countries, and even less than the United States not long ago (it was 64 percent in 1992).

As the Asian financial crisis led to crises in Russia, and then Brazil, Argentina suffered more and more. Interest rates soared and with the collapse of the Brazilian currency, Argentina simply could not compete with its neighbor's cheaper exports.

As if things were not bad enough, a falling euro made it harder for Argentina to export to Europe, and low prices for the commodities it sells further strained the economy. Moreover, while Europe and the United States preach free trade, they have kept their markets relatively closed to Argentina's agricultural goods.

The fixed exchange rate led to a vicious circle. As it became clear that a devaluation was inevitable, lenders in pesos insisted on even higher interest rates to compensate them for this exchange rate risk. The higher interest rates not only heightened the risk of devaluation, but contributed to a new risk of default, which in turn led to even higher interest rates to compensate for that risk.

Some say Argentina's fixed exchange rate systemmight have worked were it not for the bad luck of global financial crises. But that misses the point. International financial markets are highly volatile. The question wasn't whether the fixed exchange rate system would break, but only when and how.

In the United States, when we have a downturn, everyone agrees that a fiscal stimulus is the remedy. Why is it, then, that the IMF believed that the opposite - contractionary fiscal policies - would succeed in getting Argentina out of its problems? The IMF does not release its economic models but it seems to have assumed that if Argentina reduced its deficit, foreign investors would come in, bringing badly needed funds. But that premise is as silly as imagining that a change in our government's deficit would lead investors to put more money into fiber optics, when there is already a vast overcapacity.

Given the exchange rate, given the economic depression which the IMF policies had already brought about, given the huge debt, given that the IMF did not provide any convincing economic strategy to get out of the mess, given that there were open capital markets so that anyone who wanted to could move their investments to safer havens elsewhere in the world, it was highly unlikely that anyone - especially when the government signed an agreement to reduce its deficit further, predictably causing more unemployment and lower output - would start investing more.

Argentina is a country rich in human and natural resources. Before the crisis, these resources, even with inefficiencies, generated one of the highest GDPs in Latin America. Those resources have not been destroyed by the financial crisis. What is required now is to "restart" the engine. Besides providing the assistance to do this, there is another way the United States can help: On an "emergency" basis, we should open our markets to Argentine goods. More than anything else, it was trade with the United States that brought Mexico out of its crisis. This is a form of assistance that would cost us nothing - Americans as consumers would be better off. At the very least, we should stop demanding that the Argentines cut back even more, deepening their already severe depression and adding to the inevitable social problems.
Blaming the victim is not going to help matters.

Le FMI et le désastre argentin

Jérôme Sgard [1]
Paris IX, CEPII

Le 6 décembre 2001, le Fonds Monétaire International a refusé à l'Argentine une nouvelle tranche sur le crédit de 23 milliards accordé au mois de janvier précédent. La raison mise en avant est simple : le pays avait de nouveau échoué à remplir ses engagements de politique économique, en particulier au plan budgétaire. Alors que depuis plusieurs semaines les banques étaient soumises à des ruées de déposants, la crise va brutalement s'aggraver, tout le monde anticipant une rupture prochaine de l'ancrage de change. Conséquences : les dépôts au-delà de 1000 dollars sont gelés, un contrôle des changes serré est mis en place et le pays se met en défaut sur sa dette extérieure le 25 décembre. Puis au début de janvier on abandonne le système de change fixe par rapport au dollar, adopté en 1991 – le *Currency Board*. Extrêmement rigoureux, celui-ci rendait impossible toute dépréciation destinée à restaurer la compétitivité commerciale du pays, tout en retirant au pays presque toute autonomie à la politique monétaire. Cette série de décisions dramatiques est intervenue en outre dans un contexte de troubles sociaux graves : alors que les tensions s'étaient accrues fortement depuis l'été, en raison de l'accroissement du chômage et de la pauvreté, elles se sont étendues aux classes moyennes, directement touchées par le gel des dépôts. Près de 35 morts seront dénombrés en décembre, dans un contexte de crise politique aiguë, qui a entraîné la démission de deux Présidents de la république en quelques semaines. Au-delà des banques et du change, c'était aussi la

---

[1]. Chercheur au Cepii, Professeur-associé à l'Université de Paris-Dauphine.

légitimité du personnel et des institutions politiques qui étaient directement contestées.

Le FMI a-t-il commis à nouveau une erreur majeure, précipitant un pays de premier plan dans une crise dont il mettra des années à se remettre ? Sous couvert de rectitude financière porte-t-il une responsabilité directe dans la récession et l'appauvrissement rapide de la population? Comment enfin peut-on juger son comportement dans les mois qui ont suivi la dévaluation? Ces questions demandent des réponses nuancées, qui différencient les diverses phases de cette expérience : l'établissement du *Board* et ses premières années de succès, la crise lente des années 1999-2001, et la première année de l'après-*Board*.

1- D'abord l'adoption du régime de *Currency Board* en 1991 était une initiative des autorités argentines et notamment de Domingo Cavallo, le ministre des Finances, qui présidera aussi à ses derniers mois. A l'époque l'objectif était de répondre à une situation d'épuisement monétaire, après une vingtaine d'années d'instabilité, ayant conduit à une hyperinflation, en 1989 et 1990. Le *Board* s'est donc présenté d'abord comme une solution pragmatique, destinée à répondre à un problème immédiat de stabilité monétaire, et non comme une proposition au caractère idéologique affirmé. Il ne s'agissait à la limite que de formaliser des contraintes de fait, dans le but principalement d'éviter une dollarisation spontanée de l'économie. Le FMI, à l'époque, s'est montré plutôt réservé envers cette approche inédite, qui tout au plus rappelait certaines expériences coloniales britanniques ou, plus généralement, les règles rigides de l'étalon-or au XIXe siècle. De même, les milieux financiers internationaux, les grandes banques américaines ou la presse financière n'avaient aucunement poussé en avant cette option.

Le FMI a-t-il exercé ensuite des pressions pour préserver ce régime, alors qu'avec le bénéfice du recul il apparaît que le pays aurait dû en sortir en 1996 ou 1997 ? La réponse, ici, est moins claire. Il ne fait pas de doute ainsi que le Fonds s'est converti au modèle argentin, notamment après qu'il a résisté brillamment à la crise mexicaine de 1995 - l'« effet Tequila ». Non seulement l'ancrage de change a résisté mais, surtout, le système bancaire n'a pas rompu sous la ruée massive des déposants, qui ont retiré 17 % de leurs avoirs en trois mois. Dans un pays sans prêteur en dernier ressort ceci représentait de fait le risque majeur : lui avoir résisté démontrait aux yeux de beaucoup la robustesse de ce régime et justifiait qu'il soit désormais considéré comme une option parmi d'autres dans la boîte à outils des gestionnaires de crise internationaux. Cette légitimation s'est inscrite plus généralement dans le débat des années 1995-1999 sur les « solutions en coin » en matière de politiques de change. Pour résumer, les économies émergentes fortement intégrées aux marchés de capitaux internationaux n'auraient plus la possibilité de suivre des politiques de change interventionnistes, ou plus généralement des régimes intermédiaires laissant des marges d'action discrétionnaires aux autorités locales. Celles-ci n'auraient le choix qu'entre des solutions radicales (les « coins ») que sont d'une part le flottement complet et de l'autre les ancrages durs, c'est-à-dire la dollarisation ou le *Currency Board*. Dans ces conditions, l'Argentine était bien présentée comme un modèle possible aux autres économies émergentes, bien que dans les années ultérieures la quasi-totalité d'entre elles aient choisi l'« autre coin » – le flottement (notamment des poids-lourds comme le Brésil, le Mexique, la Russie, la Corée, l'Indonésie, la Pologne, etc.).

Autre élément, il ne fait aucun doute que le discours politique qui accompagnait l'expérience argentine trouvait à Washington de nombreux échos : ouverture commerciale, libéralisation financière, déréglementation des marchés du travail, retrait de l'Etat, réduction des transferts sociaux, etc. De manière plus marquée que dans beaucoup d'autres économies dites émergentes, ce discours s'est prolongé par l'approbation bruyante des réformes « radicales et courageuses » engagées en Argentine. A aucun moment on ne s'est apparemment soucié de la faible attention donnée à l'impératif d'un Etat de droit, à la lutte contre la corruption, à l'exigence de négociation sociale ou aux valeurs d'équité. Tout s'est passé comme si les Etats-Unis, le Fonds et les gouvernements Menem étaient d'accord pour considérer qu'une seule institution publique, extraordinairement rigide – le *Currency Board* – suffisait à fonder l'ordre économique et la légitimité politique.

A cette époque, il ne manquait pas de fins analystes pour condamner a contrario la timidité, sinon l'ineptie ou l'aveuglement du gouvernement Cardoso, au Brésil, qui était certes toujours resté plus respectueux des institutions démocratiques et des impératifs de la négociation – quitte à ce que les réformes prennent deux ans, et non deux mois. Peut-être faut-il voir dans le soutien majeur – « le partenariat stratégique » - apporté par l'équipe Clinton au Président Menem le signe le plus extraordinaire de l'aveuglement idéologique qui a marqué la « bulle des marchés émergents », entre 1995 et 1999 : rarement autant que pendant ces années, et au sujet de ce pays, on aura ignoré avec autant de conviction que le libéralisme économique c'est aussi l'Etat de droit et la préservation de l'espace public.

2- Que s'est-il passé ensuite, c'est-à-dire après la dévaluation réussie du Brésil, en janvier 1999, suivie peu après d'une appréciation de 20 % du dollar vis-à-vis de l'euro ? Bien sûr, les experts du FMI se sont rendus compte progressivement que le pays n'arrivait pas à absorber le choc et qu'il s'enfonçait dans la récession. On est entré alors dans un cycle infernal où l'apport d'argent frais était conditionné par des politiques d'austérité de plus en plus dures, qui s'opposaient à la reprise de la croissance. Le problème est que ceci n'a jamais permis d'amorcer la dynamique vertueuse tant attendue où la stabilisation des finances publiques permettrait une baisse des primes de risques sur les taux d'intérêt, qui elle-même faciliterait la stabilisation budgétaire, le retour des capitaux et de la croissance[2]. Au contraire, depuis 1999, les taux d'intérêt acquittés tant par l'Etat que par les entreprises argentines n'ont cessé d'augmenter, ce qui indiquait bien que la « confiance » ne se rétablissait pas.

---

[2] Dans un régime de *Currency Board* les taux d'intérêt sont la somme de deux composantes : les taux américains, fixés par la Fed, et la prime dite de « risque-pays » qui reflète en particulier les risques d'insolvabilité de l'Etat. L'objectif des plans successifs de stabilisation budgétaire était donc de réduire cette anticipation, afin d'obtenir une réduction du coût de financement de l'Etat : une moindre prime de risque permettrait une réduction du coût de service de la dette, un déficit moindre et donc un freinage ou un arrêt du gonflement de la dette… qui elle-même accroîtrait un peu plus la confiance des investisseurs.

Le résultat est connu. Une récession cumulée du PIB de 14 % en trois ans a conduit à une insolvabilité complète de l'Etat, dont les signes se sont multipliés en 2001 : perte de l'accès aux marchés de capitaux internationaux (en mars), large consolidation de la dette interne aux dépens des épargnants (en juin), rupture de l'ordre monétaire interne par l'émission à grande échelle de monnaies locales (à partir d'août), enfin, défaut sur la dette souveraine (le 25 décembre). C'est une fois arrivé à ce point, quand les finances publiques, le secteur bancaire et le système de paiement étaient largement détruits qu'on a enfin lâché l'ancrage du change. En dépit de difficultés croissantes, la sortie du *Board* a été repoussée le plus longtemps possible simplement parce que personne n'osait envisager les conséquences à court terme d'une telle décision.

Quelle est la responsabilité du Fonds Monétaire dans cette marche au désastre ? A-t-il contribué à cet aveuglement collectif qui a conduit a repoussé jusqu'au bout l'inévitable ? Bien sûr, s'il a discuté à l'avance avec les autorités de la sortie du *Board*, il était hors de question que de tels échanges soient rendus publics. Et, aujourd'hui, certains en son sein affirment certes que l'hypothèse d'une sortie du *Board* et d'une dévaluation a bien été discutée, plusieurs mois avant que la rupture ne s'impose d'elle-même. Le FMI a-t-il fait dans ce cas des propositions concrètes, pour assurer qu'une telle opération se réalise le moins mal possible ? A-t-il envisagé ou proposé un scénario de pésification préalable de l'économie, suivant la méthode suivie par exemple par l'Amérique de Roosevelt en 1933 ? A-t-il sinon suggéré une dollarisation intégrale, suivant en cela la voie de sortie défendue à l'avance par les ingénieurs du Board, pendant toutes les années 1990 ? Il restera aux historiens à apporter des réponses précises à ces questions. Toutefois, à tout prendre, on parierait plutôt pour des réponses négatives. Pour le moins, dans les semaines qui ont suivi le flottement du peso, le Fonds ne s'est pas illustré par la pertinence de ses propositions, ce qui laisse penser que, comme tout le monde, il n'avait pas travaillé sérieusement le scénario.

A ce point, cependant, un élément central doit être rappelé : *tous* les gouvernements argentins successifs depuis 1991 et jusqu'en décembre 2001 ont *toujours* refusé d'envisager une sortie du *Board*. Jusqu'au bout le discours officiel a été le même : à tout prendre, face à une crise aiguë, on préférera au flottement la dollarisation complète, comme l'a fait l'Equateur en 2000. C'est par exemple ce qu'a toujours répété le Président De la Rua, élu en 1999, sur une plate-forme de centre-gauche, et qui se présentait volontiers comme un social-démocrate à l'européenne. Il en va de même de Domingo Cavallo, revenu au Ministère des Finances en mars 2001, mais qui n'a apparemment jamais envisagé d'utiliser son très grand crédit national et international pour tenter une sortie en bon ordre d'un régime monétaire devenu insoutenable. Résultat : on a essayé de tenir encore quelques mois, jusqu'à ce que tout lâche. Dans ces conditions, la décision du Fonds en décembre 2001 de suspendre son soutien à l'Argentine et de précipiter la crise finale n'est pas en tant que telle condamnable : au point où on en était, prendre cette décision ou la reporter encore de trois mois ne changeait rien. En ce sens, le comportement du FMI au cours des dernières années de *Board* est moins critiquable en raison des décisions qu'il a prises, que des initiatives ou des propositions qu'il aurait pu mettre en avant. Reconnaître que les principales responsabilités politiques sont du côté argentin ne le dédouane pas du service que sans doute il aurait pu rendre au pays en se montrant plus imaginatif et plus courageux.

3- Vient ensuite la période de l'après-*Board*. Depuis décembre 2001 l'Argentine s'est enfoncée dans une crise monétaire, économique et sociale extrêmement dure sans qu'à aucun moment la 'communauté internationale', à travers ses organisations économiques, ne soient venues à son secours. Tout au plus le FMI a-t-il reporté au premier semestre le remboursement de tranches de crédit venant à échéance et que le pays était visiblement incapable d'assurer. Au-delà, les missions à Buenos Aires et les visites ministérielles à Washington se sont succédées, mais le pays n'a pas reçu un dollar (ou un euro) d'argent frais. Au contraire, jusqu'à la fin de l'année, les relations se sont tendues de plus en plus et la conclusion d'un accord *stand-by* a été sans fin reportée.

Quels étaient les arguments en présence ? Le Fonds, d'une part, insistait pour définir une stratégie de moyen terme permettant d'envisager à la fois une consolidation au plan interne, la restructuration du système bancaire et un effort suffisant au plan budgétaire pour permettre d'engager des négociations avec les créanciers extérieurs du pays. En tant que tels, ces objectifs étaient entièrement justifiés : ici le Fonds monétaire était absolument dans son rôle. Un risque non-négligeable était en effet qu'avec la relative stabilisation au plan du change, de l'inflation et de la production, obtenue depuis le troisième trimestre, les responsables politiques considèrent que le plus dur était passé et que l'économie sortait désormais de quatre années de crise. A moyen terme, la reprise de la croissance et de l'accumulation dépendra de la résorption de la crise des finances publiques et des banques, c'est-à-dire du partage et du financement des pertes issues de la crise. Ceci demandera un accord politique fort au plan interne, auquel devront souscrire les différentes forces sociales mais aussi, de fait, les créanciers étrangers : l'accord financier de sortie de crise n'a de sens que s'il se prolonge au plan externe, et vice-versa. Le FMI restera de ce fait au cœur de cette stratégie de moyen terme, dont la dimension d'économie politique est évidente. Non seulement il sera l'arbitre de la renégociation avec le secteur privé international, mais avec les autres institutions multilatérales, il faudra aussi qu'il considère le statut de ses propres créances sur l'Argentine qui pèse elles aussi d'un poids important

Dans l'immédiat, la question était surtout celle du *timing* et de l'articulation entre, d'une part, la réponse immédiate à la crise et, de l'autre, l'amorce d'une stratégie de sortie de crise, à moyen terme. Alors que le pays était confronté à une crise sociale majeure, marqué par un appauvrissement rapide de la population, était-il absolument impossible de concilier l'expression de la solidarité internationale avec la défense de ses objectifs de moyen terme ? Après tout, en juillet 1998, lorsqu'elle était prise dans une crise financière d'ampleur comparable, l'Indonésie a reçu un soutien international massif, justifié par des considérations avant tout sociales. Certes ce pays était faiblement endetté, mais les crédits du FMI n'ont-ils pas validé pendant des années une politique économique dont les conséquences en Argentine se sont révélées désastreuses ? Autre question, plus tactique, était-il bien raisonnable de demander à un gouvernement en place pour quelques mois seulement d'engager les décisions de son successeur qui lui, au moins, serait issu du suffrage universel, en principe en avril 2003 ? Pourquoi par exemple insister pendant des semaines sur la réforme du système judiciaire, attendue depuis certes très longtemps, alors qu'on admettait volontiers que celle-ci reviendrait nécessairement à l'équipe gouvernementale suivante ?

Ces questions se posent avec d'autant plus d'insistance que l'enjeu, au total, était des plus limités pour le Fonds. Il ne s'agissait aucunement en effet d'apporter au pays de l'argent frais, mais seulement de refinancer la dette venant à échéance : il n'y avait donc pas à la clé de prise de risque supplémentaire par le FMI, mais principalement un jeu d'écriture qui toutefois pouvait apporter au pays des bénéfices non-négligeables. Lui rendre un certain horizon temporel aurait certainement été bienvenu, à l'approche des élections présidentielles. Dans des conditions un peu comparables, le FMI n'a-t-il pas apporté 30 milliards de dollars au Brésil, en août 2002, contribuant ainsi à une stratégie intelligente de « gestion politique de la crise financière » ? Certes le jeu politique brésilien est beaucoup plus transparent et ses principaux acteurs sont beaucoup plus recommandables que leurs homologues argentins, mais cet écart justifie-t-il entièrement la différence de traitement ?

Au-delà, un accord *a minima*, qui aurait reporté les négociations stratégiques au second semestre 2003, aurait eu deux avantages. D'une part il aurait permis au pays d'avoir accès plus aisément au crédit commercial international, dont la pénurie, liée à la crise bancaire interne, freine la reprise des exportations : tant que le pays n'était pas sous accord avec le Fonds, ce premier élément de normalisation avec le secteur privé restait compromis. D'autre part, restait le risque que la partie de bras-de-fer entre le FMI et le gouvernement argentin ne dégénère : chacun voulant faire sentir à l'autre son pouvoir, on ne pouvait exclure que l'affaire tourne mal et, par exemple, que l'opinion publique se radicalise un peu plus. Dans ce cas-là les conséquences pour l'Argentine pourraient devenir très graves, puisque ce qui vaut pour le crédit commercial, s'applique aussi à l'ensemble des opérateurs financiers internationaux : le FMI reste la porte de passage obligatoire pour engager des négociations sur la dette extérieure et permettre ainsi une normalisation de la position du pays, sans laquelle son insertion internationale et donc la reprise économique interne resteront précaires.

Document
IMF Extends Argentina's SRF Repayment Expectation by One Year

Press Release n°. 02/51 November 20, 2002
International Monetary Fund

The Executive Board of the International Monetary Fund (IMF) today approved a request from Argentina to extend by one year the repayment expectation of SDR 105.9 million (about US$ 141 million) which arises on November 22, 2002 under the Supplemental Reserve Facility (SRF).

The IMF approved financing for Argentina under the SRF as part of a stand-by arrangement on January 12, 2001 to ease a short-term financing constraint. Repayment of an SRF is normally expected in two installments made at one year and at 1½ years after the SRF disbursement, the latter installment of which, in the case of the disbursement made to Argentina on May 23, 2001, would be on November 22, 2002. A borrower may request an extension of up to one year of the expected repayment period under the SRF. An extension can be granted if repayment would cause undue hardship and provided the borrower is taking actions to strengthen its balance of payments. At the end of the extension the country is obligated to repay the SRF financing.

In commenting on today's decision by the IMF Executive Board, Shigemitsu Sugisaki, Deputy Managing Director and Acting Chairman, said:

"Executive Directors agreed to the Argentine authorities' request for an extension of the repurchase expectation of SDR 105.9 million that arises on November 22 under the Supplemental Reserve Facility. Directors recognized that the economic and social situation in Argentina remained difficult and that the shifting of the SRF disbursement to an obligations basis would signal again the Fund's commitment to help Argentina. Directors were concerned that it had not been possible so far to reach agreement on an economic program that could be supported by the Fund. They noted that progress had been made in some areas toward formulating such a program, but also that there remained a number of important issues still to be resolved. Directors expressed the hope that understandings on the open issues could soon be reached.

"Directors regretted Argentina's decision to fall into arrears with the World Bank and called for speedy normalization of the arrears to the World Bank," Mr. Sugisaki said.

Le meilleur élève devenu bonnet d'âne

Arnaud Zacharie
CADTM, ATTAC-Belgique

De meilleur élève du FMI au début des années 1990, l'Argentine est devenue en décembre 2001 le pire des cancres. La crise financière terrible qui a fait suite à quatre années de récession a rapidement été expliquée par l'incompétence de gouvernements incapables d'enrayer un déficit public en augmentation constante. Mais si la responsabilité des dirigeants argentins est évidente, elle ne peut être dissociée des « conseils » que le FMI leur a prodigués pendant de nombreuses années[1].

Retour sur les faits : en 1976, la junte militaire de Videla prend le pouvoir et instaure une dictature qui dure jusqu'en 1983 et fait 30 000 morts. Durant cette période, la dette extérieure argentine passe de 8 à 43 milliards de dollars, tandis que la part des salaires dans le produit national brut passe de 43 à 22 %. Fruit d'une plainte déposée dès 1982 par le journaliste Alejandro Olmos, une sentence de la Cour fédérale argentine publiée en juillet 2000[2] explique l'origine de l'endettement du pays par un mécanisme de détournements de fonds massifs[3]. Plus de 38 milliards de dollars quittent le pays de manière « excessive ou injustifiée » entre 1978 et 1981. La sentence démontre la complicité étroite entre la dictature argentine, les banques occidentales (apportant leurs capitaux et leur ingénierie

---

[1] Le «fil rouge» des relations entre le FMI et les gouvernements argentins se nomme Domingo Cavallo, successivement directeur de la Banque centrale argentine durant la dictature militaire, ministre de l'Economie sous la présidence de Carlos Menem et ministre des Finances sous la présidence de De la Rua.
[2] La sentence de 195 pages est disponible à l'adresse http://users.skynet.be/cadtm/pages/espanol/olmos.PDF.
[3] Cf. le document en fin d'article.

financière), la Réserve fédérale des Etats-Unis (apportant son aval aux banques) et, *last but not least*, le FMI.

Ce dernier octroie dès 1976 un important prêt à la dictature argentine, apportant ainsi la garantie aux banques occidentales que le pays est un endroit privilégié pour recycler leurs surplus d'eurodollars et de pétrodollars. En outre, tout au long de la dictature, le FMI « met en congé » au service du régime un de ses cadres, Dante Simone. Chargé de conseiller la banque centrale et de rechercher des financements externes, Dante Simone rédige notamment un rapport[4] assurant que d'importantes marges d'endettement existent avant qu'un danger économique majeur ne survienne[5].

En 1982, la dictature mène à la crise de la dette, qui lui sera fatale, puis à l'entrée officielle du FMI aux commandes financières du pays. Lorsqu'en 1983, Raúl Alfonsin accède à la présidence, la banque centrale déclare ne posséder aucun registre sur la dette extérieure du pays. Seuls subsistent des déclarations et des contrats signés entre les créanciers internationaux et des membres de la dictature. Mais le gouvernement Alfonsin choisit de rembourser la dette et de faire voter une loi d'impunité protégeant ses prédécesseurs. Parallèlement, la dévaluation pilotée par le FMI ne parvient pas à sortir le pays de l'ornière et renforce au contraire la crise d'hyperinflation[6].

A la présidence d'Alfonsin succède celle, longue de dix années, de Carlos Menem et de son « super-ministre » de l'économie, Domingo Cavallo. En relation avec le FMI[7], le gouvernement Menem applique les réformes néolibérales les plus radicales du continent : austérité, libéralisation, privatisations massives[8] et instauration d'une nouvelle monnaie fixée au dollar, le peso (1 peso valant 1 dollar). Les réformes ont rapidement raison de l'inflation et entraînent pendant trois

---

[4] Cf. le document dans ce volume « Dette illégitime ou criminalité financière contre développement humain ».
[5] Page 31 de la sentence.
[6] Le taux d'inflation atteint 4 900% en 1989 !
[7] Les relations d'amour-haine entre le FMI et l'Argentine sont illustrées par la signature de dix-neuf accords, dont quinze ne seront pas entièrement respectés.
[8] Y compris du secteur pétrolier, contrairement au Mexique.

années une croissance de 25% ! Jusqu'en 1995, on crie au miracle. Une première alerte survient avec la « crise tequila » en provenance du Mexique, avant que l'impact des crises asiatique et russe frappe le pays de plein fouet[9] et le plonge dans une récession dont il n'est toujours pas sorti aujourd'hui.

La parenthèse De la Rua (1999-2001) ne change rien à la politique en cours. Les emprunts massifs, la politique de « déficit zéro » et le plan de sauvetage concocté par le FMI en décembre 2000 n'arrivent en rien à enrayer la crise. Lorsqu'en décembre 2001, le FMI refuse de verser un nouveau prêt de 1,3 milliard de dollars, l'Argentine se déclare en faillite et le gouvernement tombe sous les émeutes de la faim d'une population aux abois. L'arrimage du peso au dollar est abandonné par le nouveau gouvernement d'unité nationale de Duhalde et le peso chute de 70 % en quelques mois.

Comment le « meilleur élève » du début des années 1990 a-t-il pu faire faillite dix ans plus tard ? Un enchaînement d'éléments provoqués par l'arrimage au dollar, la libéralisation et les privatisations explique un tel fiasco.

Premièrement, la parité entre peso et dollar a entraîné une surévaluation de la monnaie argentine avec la hausse du dollar à partir de 1996. La perte de compétitivité des exportations argentines qui en a résulté a débouché sur un important déficit commercial, d'autant plus que le pays a dû importer de nombreux services. Plus le déficit commercial argentin s'est creusé[10] et plus la pression sur le peso s'est renforcée, avec comme conséquence l'érosion de la confiance des marchés financiers et la hausse de la prime de risque imposée aux emprunts argentins. Par conséquent, entre 1993 et 2000, alors que les dépenses gouvernementales restaient stables, les charges de remboursement ont triplé sous l'effet conjugué de taux d'intérêt élevés et d'un peso surévalué[11].

---

[9] Entre janvier et septembre 1998, la Bourse argentine chute de 47%.
[10] Entre 1993 et 2000, l'Argentine a accumulé un déficit commercial de 34 milliards de dollars.
[11] Center for economic and policy research, CEPR, January 2002. Le service annuel de la dette argentine est passé de 6 à 27 milliards de dollars entre 1994 et 2000, rognant près d'un quart du budget de l'Etat !

Deuxièmement, la libéralisation financière a facilité une fuite massive de capitaux argentins hors du pays : entre 1993 et 2000, les résidents argentins ont placé 57 milliards de dollars à l'étranger[12]. Ajoutés aux 38 milliards de déficit commercial, ces sorties n'ont pu être compensées par les entrées de 63 milliards de dollars de capitaux étrangers enregistrées durant la même période.

Enfin, les privatisations massives[13] ont paradoxalement eu pour effet de creuser le déficit public argentin. En effet, une étude réalisée sur les 500 premières firmes transnationales en Argentine démontre qu'entre 1992 et 2000, 80 % des profits réalisés ont été rapatriés vers les maisons-mères sous forme de dividendes et de royalties[14]. Au fur et à mesure des années, les multinationales exportent plus de capitaux qu'elles n'en importent et l'Etat argentin est contraint d'emprunter pour payer le besoin de financement du secteur privé.

A ce phénomène il faut ajouter les effets de la privatisation des retraites imposées en 1994 par la Banque mondiale. Un système de retraite par capitalisation a en effet été adjoint à l'ancien système par répartition[15], avec pour objectif de le remplacer à terme. Alors qu'il continuait de verser les retraites de l'ancien système, l'Etat argentin a poussé les salariés à transférer le versement de leurs cotisations vers des fonds de pension privés, ce qui a diminué d'autant ses propres recettes et l'a contraint à emprunter pour combler ce manque.

En définitive, l'Etat argentin emprunte à des taux d'intérêt sans cesse croissants pour combler le trou provoqué par le

---

[12] Si on ajoute les fuites frauduleuses et les sorties massives enregistrées au cours de l'année 2001, l'estimation de la fuite des capitaux atteint 120 milliards de dollars en dix ans !

[13] 90% des banques et 40% des entreprises argentines sont passées aux mains de capitaux privés internationaux.

[14] P. Salama, *Les financements privés internationaux*, in « Le financement du développement durable », Archimède & Léonard, Aitec/Agir ici/Crid, été 2002.

[15] Le système de retraite par répartition est basé sur la solidarité inter-générationnelle garantie par l'Etat : les salariés cotisent pour financer la retraite des pensionnés. Le système de retraite par capitalisation est basé sur l'épargne individuelle : les salariés cotisent dans un fonds de pension qui investit sur les marchés internationaux et est chargé de leur verser leur retraite à la fin de leur carrière.

déficit commercial, la fuite des capitaux, l'évasion fiscale et la pénurie de cotisations sociales. L'austérité budgétaire imposée par le FMI l'empêche progressivement de financer les services publics et de verser les salaires et les retraites. Le chaos social s'accentue au rythme d'une dette extérieure dont le montant passe de 87 à 145 milliards de dollars entre 1995 et 2001. Par conséquent, « *il est inexact de dire que la corruption des dirigeants argentins a été la source unique d'une politique budgétaire irresponsable, qui serait elle-même à l'origine de la crise. On peut ainsi douter de l'efficacité des mesures proposées par le FMI, qui fait de la diminution du déficit public l'indispensable préalable à toute aide financière* »[16].

Près d'un an après la crise de décembre 2001, aucun accord n'a pu être conclu entre le gouvernement Duhalde et le FMI, qui continue d'imposer une sévère austérité budgétaire. Pendant ce temps, la crise et la pauvreté[17] s'accentuent au rythme des protestations d'une population excédée par sa classe politique et les recettes du Consensus de Washington.

---

[16] F. Albornoz, P. Espanol, M. Grandes, Y. Kalantzis, « Argentine, les vraies raisons de la crise », in *Le Monde Economie*, 17 septembre 2002.
[17] Le pays a perdu 830 000 emplois en un an et 1 900 personnes perdent leur emploi chaque jour !

Document
Dette illégitime ou criminalité financière contre développement humain

Arnaud Zacharie
ATTAC - juin 2001[1]

L'histoire politico-financière des trente dernières années rend compte d'une corrélation préoccupante entre criminalité financière, endettement et pauvreté. Aux quatre coins du monde, différents acteurs ont mis en place un système bien huilé de décapitalisation aboutissant à la faillite des Etats et, par conséquent, de toute politique publique garantissant le bien-être des populations. Face à ce constat guère réjouissant, la question reste posée : le XXIe siècle verra-t-il enfin la justice primer sur l'institutionnalisation de l'accumulation de profits frauduleux ?

Un cas d'école : l'Argentine

L'Argentine est connu pour être un des élèves privilégiés du FMI (Fonds monétaire international). Le pays a depuis les années 80 appliqué rigoureusement les lettres d'intentions des experts de Washington. L'objectif des programmes est désormais bien connu : désendetter le pays et l'ajuster structurellement au marché mondial, afin de rompre définitivement avec les politiques "dirigistes" du passé, responsables de la crise de la dette du début des années 80. Suivant la théorie néolibérale, on a ainsi "dégraissé" la puissance publique, vendu les entreprises aux capitaux étrangers, ouvert les frontières économiques aux capitaux internationaux et aux multinationales. Aujourd'hui, alors que 90 % des banques et 40 % de l'industrie sont aux mains de capitaux internationaux, le pays est en grave récession depuis juillet 1998; sa dette extérieure est passée de 43 à 133 milliards de dollars entre 1983 et 2000; la santé et l'éducation sont en lambeaux; et le salaire moyen vaut la moitié de ce qu'il valait en 1974. L'échec est dramatique, autant économiquement que socialement. La raison est évidente, bien que peu souvent invoquée : le FMI et les gouvernements argentins n'ont pas répondu aux véritables problèmes et ont au contraire appliqué des mesures les aggravant.

Des preuves existent désormais, fruit d'une enquête judiciaire de 18 ans faisant suite à une procédure déposée par un journaliste, Alejandro Olmos, dès 1982 : la crise de la dette argentine a pour origine un

---

[1] Extrait de la communication au colloque "Que faire contre la criminalité financière et économique en France et en Europe ?" organisé par ATTAC, le Syndicat de la magistrature et *Alternatives Economiques*, Paris, 30 juin 2001.

mécanisme de dilapidation et de détournements de fonds mettant en scène le gouvernement argentin, le FMI, les banques privées du Nord et la Federal Reserve américaine. C'est pourquoi la Cour Fédérale argentine a déclaré "illégitime" la dette contractée par le régime Videla car contraire à la législation et à la Constitution du pays. Le Tribunal recommande au Congrès d'utiliser cette sentence pour négocier l'annulation de cette dette odieuse.

Un mécanisme bien huilé de décapitalisation

En 1976, la junta militaire de Videla prend le pouvoir et instaure une dictature qui durera jusqu'en 1983. Durant cette période, la dette extérieure argentine est multipliée par cinq (passant de 8 à 43 milliards de dollars), alors que la part des salaires dans le PNB (produit national brut) passe de 43 à 22%. La dictature mènera à la crise de la dette et à l'entrée officielle du FMI aux commandes financières du pays, avec les résultats que l'on connaît.

La sentence du Tribunal argentin, longue de 195 pages, retrace l'histoire de cet endettement originel. Divers types d'acteurs sont mis en présence : côté argentin, on trouve dans les rôles principaux le Président Videla, le ministre de l'Economie "offert" par le Conseil des chefs d'entreprise, Martinez de la Hoz, et le directeur de la Banque centrale, Domingo Cavallo. On trouve ensuite le FMI, qui octroie un important prêt à l'Argentine dès 1976, apportant par là la garantie aux banques occidentales que le pays est un endroit privilégié pour recycler leurs surplus de pétrodollars.

Mais le rôle du FMI ne s'arrête pas là, puisqu'on retrouve tout au long de la dictature Dante Simone, cadre du FMI au service du régime. Le FMI se justifie en affirmant qu'il avait octroyé un congé à M. Simone et que celui-ci s'était mis à la disposition de la banque centrale du pays (p. 127 de la sentence). Cette dernière payait ainsi les frais de séjour et de logement de l'expert. Reste à savoir qui payait le salaire et si le congé était payé par le FMI. Quoi qu'il en soit, Dante Simone a rédigé un rapport adressé à Domingo Cavallo, de la Banque centrale argentine (un double a été retrouvé au FMI), rapport assurant que d'importantes marges existaient en matière d'endettement avant qu'un danger économique majeur ne survienne (p. 31 de la sentence). Et le rôle de M. Simone a clairement été de rechercher d'importants et discrets financements externes. Ces financements externes n'étaient de toute façon guère difficiles à trouver, tant les banques occidentales, regorgeant de pétrodollars impossibles à placer suite à la crise dans les pays riches du Nord, étaient avides de débouchés nouveaux. L'enquête montre ainsi que la Banque centrale argentine a pu réaliser des placements discrétionnaires auprès des banques américaines, ceci sans nécessiter l'accord du ministre de l'Economie, mais en s'appuyant sur le généreux intermédiaire de la *Federal Reserve* américaine ! L'entente entre ces différents protagonistes fut telle que des prêts bancaires octroyés à l'Argentine n'ont jamais pris la direction du pays, mais furent directement détournés par les banques dans des paradis fiscaux au nom de sociétés-écrans. Ainsi, la dette n'a pas profité aux populations locales, mais bien au régime dictatorial et aux banques du Nord, apportant au passage un important soutien d'ingénierie financière. Le reste des fonds fut dilapidé dans de généreuses subventions aux grands groupes privés amis du ministre Martinez de la Hoz.

Malgré ce jugement, le pouvoir législatif ne bouge pas. Il continue dans la libéralisation du pays pourtant poussée à son extrême durant les années 90 par les gouvernements successifs de Carlos Menem, aujourd'hui [juin 2001] mis en détention, en compagnie de quatre de ses anciens ministres, pour trafic d'armes international durant la première partie de son mandat (entre 1991 et 1995) !

Au lieu d'utiliser la sentence pour répudier la dette illégitime qui maintient son peuple et son économie dans une situation insoutenable, le président De la Rua a rappelé d'urgence à la tête du ministère de l'Economie Domingo Cavallo, celui-là même qui dirigea la banque centrale du pays sous Videla, puis qui fut le "super-ministre" de l'économie de Carlos Menem au cours des années 90, avant de se faire balayer lors des élections présidentielles de 1998. Face à De la Rua !

Une culture bien ancrée
Si une telle sentence a le don de démontrer le caractère illégitime de la dette argentine, le fait que l'enquête ait duré 18 ans implique que les responsables resteront dans l'impunité, protégés par la prescription des faits. L'imprescriptibilité des crimes économiques est à cette aune un objectif juridique majeur du siècle naissant. Mais il n'est pas le seul.

Le mécanisme mis en lumière en Argentine n'est malheureusement pas une exception. Les Mobutu au Zaïre, Suharto en Indonésie, Houphouët-Boigny en Côte d'Ivoire, Moussa Traoré au Mali, Marcos aux Philippines et autres Pinochet au Chili sont des exemples bien connus de chefs d'Etat à la tête d'un empire financier construit à l'aide des banques par le biais des paradis fiscaux. Tous ces pays supportent aujourd'hui une dette insoutenable et sont aux mains néolibérales du FMI depuis près de deux décennies. Quant aux populations, elles n'ont en majorité même plus la volonté d'espérer, tant une culture déjà bien ancrée a été renforcée par l'ouverture totale des frontières économiques et l'abolition des contrôles. [...]

Libéralisation de l'économie et « désalarisation » sous contrainte : l'Argentine de l'an 2000 en proie à une crise structurelle

Susana Peñalva
CONICET-UBA, Paris VIII

La crise qui a éclaté sur tous les écrans du monde a révélé l'Argentine en proie à une sorte de cataclysme social depuis décembre 2001, risque d'être mal comprise si l'on fait l'économie d'analyser les bouleversements profonds que cette société a connus dans la période précédente - et même pendant plus de vingt-cinq ans. Ceux-ci ont forgé la matière d'une vaste régression sociale : ses conséquences vont de pair avec une remise en cause de la légitimité du système politique traditionnel sans précédent, le tout émergeant d'une crise structurelle et multidimensionnelle.

Le propos de cet article n'est pas d'examiner cette crise de façon systématique dans toutes ses dimensions : économico-financière, sociale, politique, institutionnelle. C'est là une tâche de longue haleine que nous avons entreprise dans le prolongement de nos travaux de recherche, menés ces dernières années de façon individuelle mais poursuivis et enrichis - à Buenos Aires et à Paris - dans le cadre de certains projets collectifs[1] et de quelques exercices de réflexion collective[2] qui

---
[1] Dans le cadre de l'UBA, nous avons préparé un dossier spécial à double volet, concernant d'une part un examen de « l'économie politique des réformes structurelles », et d'autre part une analyse en termes d'interrelations entre « la question sociale, l'Etat et les institutions du travail ». Cf. *Revista Ciclos en la historia, la economía y la sociedad*, Año XI, Vol. XI, n°21, Buenos Aires, Instituto de Investigaciones de Historia Económica y Social/Facultad de Ciencias Económicas de la UBA, premier semestre 2001.
[2] Une version préliminaire de ce texte a été discutée dans l'Atelier « Argentine » organisé depuis mars 2002 avec l'appui de l'Association Recherche et Régulation

cherchent à analyser les origines de cette crise, et à en tirer des leçons quant à ses enjeux, par delà le découpage des problèmes auquel nous habitue la séparation conventionnelle des savoirs disciplinaires.

Prenant appui sur cette base, ce texte vise plus modestement à retracer une trajectoire qui contribue à rendre compte de la genèse de cette crise. Il cherche donc à illustrer les transformations récentes : celles des années 1990, qui font que pratiquement la moitié de la population argentine se trouve confrontée aujourd'hui au chômage structurel, à la pauvreté de masse, à l'extrême précarité ; il veut rendre compte en même temps de certaines des dynamiques sur lesquelles semble se fonder la production politique d'un tel « désastre social ».

On ne saurait pour l'heure faire des prévisions certaines quant à l'évolution de ces faits sociaux, et moins encore quant à la traduction politique des nouvelles formes de protestation et d'organisation sociale qui ont émergé en Argentine au cours de ces derniers mois. Les analyses qui suivent devraient contribuer pourtant à cerner le sens complexe et ambigu - ou du moins non univoque - des décompositions/recompositions qui sont actuellement à l'œuvre au cœur de cette société, dont les effets de structure sont difficiles à saisir mais fourmillent sans doute dans tous ces événements porteurs d'enseignements - à partir mais aussi au-delà d'une expérience nationale.

Les premiers pas d'une dérive : libéralisation,
« désétatisation », privatisations

La dernière dictature militaire qui a gouverné l'Argentine (de 1976 à 1983), avec son modèle d'ouverture économique de filiation monétariste et avec sa doctrine de subsidiarité de l'Etat en matière économique et sociale, a résolument foncé dans une stratégie de remise en cause de l'ancien mode de développement, intensif et centré sur le marché intérieur, dans la mise en œuvre duquel avait joué un rôle majeur - à partir de

---

(ENS-CEPREMAP). Je tiens à remercier spécialement Robert Boyer, Pascal Petit et Bruno Théret pour leurs commentaires et leurs remarques. Je remercie également Danièle Combes pour l'aimable patience d'une lecture attentive du manuscrit et pour ses conseils.

1943 et dans le deuxième après-guerre - le dessein politique du péronisme. Celui-ci avait fait apparaître « des prémisses d'une croissance fordiste, fondée sur un compromis institutionnalisé échangeant salaire contre acceptation des méthodes de l'organisation scientifique du travail »[3] typiquement associées au taylorisme. En revanche, trente ans plus tard, à la suite d'une expérience aussi courte que complexe (1973-1976) de retour du péronisme au pouvoir, la rentrée de l'exil de son leader historique (en 1973), ensuite la mort et du coup la succession présidentielle de Juan D. Perón (en 1974) ayant poussé les clivages internes du mouvement - et ainsi ses contradictions déjà violemment manifestes de son vivant - jusqu'au paroxysme, la dictature militaire s'est chargée de mettre fin aux conditions dans lesquelles l'héritage du populisme façonnait le mode de vie et imprégnait massivement les luttes du salariat. A travers sa stratégie qui a été appelée « ouverturiste », elle a alors forcé le pas vers l'abandon de l'industrialisation comme objectif central du processus de développement et notamment vers le « disciplinement » politique et institutionnel de la classe ouvrière à l'échelle nationale[4].

Depuis la fin des années 1980, dans un contexte international marqué par l'augmentation du chômage structurel et du sous-emploi, des difficultés persistantes d'insertion dans le marché du travail ont atteint de nouveaux groupes et catégories de population en Argentine. La différenciation et l'hétérogénéité sociale se trouvent ainsi accentuées au sein d'une même société. La restructuration économique a impliqué la suppression de postes de travail et des licenciements massifs, tandis que le gouvernement Menem (« néopéroniste ») réalisait dès son premier mandat (1989-1995) un vaste programme de privatisation des entreprises publiques et de « désétatisation » de l'économie.

Au début des années 1980 il y avait en Argentine entre 900 et 1.000 firmes dont l'Etat détenait la propriété partielle ou

---

[3] M. Quemia, « Théorie de la Régulation et développement : trajectoires latino-américaines », *in L'Année de la régulation,* n° 5, Paris, Association Recherche et Régulation - Presses de Sciences Po, 2001-2002, p. 66.
[4] *Cf.* S. Torrado, *Estructura social de la Argentina: 1945-1983,* Buenos Aires, Ed. de la Flor, 2e édition, 1994.

totale. Parmi cet ensemble d'entreprises, 14 - parmi lesquelles YPF (la compagnie nationale de pétrole), Segba (électricité), *Gas del Estado* (gaz) et *Aerolíneas Argentinas* (la compagnie aérienne) - représentaient à elles seules entre les deux tiers et les trois quarts du total de l'activité économique des entreprises publiques[5]. Leur importance relative était décisive mais leurs performances, inégales, ayant été l'objet de sévères critiques - parfois acharnées et même fort intéressées... - avaient contribué à préparer dans l'opinion publique la rupture du précédent consensus sur le rôle de l'Etat. Dans ce climat idéologique, la forte pression du Fonds monétaire international et de la Banque mondiale pour la mise en œuvre de réformes structurelles a fait monter, dès le début des années 1990, la « fièvre des privatisations » et la vente des actifs publics a été entreprise avec une grande célérité.

La vitesse de la mise en œuvre de ce programme répondait à la nécessité d'émettre un signal politico-institutionnel dans le sens de l'ajustement et de la libéralisation de l'économie qui allait se traduire par un renforcement du processus de concentration et centralisation du capital, et par la recomposition de la structure du pouvoir économique national. En fait, cette politique supposait l'émergence de nouveaux marchés pour le secteur privé et la constitution de nouveaux domaines privilégiés d'investissement pour des conglomérats qui en ont tiré gros profit, via la possibilité de « quasi-rentes extraordinaires et la constitution de réserves de marché » qui leur était ainsi offerte[6]. On peut même faire l'hypothèse que la fragilité du cadre juridique et des réglementations des privatisations, et donc les régulations insuffisantes qui les ont caractérisées - notamment en matière de tarifs des services publics massivement privatisés -, s'expliquent essentiellement

---

[5] *Cf.* A. Margheritis, « Caracteristicas e impacto de la implementación del programa de privatizaciones en Argentina », *in* M. Baima de Borri, S. Cesilini, A. Rofman (eds.), *Privatizaciones e impacto en los sectores populares*, Buenos Aires, Banco Mundial - Grupo de trabajo de ONGs sobre el Banco Mundial - Instituto de Investigaciones del Nuevo Estado - Editorial de Belgrano, 2000, pp. 49-76.

[6] *Cf.* D. Azpiazu, « El programa de privatizaciones. Desequilibrios macroeconómicos, insuficiencias regulatorias y concentración del poder económico », *in* N. Minsburg, H.W. Valle (coord.), *Argentina hoy: crisis del modelo*, Buenos Aires, Ed. Letra Buena, 1995, pp. 147-198.

par la rapidité, voire la hâte avec laquelle a été mis en place un programme favorable aux conglomérats d'entreprises nationales et étrangères qui en ont été les bénéficiaires incontestés[7].

En effet, « le modèle de privatisation [...] a connu une démarche *désordonnée*, avec des procédures changeantes pour définir la stratégie de vente ou concession dans chaque cas. Les conditions de monopole naturel [sic] que possédaient la plupart des services ont été maintenues. L'existence d'organismes régulateurs n'a pas été, elle non plus, prévue *préalablement* au transfert du service aux entreprises privées et leur création n'est pas toujours passée par le Parlement, ayant par contre été le fruit de décrets et non pas de lois. Ce sont les faits qui *ont affaibli* le pouvoir de contrôle de l'Etat. Ce serait aussi l'explication pour laquelle pourquoi les *augmentations excessives des tarifs* n'ont pas été contrôlées. En plus, le non-respect de la norme constitutionnelle concernant la participation des *usagers* et des consommateurs dans les structures de régulation des services publics s'est généralisé »[8].

Ce retrait de l'Etat - et plus largement la remise en cause du modèle de développement qui avait été la référence précédemment - faisait partie des objectifs essentiels du gouvernement Menem en raison de l'alliance que celui-ci avait nouée avec les représentants du pouvoir économique et les secteurs politiques de la droite libérale traditionnelle. Menem tourna ainsi le dos aux objectifs affichés de son programme populiste de campagne électorale, pendant laquelle - s'adressant en priorité à l'électorat traditionnel du péronisme - il avait promis le « *salariazo* » (littéralement le « coup du salaire »...) ; c'est-à-dire l'augmentation des salaires, dans le cadre d'une politique gouvernementale censée être favorable à une relance, voire à une promotion du salariat.

Les licenciements entraînés par les privatisations des entreprises publiques ont donné lieu à plus de 100.000 procès, achevés à la fin de la décennie 1990, d'après les données

---

[7] *Cf.* D. Azpiazu, « Las privatizaciones en la Argentina. ¿Precariedad regulatoria o regulación funcional a los privilegios empresarios? », *in Revista Ciclos en la historia, la economía y la sociedad*, Año XI, Vol. XI, N° 21, 1er semestre 2001, pp. 85-99.

[8] D. Muchnik, « Un costo de las privatizaciones », *in « Clarín »*, Buenos Aires, 10 septembre 2000, p. 27 (souligné dans l'original).

statistiques fournies fin 1999 par le président de la Cour d'appel du travail (*Cámara de Apelaciones del Trabajo*), juridiction compétente pour la résolution des litiges du travail en deuxième instance en Argentine. Ce fonctionnaire a alors constaté la diminution soutenue (de l'ordre de 75%) des procès entamés par les travailleurs, dont les demandes initiées sont passées d'environ 64.000 à 16.500 entre 1990 et 1998. Cela était révélateur des conséquences des réformes économiques de l'administration Menem et de sa politique en matière de relations de travail, mais aussi d'une vulnérabilité croissante de la position sociale des salariés. Parmi d'autres causes probables de ladite diminution, particulièrement brusque depuis 1995, le magistrat a signalé : « *la peur du travailleur de perdre son emploi* joue un rôle important, parce *qu'il accepte des dérogations à son contrat et ne les conteste pas.*[...] Les grèves, elles ne posent pas de problèmes non plus.[...] *La procédure de conciliation que pratique le ministère du Travail est précaire, mais la plupart des travailleurs s'y conforment afin de garder leur emploi*, et seulement 30 % déposent une demande à la Justice »[9].

Retrait de l'Etat, licenciements massifs et « désaffiliation » : le grand basculement

Le processus de restructuration et privatisation de la plus grande entreprise publique dans le secteur de la sidérurgie (créée en 1947) constitue un cas exemplaire à plusieurs égards. Notamment de par son ampleur et son impact sur le marché de l'emploi local et le mode de vie dans les districts urbains de San Nicolás-Ramallo (Province de Buenos Aires) qui - avec une population de l'ordre de 150.000 habitants au début des années 1990 - était la zone de localisation de la So.Mi.S.A. (dont le premier haut fourneau avait était mis en fonctionnement en 1960). 50 % des 12.000 employés directs de l'usine, aux différents échelons (ouvriers qualifiés, techniciens-professionnels, ingénieurs en fonctions spécifiques) ont été

---

[9] A. Ventura, *La Nación*, « Economía & Negocios », Buenos Aires, 1° octobre 1999, p. 3.

licenciés dans un laps de temps relativement bref, entre mai 1991 et février 1992 - mais surtout entre octobre 1991 et début 1992. Pendant cette période ils ont été poussés à prendre une retraite « volontaire » dans le cadre des « plans sociaux » qui se voulaient incitatifs mais qui étaient en fait très contraignants, puisque, de toute façon, les employés seraient licenciés préalablement à la vente de l'entreprise[10] ; le transfert à un holding de capital privé multinational s'est concrétisé au deuxième semestre 1992[11].

Dix ans après le début de l'expérience argentine des privatisations, pratiquement inédite par son envergure et par sa célérité, l'impact global de ces dernières semble encore relativement mal mesuré, du point de vue du *downsizing*[12] pratiqué dans l'ensemble des entreprises publiques et de la réduction de postes de travail que cette restructuration a entraînée. Mais les suppressions d'emploi se comptent par centaines de milliers et les modes de mise en œuvre des politiques d'Etat qui y ont conduit sont un volet clé du cas d'école que constitue l'expérience argentine depuis l'éclatement de la crise en décembre 2001. « Les privatisations ont été accompagnées d'une notable réduction du nombre d'employés qui travaillaient dans ces entreprises. La chute de l'emploi a été dramatique. [D'après les données statistiques rassemblées par la délégation de la Banque mondiale en Argentine, 07-1996] l'emploi dans les privatisées *a chuté d'environ 300.000 postes de travail, dans les années 1980, à moins de 50.000 en 1993.*

---

[10] *Cf.* S. Peñalva, « Retirada del Estado, flexibilidad neoliberal y desintegración social a la luz de un enfoque institucionalista. Efectos y consecuencias sociales del proceso privatizador a partir de una revisión del caso de Somisa », *in* M.Baima de Borri, S.Cesilini, A.Rofman, *ouvr. cité*, pp.121-153.

[11] *Cf.* D. Azpiazu, E. Basualdo, *La siderurgia argentina en el contexto del ajuste, las privatizaciones y el Mercosur*, Buenos Aires, ATE-IDEP, 1995.

[12] La thématique à laquelle ce terme fait référence concerne les licenciements massifs de main d'œuvre devenus pour les entreprises un instrument de gestion financière à court terme. Par ce biais, les couches moyennes américaines semblent avoir fait la découverte de l'insécurité de l'emploi - en pleine reprise de la croissance -, et celle des dispositifs sur lesquels prend appui la normalisation forcée de la précarité salariale. *Cf.* L.J.D. Wacquant, « La généralisation de l'insécurité salariale en Amérique. Restructurations d'entreprises et crise de reproduction sociale », *in Actes de la recherche en sciences sociales*, n°115, Paris, Liber, 12-1996, pp. 65-79.

Bien que l'information totale ne soit pas disponible, *on peut estimer qu'en 1998 la quantité d'emplois dans les entreprises privatisées a encore diminué par rapport à 1993* »[13].

De nombreux groupes de travailleurs se voient alors expulsés - ou poussés vers la périphérie - du régime de l'emploi formel et du système de relations de travail caractérisé par le revenu salarial, qui leur permettait l'accès individuel et familial à la consommation de masse, et par le « salaire indirect », l'accès aux prestations et dispositifs de protection sociale (notamment devant les risques de maladie, d'accidents, de vieillesse ou d'invalidité) associés à la condition salariale.

Les réformes structurelles qui ont vu le jour depuis le début des années 1990 ont consisté en effet à privatiser des entreprises publiques, à légaliser des « formes atypiques » et plus précaires d'emploi, à introduire des régimes sociaux moins protecteurs, à réformer le système des retraites et pensions et, plus largement, à affaiblir les dispositifs qui tenaient lieu de sécurité sociale en Argentine. Cela, dans le cadre des politiques de «sortie de crise» inscrites dans les programmes d'ajustement structurel dits « de seconde génération », où l'accent était mis sur la libéralisation des marchés, et dont l'application a eu lieu sous le poids d'une contrainte extérieure de type nouveau qui, étant devenue structurelle depuis la crise de la dette (en 1982), était alors « endogénéisée »[14].

Cette transformation concomitante de l'intervention de l'Etat et du rapport salarial[15] s'est opérée sur fond de crise majeure du

---

[13] M. Alexander, « Privatizaciones en Argentina », *in* M. Baima de Borri, S. Cesilini, A. Rofman, *ouvr. cité*, pp. 31-48. La représentante de la Banque mondiale pour le Cône Sud et l'Amérique latine (ayant travaillé en Argentine pour le compte de l'organisme lors des privatisations de la période 1990-1993) précise : « Si l'on prend par exemple [quelques] entreprises en particulier, l'on peut constater que dans le cas de Aguas Argentinas (ex-OSN) [la compagnie nationale des eaux], la chute [de postes de travail] a signifié le passage d'environ 26.000 postes à environ 4.000 actuellement » (p. 33-34).

[14] E.L.Miotti, « Argentine : de la crise de la régulation à la régulation de la crise », *in* F.Nicolas, L.Krieger Mytelka dir., *L'Innovation, clef du développement Trajectoires de pays émergents*, Paris, Masson, 1995, pp. 193-246.

[15] La question du « rapport salarial » a été l'objet d'une vaste élaboration dans le cadre de l'approche de la régulation, notamment à partir du projet d'une théorie institutionnaliste, donc historique, du salaire. Nous nous contenterons de faire référence à certaines conceptualisations dont s'inspire notre analyse du cas

mode de développement « autocentré » ou « tourné vers l'intérieur », dont l'épuisement s'était déjà amorcé pendant les deux décennies précédentes. Un modèle dans le cadre duquel l'intervention de l'Etat et le rapport salarial avaient acquis une place prépondérante parmi les institutions concourant à viabiliser la régulation économique d'ensemble, à structurer les modes de vie de la population et à configurer une société au sein de laquelle les effets de « sablier »[16] qui creuseraient l'écart entre ceux qui possèdent de plus en plus de biens matériels et symboliques et ceux qui s'en trouvent de plus en plus démunis semblaient encore éloignés des figures associées à la « fracture sociale »[17]. Ainsi, celle que désignait le terme apparu sur la scène politique française lors de la campagne pour l'élection présidentielle de 1995 et appelé à réapparaître - si ce n'est à demeurer médiatiquement - pendant la conjoncture électorale de 2002, pour évoquer le « désarroi populaire »[18] associé à une mutation dont il s'agit d'éclairer l'envergure et les enjeux.

Dans son analyse socio-historique des transformations de la société salariale[19], Robert Castel rend compte de plusieurs

---

argentin. *Cf.* R. Boyer, « Vingt ans de recherche sur le rapport salarial : un bilan succinct », *in* R. Boyer, Y. Saillard dir., *Théorie de la Régulation, l'état des savoirs*, Paris, La Découverte, 1995, pp. 106-114.
[16] *Cf.* A. Lipietz, *La Société en sablier. Le partage du travail contre la déchirure sociale*, Paris, Ed. La Découverte, 1996.
[17] *Cf.* X. Emmanuelli, C. Frémontier, *La Fracture sociale*, Paris, PUF, coll. « Que sais-je ? », Paris, 2002.
[18] Pour la France, ce terme était évocateur du « malaise politique français constaté depuis 1981 », d'après E. Todd, *Aux origines du malaise politique français. Les classes sociales et leur représentation*, Note de la Fondation Saint-Simon, 1994. Cette analyse - reprise par J. Chirac dans *La France pour tous* -, soulignait l'adhésion des élites politiques et journalistiques « à une vision fausse de la structure sociale, qui empêchait la représentation politique des conflits d'intérêt et de classes traversant la 'société française' » (cité par X. Emmanuelli, C. Frémontier, *La Fracture sociale*, *op. cit.*, p. 5).
[19] Sur le concept de « société salariale », *cf.* M. Aglietta, A. Brender, *Les Métamorphoses de la société salariale. La France en projet*, Paris, Calmann-Lévy, 1984. Cette contribution de l'approche macro-économique de l'école française de la régulation a développé les notions des « pratiques de normalisation contractuelle et étatique » - la normalisation étant entendue comme un principe essentiel de cohésion à l'intérieur de la société salariale, permettant d'aborder ses métamorphoses d'un point de vue historique et institutionnel qui impliquait une sorte de déplacement analytique de l'économique vers le politique et le social. (*Cf.* en particulier pp. 71-134).

bonnes raisons de préférer la notion de « désaffiliation »[20] à celle d'« exclusion »[21], afin de désigner l'aboutissement (c'est-à-dire, à notre sens, et la dynamique et le résultat) du processus qui fait que les individus transitent d'une « zone » à l'autre, en passant par exemple de l'intégration à la vulnérabilité, ou basculant de la vulnérabilité dans l'inexistence sociale. Ce sont ces processus que son analyse propose précisément d'éclairer : « comment sont alimentés ces espaces sociaux, comment se maintiennent *et surtout comment se défont les statuts* »[22]. Et ce, sans négliger la présence, dans la société contemporaine, des circulations de flux en sens descendant, concernant notamment l'appauvrissement qui touche certaines catégories populaires et n'épargne pas quelquefois - comme en Argentine - des vastes secteurs de la classe moyenne, tandis que les groupes sociaux assimilables à de nouvelles élites s'enrichissent et connaissent une mobilité ascendante.

Les « gagnants » et les « perdants »... les marques d'un « modèle excluant »

Dans le cas de l'Argentine, « face à la désertion de l'Etat, face à l'effritement des anciens modèles de socialisation, se développent de nouvelles formes privatisées de sécurité et de gestion de la cohésion sociale, dans lesquelles se cristallisent *des nouvelles formes de différenciation entre les 'gagnants' et les 'perdants' du modèle* »[23]. Elles sont à l'origine de la bipolarisation sociale dont témoigne la tendance à la ségrégation spatiale qui s'accompagne - dans le cadre des grandes villes et

---

[20] R. Castel, *Les Métamorphoses de la question sociale. Une chronique du salariat*, Paris, Fayard, 1995. « Parler de désaffiliation [...], ce n'est pas entériner une rupture, mais retracer un parcours. [...] Désaffilié, dissocié, invalidé, disqualifié, par rapport à quoi ? C'est précisément tout le problème ». (p. 15).

[21] La notion d'exclusion, « immobile », vise à désigner « des états de privation » qu'elle-même immobilise en quelque sorte (avec ses réminiscences statiques), et tend ainsi un voile sur les processus structurels, les mécanismes et les dynamiques sociales qui engendrent cette mutation sociale et institutionnelle lourde de conséquences. *Cf. ouvr. cité*, p. 15.

[22] R. Castel, *ouvr. cité*, pp. 14-15 (c'est nous qui soulignons).

[23] M. Svampa, *Los que ganaron. La vida en los countries y barrios privados*, Buenos Aires, Biblos, 2001, p. 47 (c'est nous qui soulignons).

des zones métropolitaines surtout - de la prolifération des urbanisations privées[24]. En 2000, pour la zone métropolitaine de Buenos Aires, le nombre de *countries* et quartiers fermés s'élevait à 434, parmi lesquels - sur la base des données fournies par le département d'urbanisme de l'Institut du Conurbano de l'Université Nationale Général Sarmiento- on pouvait « dénombrer 252 quartiers privés (58% du total), 139 *countries* (32%), 36 *chacras* (8%) et 7 méga-projets (2%). Afin de rendre compte de l'expansion accélérée, rappelons que pour le cas du Grand Buenos Aires, en 1994 il y avait seulement 1.450 familles établies dans ce type d'urbanisations ; en 1996 [il y en avait] 4.000 [d'après l'Institut de Formation de la Chambre Immobilière Argentine]. En août 2000, le nombre de familles s'élevait à 13.500 [selon des données de la Fédération Argentine de *Clubes de Campo*, *Clarín*, Buenos Aires, 13-08-2000] »[25].

Un travail critique des fondements de la « pensée conventionnelle » en matière économique et sociale, publié à Buenos Aires en avril 2001, et visant à la proposition d'alternatives pour la construction d'un nouveau régime d'organisation sociale et d'un nouveau système de politiques publiques qui devrait tenir « l'économie pour la principale question sociale »[26], offre une « mise à jour » révélatrice de la pertinence de certaines analyses du début des années 1990 en termes de « modèle excluant »[27]. « L'inclusion sociale se réfère aux formes dans lesquelles les membres de la société se trouvent intégrés à l'ensemble des institutions sociales, tant pour l'accès à leurs bénéfices que dans la dépendance du mode de vie individuel par rapport à elles. *L'exclusion sociale fait référence*

---

[24] *Cf.* Ch. Dourlens, P. Vidal-Naquet, « Des quartiers 'hors sol'. Quartiers fermés et rapports de proximité dans la banlieue de Buenos Aires », *in Les Annales de la recherche urbaine*, n°90, Paris, PUCA-METL, 09-2001, pp.109-116 ; M. Lacarrieu, G. Thuillier, « Las urbanizaciones privadas en Buenos Aires y su significación », *in Perfiles Latinoamericanos*, México, Año 9, n°19, 12-2001, pp. 83-113.
[25] M. Svampa, *Los que ganaron, op. cit.* p. 57 ; notre traduction.
[26] *Cf.* R. Lo Vuolo, *Alternativas. La economía como cuestión social*, Buenos Aires, Altamira, 2001.
[27] *Cf.* A. Barbeito, R. Lo Vuolo, *La modernización excluyente. Transformación económica y Estado de Bienestar en Argentina*, Buenos Aires, Unicef/Argentine-Ciepp-Losada, 2e éd., 1995. Sur la consolidation du processus, *cf.* D. Azpiazu (ed.), *Privatización y poder económico. La consolidación de una sociedad excluyente*, Buenos Aires, Un. Nac. de Quilmes-Flacso-Instituto de Estudios de Estado y Participación, 2002.

à toutes les conditions qui permettent, facilitent ou entraînent que certains membres de la société soient écartés, rejetés ou que simplement leur soit déniée la possibilité d'accéder aux bénéfices des institutions sociales. Comme *les deux phénomènes sont le produit d'une seule et même dynamique,* les membres exclus se trouvent affectés par l'inclusion des autres (par exemple, parce que les ressources sociales disponibles sont de préférence utilisés pour satisfaire les inclus) »[28].

Il s'agit, d'après ce raisonnement, « d'une exclusion 'dans' la société et non pas d'une exclusion 'de' la société. Cette dernière expression peut prêter à confusion puisqu'elle fait supposer que les exclus seraient en dehors de la société et qu'ils ne ressentiraient pas les effets des institutions qui définissent sa dynamique »[29]. La relative ambiguïté de cette formulation n'est pas sans rappeler la difficulté à penser la production institutionnelle des dynamiques de désaffiliation, y compris dans certains cas par le biais des politiques d'Etat dont l'Argentine des années 1990 - ayant été une sorte de laboratoire de l'ultra-néo-libéralisme - semble offrir plusieurs exemples. En outre, cette approche pose la question de l'exclusion en termes de « dichotomie et non de dialectique », de « conditions » plutôt que de « droit ». « Dans cette optique, la pauvreté et le chômage sont les symptômes les plus évidents de la dynamique 'excluante', mais ils ne la définissent pas. *Les gens sont pauvres et chômeurs comme résultat, parce qu'ils participent à une dynamique qui les exclut et non pas l'inverse.* Autrement dit, dû au fait que *dans le système social prédomine l'action de forces qui provoquent l'exclusion sociale de beaucoup et l'inclusion sociale de peu de gens, il en résulte donc des grandes masses de pauvres, de chômeurs et de marginaux* »[30].

Le chômage, au taux officiel de 18,3 % de la population active en octobre 2001[31], n'était que de 13,8 % en octobre 1999. Le sous-emploi, avec un taux record de 16,3 % de la population active en octobre 2001 augmente aussi : en octobre 2000 le taux

---

[28] R. Lo Vuolo, *ouvr. cité*, p. 97 (notre traduction ; c'est nous qui soulignons).
[29] *Ibidem*, p. 97-98.
[30] *Ibidem*, p. 98.
[31] D'après la *Encuesta Permanente de Hogares* (EPH), recensement périodique de données sur le marché du travail, depuis 1974, en mai et octobre.

était de 14,6 %, ce qui montre une détérioration de la qualité de l'emploi - souvent instable et précarisé - créé dans les années 1990[32]. Quant à la population en situation de sous-emploi, elle s'élevait à 2.478.156 individus. Globalement, d'après ces calculs, on peut estimer que le nombre de personnes ayant des difficultés d'emploi fin 2001 était de 5.260.380, c'est-à-dire plus d'un million de personnes de plus qu'en octobre 1999 (lorsque les données agrégées indiquaient 4.240.906 individus dans cette situation). Les estimations disponibles alors, lorsque la crise sociale a éclaté à l'échelle nationale, signalaient que les taux officiels de chômage et de sous-emploi, correspondant alors au mois d'octobre 2001, étaient à considérer comme un seuil minimum. En décembre 2001 le taux de chômage ouvert atteignait déjà plus de 20 %[33], mais la situation générale s'est dégradée de façon tangible depuis ; début 2002 ce taux était estimé à 22 % de la population active ; en juin 2002 à 25 %.

Dans ce contexte, le désengagement de l'Etat d'une partie de ses fonctions sociales et les dérégulations nombreuses mises en œuvre depuis le début des années 1990, concernant notamment la flexibilité du marché du travail et la réforme de différents domaines du système de protection sociale, ont tendance à aggraver les conditions d'existence et de reproduction de la population en général, en faisant peser sur le budget familial le souci du lendemain, couvert jusque là en principe - encore que de moins en moins - par le système des retraites et pensions ; la dévaluation de la monnaie a rendu ces efforts familiaux complètement vains. Le chômage, le sous-emploi, la précarité et la pauvreté deviennent une réalité massive et atteignent des proportions jamais connues dans l'histoire nationale.

La tentative de penser le changement de paradigme d'intervention sociale de l'Etat[34] impliquerait de se donner les

---

[32] *Cf.* « *La situación ocupacional a fines de la Convertibilidad* », rapport sur la situation de l'emploi préparé par des chercheurs du Ceil-Piette/Conicet (Buenos Aires, 10-01-2002), sur la base des données du recensement d'octobre 2001 de l'EPH (Indec) ; pratiquée à l'échelle des 28 agglomérations urbaines de l'Argentine, elle représente environ 87 % de la population du pays.

[33] S.E.T, Consultores en Sociología-Economía-Trabajo, *Informe de coyuntura laboral*, Buenos Aires, décembre 2001, 58 p.

[34]. Profondément lié à la transformation contemporaine de la configuration du rapport salarial et à l'effondrement de certains compromis institutionnalisés,

moyens d'une résistance intellectuelle à l'égard de certaines formes de violence symbolique : ainsi, celle que représente la « démission de l'Etat »[35] et, plus largement, la destruction de la notion de la nécessité de son intervention pour réduire les inégalités sociales, surtout au sein de sociétés où l'augmentation de celles-ci constitue une menace pour la cohésion sociale. A cet égard, il s'agirait de montrer une certaine forme d'« impensé » dans les schèmes tacites qui déterminent et délimitent tant les représentations ordinaires de l'intervention publique que les catégories « légitimes » d'une « pensée d'Etat »[36] concernant ses politiques, ses formes institutionnelles et ses dispositifs et instruments d'intervention sociale. Mais peut-être aussi dans les visions qui prônent à la légère la flexibilité du travail et des institutions. Avec l'ébranlement des protections sociales, des masses d'individus « ont décroché des régulations de la société salariale qui leur permettaient d'être eux-mêmes au travers de leur participation à des ressources communes, et paraissent à présent condamnés à porter leur individualité comme un fardeau », en tant qu'« individus par défaut »[37].

La « désalarisation » sous contrainte : réformes structurelles, précarisation de l'emploi et pauvreté de masse

En décembre 2001, la société argentine s'est heurtée au mur de la contrainte extérieure. Son expérience représente un cas d'école, même si nombreux sont ceux qui détournent déjà les yeux ou qui s'intéressent plus aux marchés de troc qu'à la situation d'ensemble par rapport à laquelle il faudrait analyser les conditions de leur émergence et situer leurs potentialités. Cela, au-delà des stratégies de survie : dans ce cadre, devant l'effondrement début 2002 de la monnaie nationale et la pénurie

---

sous-jacents aux pratiques de normalisation étatique qui étaient à la base des dispositifs de protection sociale mis en place auparavant.
[35] P. Bourdieu, « La démission de l'Etat », *in* P. Bourdieu (dir.), *La Misère du monde*, Paris, Ed. du Seuil, 1993, pp. 219-228.
[36] P. Bourdieu, « Esprits d'Etat. Genèse et structure du champ bureaucratique », *in* P. Bourdieu, *Raisons pratiques. Sur la théorie de l'action*, Paris, Seuil, pp. 99-145.
[37] R. Castel, C. Haroche, *Propriété privée, propriété sociale, propriété de soi. Entretiens sur la construction de l'individu moderne*, Paris, Fayard, 2001, pp. 107-161.

d'argent, une bonne partie de ces circuits informels d'échange des biens et services que sont les clubs de troc semblent s'apparenter, malgré leur étendue, à d'ingénieux bricolages locaux (pour faire face aux besoins de subsistance d'une proportion croissante de la population).

Pourtant la « désalarisation » sous contrainte de la société argentine, la flexibilité accrue du rapport salarial, la légalisation de formes précaires d'emploi, la remise en cause du droit du travail, le démantèlement du système de protection sociale préexistant, la déstructuration des rapports sociaux, la précarisation, l'augmentation de la pauvreté, la concentration sociale de la richesse, la recomposition profonde des identités sociales... tout cela a été fortement renforcé ou approfondi[38] par les conséquences sociales et les implications institutionnelles des réformes structurelles *market oriented* « recommandées » par les organismes multilatéraux, notamment le Fonds monétaire international (FMI) et la Banque mondiale[39]. Ces réformes ont été mises en œuvre pour obéir à la « conditionnalité »[40] à laquelle a été assujetti dans les années 1990 l'octroi des prêts d'ajustement structurel.

Il est fort intéressant de constater, suivant les analyses récentes de Joseph Stiglitz[41], à quel point cette conditionnalité relève de la configuration du pouvoir économique international et des rapports de forces politiques qui (dans le cadre du

---

[38] Il faut dire que la tendance à la « précarisation de la relation salariale » a été prise en considération dès le début des années 1990 dans des travaux qui voyaient dans « le reflux constant des travailleurs vers des positions de grande vulnérabilité [dans leur situation d'emploi...] un phénomène crucial dans la configuration de la structure des classes à l'intérieur des sociétés capitalistes » et qui ont cherché à rendre compte de ces métamorphoses sur une longue période. *Cf.* S. Torrado, *Estructura social de la Argentina: 1945-1983*, Buenos Aires, Ed. de la Flor, 2e éd., 1994, p. 108.

[39] *Cf.* S. Peñalva, « Regulación económica y (des)protección social en la sociedad salarial. Las reformas orientadas al mercado y sus implicaciones institucionales en la Argentina », in *Revista Ciclos en la historia, la economía y la sociedad*, Año XI, Vol. XI, n° 21, Buenos Aires, IIHES/UBA, 1er semestre 2001, pp. 181-223.

[40] *Cf.* J. Sgard, *L'Économie de la panique. Faire face aux crises financières*, Paris, Ed. La Découverte, 2002, pp. 197-229.

[41]. Prix Nobel d'économie, ancien conseiller de Bill Clinton, et économiste en chef et vice-président de la Banque mondiale jusqu'en novembre 1999.

« consensus de Washington »[42] des années 1980) « ont donné au FMI et à la Banque mondiale l'occasion d'élargir considérablement leurs mandats respectifs et d'étendre énormément leur champ d'action »[43]. Comme le signale ce critique, ex-fonctionnaire déçu par le comportement des « institutions mondialisatrices », dont le constat à l'égard des règles du jeu économique mondial vaut réquisitoire : « Aujourd'hui ces institutions sont devenues des acteurs dominants de l'économie mondiale. *Les pays qui sollicitent leur aide, mais aussi ceux qui recherchent leur 'approbation', pour avoir une meilleure image sur les marchés financiers internationaux, doivent suivre leurs prescriptions économiques, lesquelles reflètent leur idéologie et leurs théories du libre marché.* [...] *Le résultat a été pour bien des gens la pauvreté, et pour bien des pays le chaos social et politique*[44]. Le FMI a fait des erreurs - conclut la leçon que le professeur Stiglitz tire à présent de cette « grande transformation » - dans tous les domaines où il est intervenu : le développement, la gestion des crises, la transition du communisme au capitalisme. Les plans d'ajustement structurel n'ont pas apporté la croissance forte, même aux Etats - comme la Bolivie - qui se sont pleinement pliés à leurs rigueurs »[45]. L'Argentine du tournant de ce siècle en est l'exemple flagrant[46].

---

[42] Il s'agit du « consensus entre le FMI, la Banque mondiale et le Trésor américain sur la *bonne* politique à suivre pour les pays en développment - qui a marqué un tournant radical dans la conception du développement et de la stabilisation »; ce tournant impliquerait l'abandon de l'orientation keynésienne du FMI, qui soulignait les insuffisances du marché et le rôle de l'Etat dans la création d'emplois, au profit de « l'hymne au libre marché des années quatre-vingt ». J. E. Stiglitz, *La Grande désillusion,* Paris, Fayard, 2002, p. 41 (souligné dans l'original).

[43] J. E. Stiglitz, *ouvr. cité*, p. 43.

[44] C'est sans doute l'une des raisons pour lesquelles « l'époque appelle à un retour sur un demi-siècle de théories et de stratégies du développement ». *Cf.* R. Boyer, « L'après-consensus de Washington : institutionnaliste et systémique ? », in *L'Année de la régulation,* n° 5, Paris, Association Recherche et Régulation - Presses de Sciences Po, 2001-2002, pp. 13-56.

[45] J. E. Stiglitz, *La Grande désillusion, op. cit.,* p. 43.

[46] Pour les privatisations, réformes des lois du travail et du régime de l'emploi, réformes du système des retraites et pensions, étudiées du point de vue de leur production politique sous les gouvernements Menem (1989-1995 ; 1995-1999) et De la Rúa, *cf.* S. Peñalva, *« Les Métamorphoses d'une 'société salariale' : Genèse et enjeux*

L'actuel « collapsus » du système de sécurité sociale en Argentine a pour causes essentielles l'augmentation du chômage et du travail « au noir »[47], qui ont fait passer le pourcentage des bénéficiaires du système des œuvres sociales de 70 % à 40 %. La perte de moyens de financement est estimée à 3 milliards de dollars par an - de 1994 à 1999 -, en raison de la réduction des contributions patronales, de la faible croissance et de l'évasion fiscale[48]. Selon l'INDEC (institut national de statistiques), 36,5 % des Argentins ne bénéficient actuellement pas de couverture médicale, et 67,2 % de la population active se trouveraient exclus du régime de retraite[49]. De nombreux travailleurs sont employés sans couverture sociale et avec une faible rémunération (notamment dans certains programmes d'emploi temporaires) ou survivent grâce à des « petits boulots » comme « indépendants ».

La perte et/ou l'insuffisance de revenus touche des proportions toujours plus fortes de foyers et de personnes. C'est l'une des causes principales du développement de la pauvreté et de l'accentuation des inégalités sociales dans le courant de la dernière décennie[50]. Selon l'INDEC, en 2001, les 10 % de la

---

de la crise sociale et institutionnelle contemporaine en Argentine », MOST/UNESCO, 2002, 50 p. (à paraître).
[47] La recherche développée en Argentine autour de l'emploi précaire, dès la deuxième moitié des années 1980, l'a été dans le contexte de détection de l'« économie non enregistrée ». *Cf.* S. Torrado, *ouvr. cit..* Dans cette perspective cf. J. Basco, L. Beccaria, A. Orsatti, « Economía no registrada en América Latina desde una perspectiva comparada », *in* Indec, *Economía no registrada*, Buenos Aires, Estudios n°9, Indec, 1986 ; A. Orsati, « La flexibilidad del mercado de trabajo y la precarización del empleo », *in Justicia social*, año 2, n°2, Buenos Aires, 1986.
[48] « El colapso del sistema de salud » (Editorial), Journal *« Clarín »*, Buenos Aires, 17 juin 2002. Dans l'analyse du problème faite par ce quotidien, parmi les causes responsables du « collapsus » du système national de sécurité sociale il faudrait considérer aussi l'augmentation des coûts des soins médicaux pour une population avec une plus longue espérance de vie et ayant des pathologies qui peuvent être traitées actuellement, ainsi que la mauvaise gestion du Fonds Solidaire de Redistribution.
[49] *Cf.* J. de Pena, « La dimension sociale de la crise argentine : éléments de réflexion », *in Espaces Latinos*, N° 194, Lyon, mai 2002, pp. 16-17.
[50] L'analyse des données réélaborées des recensements nationaux de population et celle des « niveaux de bien-être » atteints sous différentes « stratégies de développement », au début des années 1980, la pyramide de la stratification sociale argentine montrait ce panorama : située entre une « classe supérieure » infime mais en cours d'enrichissement absolu, et une classe ouvrière décroissante

population aux revenus les plus élevés ont perçu 37,3 % du total des revenus de la population, alors que les 10 % de la population aux revenus les moins importants en percevaient 1,3 %, soit un ratio de 28,7 % ; en 1991 ce ratio était de 16,7 %.

Entre mai 2000 et mai 2001, dans le Grand Buenos Aires, le pourcentage de personnes en dessous du seuil de pauvreté[51] est passé de 29,7% à 32,7% de la population (soit 3.959.000 personnes en mai 2001). Pour la même période, la proportion de foyers en dessous du seuil d'indigence (extrême pauvreté) est passé de 5,3 % à 7,4 % (en termes de population de 7,5 % à 10,3 %) ; en chiffres absolus : 264.000 foyers en situation d'indigence, soit 1.247.000 personnes qui n'arrivaient pas à satisfaire leurs besoins élémentaires de subsistance[52]. Selon une étude effectuée dans les trois principales agglomérations urbaines du pays par une agence qui se charge de mesurer régulièrement l'évolution de la pauvreté en Argentine, « 3,7 millions de personnes - dont 80 % sont issues de la classe moyenne urbaine[53] - sont passées sous le seuil de pauvreté entre les mois de février 2001 et de février 2002 »[54].

---

et en cours de paupérisation absolue, la classe moyenne, croissante, était en voie de paupérisation relative. *Cf.* S. Torrado, *ouvr. cit.*.

[51] On définit les « pauvres » comme ceux qui ne parviennent pas à financer le coût du panier de la ménagère de base comportant les besoins d'aliments, vêtements, transport, éducation, soins de santé minimaux. On désigne par « indigents » ceux dont l'alimentation ne parvient pas à leur assurer le minimum en termes d'apports protéico-énergétiques nécessaires. En avril 2002, dans la Zone Métropolitaine de Buenos Aires (AMBA), comprenant la Capitale Fédérale et le Grand Buenos Aires, le coût du panier de base pour une personne adulte était estimé à 194 pesos (presque 50 dollars), tandis que pour une famille avec deux enfants sa valeur était de 650 pesos.

[52] *Cf.* J. de Pena, *art. cité*.

[53] En Argentine, l'expression « classe moyenne urbaine » ne revêt pas de connotation spécifique faisant référence à l'habitus de classe d'un segment particulier de la structure sociale. L'adjectif « urbaine » désigne notamment la localisation spatiale (résidence) de toutes les catégories de cette classe sociale qui privilégie massivement (entre 70% et 80%) les grandes villes. Et ce, historiquement, en ce qui concerne : a) le secteur de classe moyenne dit « autonome », dans lequel - d'après des études d'ensemble de la structure sociale argentine et ses changements dans la période 1945-1983 - prédominait absolument une couche de modestes propriétaires du commerce et des services résidant dans les plus grandes agglomérations urbaines ; et b) la classe moyenne salariée, intégrée de façon majoritaire par les couches les plus modestes des

De façon plus globale, en décembre 2001, près de la moitié de la population argentine vivait en dessous du seuil de pauvreté, et ce pourcentage n'a cessé d'augmenter depuis. D'après les estimations de l'INDEC diffusées début mai 2002 : « en cinq mois, au moins 1,5 million d'Argentins sont tombés sous le seuil de pauvreté, soit 10.300 par jour. Officiellement on dénombre désormais plus de 15 millions de pauvres en Argentine, près de 43 % de la population. Quant aux *'indigents'*, qui n'ont plus les moyens de s'offrir le panier dit *'super basique'* ['vraiment minimum'] (lait, pain, pommes de terre, huile et fruits), ils représentent désormais 15,7 % de la population (5,7 millions) »[55]. Mais - comme l'a reconnu le directeur de l'INDEC - ce calcul officiel a été fait « sans tenir compte de la montée du chômage de ces derniers mois, ils [les pauvres et les indigents] sont donc probablement beaucoup plus nombreux ». En fait, « pour faire cette estimation, l'institut statistique s'est contenté de répercuter les hausses de prix, très sensibles depuis le début de l'année, sur les revenus des ménages argentins. Depuis le 11 janvier, date à laquelle le gouvernement a mis fin à la parité entre le dollar et le peso, la monnaie argentine a perdu près de deux tiers de sa valeur, provoquant une inflation évaluée à 10% au premier trimestre. *«Mais les aliments de base sont ceux qui ont le plus souffert de cette hausse de prix»*, souligne Juan Carlos del Bello, qui estime que le coût du panier de la ménagère le plus modeste a crû d'environ 15,5 % »[56].

En effet, les dernières estimations officielles diffusées au mois d'août 2002 rendent compte de cette évolution vertigineuse de la pauvreté. Elles donnent la mesure d'une véritable catastrophe sociale à l'échelle de ce pays d'environ 35 millions d'habitants : l'existence, d'après les données recensées par l'INDEC en mai 2002 et diffusées en août dernier, de 18,5 millions de pauvres (plus de 50 % de la population), dont 9

---

travailleurs salariés non manuels résidant dans les grandes agglomérations urbaines. *Cf.* S. Torrado, *ouvr. cité. cf.* partie IV, chap. 12.
[54] Etude de la Consultora Equis, citée par J. de Pena, art. cité.
[55] L. Oualalou, « La pauvreté se propage en Argentine », *« Le Figaro/Economie »*, 3 mai 2002, p. III.
[56] *Ibidem.*

millions d'indigents, la plupart des pauvres et des indigents étant des enfants : 7 enfants sur 10 sont pauvres, et 4 parmi eux indigents. Une source complémentaire permet de préciser que « d'après le Système d'information, de monitorat et d'évaluation des programmes sociaux de la présidence argentine (Siempro), 70 % des mineurs de moins de 18 ans vivent dans des foyers pauvres ou indigents »[57]. En outre, dans leurs réclamations auprès du ministère de l'Economie, les entreprises privatisées ont demandé des augmentations des tarifs des services publics qui, d'après leurs calculs minimaux, ne devraient pas être inférieures à 34 %, car - c'est leur argument - ce pourcentage est celui du taux d'inflation cumulée dans l'année ; certaines demandent même des révisions des tarifs à la hausse de l'ordre de 200 %.

Stratégies défensives des chômeurs : les piqueteros

Dans un monde dans lequel l'instabilité du quotidien devient un mode de vie, les habitants des quartiers populaires de la périphérie urbaine, tels que les « *asentamientos* », qui ont émergé dans la banlieue de Buenos Aires notamment à partir du début des années 1980, s'habituent à marchander faveurs et bénéfices avec les institutions de l'Etat et leurs représentants locaux, mais aussi avec les partis politiques et leurs référents « de base » (couramment appelés « *punteros* »). Comme dans la plupart des cas connus de mouvements d'occupations illégales de terres, ces stratégies défensives sont mises en avant par des populations hétérogènes ayant subi des expériences de chute sociale et de désaffiliation, et la « logique du chasseur »[58]

---

[57] *Cf.* BBC Mundo, Londres, 7-08-2002; cité par C.Augé, « Rêves en morceaux à Buenos Aires », *in « Le Monde diplomatique »*, n° 589, 09-2002, p. 4.
[58] D. Merklen, « Inscription territoriale et action collective. Les occupations illégales de terres urbaines depuis les années 1980 en Argentine », Thèse, Paris, 2001. D'après cette interprétation, « la 'logique du chasseur' peut [...] être entendue comme *faisant partie* d'une culture des marges, mais ce qui définit la situation de marginalité c'est la distance institutionnelle entre la 'société' (des règles et des institutions) et le monde 'social' dans ces quartiers ». (p. 488). Elle se réfère en amont à « la distance entre le 'social' comme 'vie psychique' [...] et la société comme une réalité morale, une 'morale civique' condensée dans les institutions », qui est au cœur de l'analyse durkheimienne du rapport des individus

semble inspirer localement l'un des modes d'action individuels et collectifs auxquels sont souvent contraints les groupes « défavorisés » dans leur rapport au politique. La « chasse » aux opportunités d'obtenir les moyens nécessaires à leur survie dans les interstices des institutions et de la légalité devient pour eux une sorte de « sens pratique », celui d'apprendre à « vivre dans les marges » afin de ne pas périr ou demeurer « exclus » pour toujours[59], et de trouver un point d'ancrage : l'inscription territoriale dans le quartier contre la vulnérabilité parfois extrême qui les menace dans les banlieues paupérisées de la grande ville.

Or, comme le mettent en évidence quelques études récentes focalisées sur des enclaves de pauvreté du sud du Grand Buenos Aires, on ne saurait négliger que cette « inscription » sociale comporte fréquemment un « prix ». Car le type d'échanges décrits relèvent des formes de lien social dans lesquelles la satisfaction des nécessités élémentaires pour les pauvres urbains s'avère très souvent liée à des relations de clientélisme[60], à travers diverses pratiques qui se sont largement répandues - pendant les années 1990. Tout mène donc à s'interroger sur l'empreinte « quasi-institutionnelle » de ces formes de contre-prestations qui en secourant la misère semblent plutôt garantir - le passé est encore récent - la reproduction politique de la domination et celle des inégalités sociales.

La genèse et l'évolution du mouvement « *piquetero* »[61] sont significatives des enjeux auxquels se trouvent confrontés désormais ces nouvelles catégories de populations paupérisées et « désaffiliées ». Les coupures de routes pratiquées par des « *piqueteros* » - qui se sont constitués en mouvement national à

---

aux institutions, E. Durkheim, *Leçons de sociologie*, Paris, PUF, 1950 ; cité par D. Merklen, *op. cit.*, p. 488, n. 405.

[59] *Cf.* D. Merklen, «Vivir en los márgenes: la lógica del cazador. Notas sobre sociabilidad y cultura en los asentamientos del Gran Buenos Aires hacia fines de los 90», *in* M.Svampa ed., *Desde abajo. La transformación de las identidades sociales*, Buenos Aires, Un. Nac. Gal Sarmiento-Biblos, 2000, pp.81-119.

[60] J. Auyero, «Cultura política, destitución social y clientelismo político en Buenos Aires. Un estudio etnográfico», *in* M. Svampa, *ouvr. cité*, pp.181-208.

[61] J. de Pena, M. Iserte, J. Montes Cató, « Informe sobre contexto y situación del 'Movimiento Piquetero' », Document de travail préparé pour Médecins du monde en Argentine, ronéotypé, novembre 2001, 10 p.

partir de juillet 2001 - ont débuté en fait en 1997, et même avant, ponctuellement, dans quelques localités de province au sud et au nord et de l'Argentine : à Cutral-Co, Province de Neuquén, puis à Tartagal, Province de Salta. Il s'agit de localités urbaines particulièrement touchées par le rétrécissement du marché de l'emploi, du fait des restructurations liées aux privatisations d'entreprises publiques ayant entraîné des licenciements massifs de personnel sans reconversions ni mesures sociales d'accompagnement. La situation a d'ailleurs été à l'origine de la mise en place des aides d'urgence sociale et des programmes d'emploi transitoire - les Plans dits « *Trabajar* » (« Travailler »). Les *piqueteros* en ont revendiqué l'accès dès le départ, même si les faibles montants de revenus qu'ils fournissent ne permettent pas de satisfaire les besoins de base. La mise en place de ces Plans en Argentine a bénéficié - notamment depuis 1997 - du financement de la Banque mondiale. Les politiques de « compensation sociale » des coûts sociaux de l'ajustement structurel - dont le principe est le ciblage de l'assistance focalisée à l'échelle provinciale et locale - ont incarné dans le courant des années 1990 le « visage humain » de l'intervention des banques multilatérales de développement... Un « visage » qui masque - assez mal pourtant maintenant - la remise en cause du droit du travail, de la stabilité de l'emploi, et des droits en matière de protection sociale.

Comme l'explique aujourd'hui un responsable local du mouvement « *piquetero* » dans un quartier habité par 720 familles dans le district de La Matanza, à 25 km du centre ville de Buenos Aires : « En 1999 la situation s'est encore aggravée avec la récession, et nous nous sommes rendus compte que nous ne pouvions plus rien obtenir des autorités locales, [...] aussi nous avons organisé un mouvement de *piqueteros* comme ceux qui se développaient dans le pays. [...] Nous avions *besoin de conserver un lien avec le monde du travail et des revendications sociales pour nous faire entendre, être plus forts, pour sortir de notre territoire*, montrer nos familles qui ont faim mais rester dignes »[62]. En fait, « le mouvement s'est progressivement

---

[62] D. Blain, « Les piqueteros, un mouvement au bord de la route », *in CFDT Magazine*, n°284, 09-10 2002, pp. 46-47 (c'est nous qui soulignons).

étendu à tout le pays, toujours sur la base de la défense du territoire, de l'emploi et du cadre de vie. [...] On estime aujourd'hui à 100.000 le nombre des *piqueteros* en Argentine »[63].

Une banqueroute structurelle... des otages de la finance

La direction que prend la recomposition sociale et politique à l'œuvre au sein de la société argentine depuis la crise ouverte de décembre 2001 est nettement plus difficile à cerner que le sens des transformations objectives et institutionnelles accomplies pendant les années 1990. Dans un contexte de banqueroute générale, éclosent dans le pays diverses formes de protestation sociale (« *piquetes* » ou coupures de routes, « *cacerolazos* » ou « concerts de casseroles ») et surgissent des pratiques nouvelles d'organisation sociale : assemblées de quartier, structures informelles d'entraide, réseaux solidaires et clubs et circuits de troc.

La traduction politique en est encore très incertaine vu le profond discrédit des instances de médiation politique et sociale qui s'exprime dans des slogans tels que « qu'ils s'en aillent tous » (« *que se vayan todos* »...)[64], par lesquels la classe moyenne rejette la classe politique ouvertement et globalement. La financiarisation des modes de vie et les valeurs associées à la privatisation et au retrait de l'Etat ont été portées aux nues par une partie considérable des couches moyennes sous l'« ère Menem » (1989-1999). Et les formes de protestation sociale qui évoquent l'exaspération des « laissés pour compte » peuvent, si

---

63 *Ibidem*. Sous la houlette de Luis d'Elia, le leader du mouvement à La Matanza - dans la banlieue ouest de Buenos Aires -, les *piqueteros* du district adhèrent à la Centrale des travailleurs argentins (CTA). Ce secteur - qui n'est pas le seul puisqu'existent actuellement plusieurs courants de *piqueteros* - revendique 70.000 adhérents (p. 47).

64 La signification politique de ces manifestations fait l'objet de lectures contrastées et leurs implications sur le plan symbolique - notamment vis-à-vis de la remise en cause de la légitimité du système politique - sont interprétées de façon divergente. *Cf.* : F. Chesnais, J.-Ph. Divès, *Que se vayan todos! Le peuple d'Argentine se soulève*, Paris, Nautilus, 2002; P. Salama, « L'Argentine: 'chronique d'une crise annoncée' », ronéotypé, s/d, 17 p., à paraître *in* D. Quattrocchi-Woisson, *L'Argentine contemporaine. Enjeux et racines d'une société en crise*, Paris, Tiempo, 2002.

ce n'est conduire à une dérive autoritaire, favoriser encore une fois l'émergence de nouveaux *leadership* néopopulistes. Notamment dans ce contexte qui est celui d'une banqueroute non seulement financière mais politique et sociale : celui d'une cassure profonde de la solidarité sociale s'exprimant dans la faiblesse de l'Etat qui, au lieu d'être le garant des compromis fondés sur une certaine solidarité institutionnalisée, finit par être lui-même privatisé, voire « colonisé », et du coup mis en suspens.

Le cas de la province de Jujuy (630.000 habitants), à 1700 km de Buenos Aires, dans le Nord-Ouest argentin, en offre un exemple extrême : « depuis l'effondrement économique du pays, les 150 pesos par mois (environ 43 euros) attribués par l'Etat fédéral, dans la province de Jujuy, à quelque 50.000 chefs de famille sans travail sont devenus insuffisants pour cacher la misère. [...] L'hôpital public de Jujuy reçoit plus de 700 enfants par jour qui présentent des symptômes de dénutrition. Jujuy est une des provinces les plus pauvres du pays, avec 63 % de la population qui vit dans la pauvreté et presque 30 % dans l'indigence, selon des chiffres de l'Institut national de statistiques (Indec) publiés fin août [2002] ». Le vice-gouverneur de Jujuy, Rubén Daza, qualifie aujourd'hui de « suicide collectif » certaines des politiques des années 1990. Notamment celles de création d'emplois publics palliatifs - sans doute instables et précaires, comme cela a été le cas dans d'autres administrations provinciales - devant l'absence de demande dans le secteur privé et l'augmentation du chômage à la suite des privatisations massives (comme celle de YPF, la compagnie nationale de pétrole), qui ont entraîné le licenciement de milliers de personnes[65].

Or, quelle recomposition des forces sociales en présence - compte tenu de la grande hétérogénéité des groupes et des secteurs mobilisés, de la différenciation sociale et de la spécificité qui caractérisent leurs revendications particulières -, pourrait cristalliser un nouveau compromis institutionnel à la base de l'Etat argentin ? Et peut-être même avant : quelle

---

[65] C. Legrand, « La banqueroute de Jujuy, l'« autre pays » de l'Argentine », *in* « *Le Monde* », 1-10-2002, p. 4.

synergie des ressources sociales et politiques redéployées pourrait arrêter le délitement du lien social dont la crise de la monnaie nationale semble être un reflet violent, et auquel semble avoir conduit - pendant plus d'une décennie - la marche effrénée vers un modèle de « citoyenneté patrimoniale »[66] ?

On ne saurait négliger combien, dans le cadre de la crise structurelle qui traverse l'Argentine, ce « lien » avec le « monde du travail » et de la protection sociale - que le souhait du « *piquetero* » évoquait précédemment - demeure un centre névralgique et à la fois un appui fragile pour fonder une cohésion sociale à l'échelle nationale[67]. La « désalarisation » sous contrainte qui a accompagné la libéralisation de l'économie dans les années 1990 et ses lourdes implications sociales et institutionnelles n'y sont pas pour rien[68]. Et c'est là que l'on mesure à quel point « un système de protection sociale n'est pas seulement un ensemble d'institutions destinées à protéger la vie des individus [...] en distribuant des prestations monétaires et des biens et services selon une logique plus ou moins indépendante du marché du travail. La protection sociale est aussi *protection de la société dans son ensemble contre le risque de désintégration qui pèse sur elle dès lors que la logique de marché prétend s'étendre jusqu'à régir la totalité de sphères de la vie sociale* »[69]. L'expérience argentine récente, extrême à bien des égards, est riche d'enseignements sur les enjeux d'une

---

[66] *Cf.* R. Lo Vuolo, ouvr. cité. L'avancée conjointe du capital financier et de celle-ci se traduit par des problèmes croissants pour la démocratie, p. 94.

[67] *Cf.* J. Montes Cató, J. de Pena, « Crise de représentation et fragmentation sociale : le cas des *piquetes* et des 'coupeurs de route' argentins », in *L'Ordinaire latino-américain*, N° 188, Toulouse, avril-juin 2002, pp. 101-106.

[68] *Cf.* C. Lozano, « Catástrofe social en Argentina. La situación a junio del 2002 », Buenos Aires, Instituto de Estudios y Formación de la CTA (Central de Trabajadores Argentinos), ronéotypé, juin 2002, 19 p.

[69] B. Théret, *Protection sociale et fédéralisme. L'Europe dans le miroir de l'Amérique du nord*, Bruxelles..., Presses Universitaires Européennes-Peter Lang, PUM, 2002. pp. 75-76. L'auteur fait référence à l'œuvre de K. Polanyi, *La Grande transformation. Aux origines économiques et politiques de notre temps*, Paris, Gallimard, 1983. Sur la leçon capitale que Karl Polanyi a tirée de l'observation du déroulement de la révolution industrielle au XIXe siècle, et concernant les « ordres de régulation non marchands » ayant alors limité la domination de l'économie, soit le « déploiement d'une logique économique laissée à elle-même », *cf.* R. Castel, *Les Métamorphoses...*, ouvr. cité, p. 437.

telle « métamorphose [qui] fait trembler les certitudes et recompose tout le paysage social »[70], pour l'heure dramatiquement et de manière exemplaire.

---

[70] R. Castel, *ouvr. cité.*, p. 17.

Document

Ce qui se joue en Argentine

François Chesnais
Extrait de *Que se vayan todos! Le peuple d'Argentine se soulève*, Paris, Nautilus, 2002.

L'effondrement se poursuit et même s'accélère. Dans le secteur urbain, il y a au bas mot 6 millions de chômeurs et de travailleurs très précarisés, soit plus d'un tiers de la population active recensée, auquel il faut ajouter les travailleurs non recensés vivant du travail au noir. Il y aussi les ouvriers agricoles dont l'exploitation a toujours été très forte et la vie terrible. En novembre 2001, l'Institut national de statistique (INDEC) évaluait le nombre des pauvres à 14 millions de personnes, dont 4,9 millions " d'indigents ". En avril 2002, soit seulement quatre mois plus tard, les pauvres sont au nombre de 17,4 millions, dont 6,4 millions " d'indigents ". Le nombre des chômeurs augmente maintenant au rythme de plusieurs dizaines de milliers par mois sous l'effet de plusieurs facteurs conjugués : le désinvestissement notable des multinationales (qui date de plus d'un an), l'étranglement du petit commerce (entre janvier et avril, 10.400 magasins ont disparu) et l'effondrement du système du crédit à mesure que les banques tombent en situation de banqueroute virtuelle. Chaque jour des entreprises nationales ferment leurs portes.

Malgré cette situation, le FMI qui a été reçu à bras ouverts par le gouvernement et dont le secrétariat à Washington comprend de nombreux Argentins, continue de réclamer à Duhalde le licenciement dans les prochains mois de 600.000 fonctionnaires et salariés de l'Etat fédéral et des provinces. De son côté, le gouvernement Bush avait fait immédiatement parvenir une lettre au gouvernement formé par Duhalde, lui ordonnant de présenter un plan de paiement de la dette "crédible et soutenable". Ce qui signifie en langage à peine diplomatique : vous devez continuer à payer le service de la dette, et cela quelles qu'en soient les conséquences tragiques pour le peuple. Le secrétaire du Trésor a reconnu que pour honorer la dette l'Argentine serait obligée " de faire de nouveaux sacrifices ".

Les gouvernements européens, y compris ceux dirigés par les partis socialistes, n'ont pas été en reste. En pleine crise politique du mois de janvier, Hubert Védrine a fait des démarches officielles pour demander à l'Argentine de garantir à la France la sauvegarde des " intérêts des entreprises françaises ", au premier rang desquelles on trouve France Télécom, qui possède la moitié du système de télécommunications du pays (après un partage avec la *Telefónica* espagnole), la Lyonnaise des Eaux et Vivendi Environnement, le groupe de négoce alimentaire

Louis Dreyfus, Carrefour et Auchan. Pour ce qui est des intérêts très importants des groupes espagnols, l'ancien dirigeant du PSOE et premier ministre socialiste Felipe Gonzales n'a pas hésité à se faire l'ambassadeur du grand capital ibérique, au même titre et plus activement encore que le premier ministre conservateur José Maria Aznar. Il s'est carrément rendu à Buenos Aires pour " plaider la cause" des groupes *Telefónica* et *Repsol* […]. La dette extérieure […] n'est pas une question "financière". Conjointement à l'action des entreprises étrangères, notamment dans le secteur des services publics, le paiement de la dette disloque les processus productifs qui déterminent les conditions de la reproduction sociale de larges couches sociales.

Une politique de désindustrialisation à très grande échelle et de privatisation de tous les services publics entraîne, comme pour toutes les opérations - militaires ou civiles - de "remise en ordre" des affaires d'un pays par les puissances étrangères, des dommages collatéraux. L'analogie entre les conséquences des plans de restructuration et de privatisation et celle des opérations de "paix" s'impose. Ici, ces "dommages" ne sont autres que la liquidation - liquidation sociale tendant vers la liquidation physique par maladie et dénutrition - d'une large part des anciens ouvriers et de leurs familles. Ce salariat est devenu très largement "redondant" par rapport aux exigences d'accumulation et de valorisation sur une base mondialisée des groupes industriels et financiers des pays capitalistes centraux. L'une des fonctions du FMI et de la Banque mondiale est de tenter de faire comprendre que ces "dommages collatéraux" sont malheureux, mais inévitables. La "main invisible" et les dieux que sont les "marchés" exigent ces sacrifices. Leurs diktats doivent être mis en œuvre, même s'il est difficile d'y voir l'expression d'un dessein désintéressé et harmonieux.

La hausse rapide des prix, qui a été l'une des armes des possédants dans les pays capitalistes périphériques au cours des trois dernières décennies, a repris son cours depuis janvier. Elle se combine cette fois avec un taux de chômage très élevé et qui ne cesse de croître. Un coup de force économique, pour l'heure une sorte de substitut à un coup militaire très difficile, est ainsi porté contre les classes populaires. Force est de constater qu'il est porté à dessein, de façon très consciente. Les grands groupes industriels étrangers et nationaux ont des situations de monopole, souvent doublées de garanties contractuelles obtenues de l'Etat au moment des privatisations, qui leur permettent de fixer les prix comme ils l'entendent.

Ainsi les groupes agro-alimentaires argentins ont-ils le pouvoir économique et politique de proposer aux consommateurs argentins les produits essentiels - la farine, le riz, l'huile, la viande - pratiquement aux mêmes prix que ceux qu'ils pratiquent sur le marché mondial où ils sont exportateurs. Les sociétés étrangères ont pu acquérir à vil prix les entreprises nationales de service public grâce aux privatisations du gouvernement du péroniste Carlos Menem, puis fixer les prix de l'électricité ou du téléphone facturés aux foyers au-delà des possibilités d'une fraction très importante de la population. Le prix de l'essence et celui du gasoil augmentent tous les quinze jours avec ses conséquences en chaîne sur la distribution, les transports de marchandises et les transports collectifs. Les groupes pharmaceutiques et leurs intermédiaires locaux spéculent sur les médicaments, notamment ceux qui sont nécessaires pour soigner le diabète et le cholestérol assez répandus en Argentine. Une spéculation analogue porte sur toutes les pièces de rechange que le pays doit importer depuis le démantèlement de son industrie. Les chômeurs ne bénéficient d'aucune protection sociale. Les familles " indigentes " n'ont même plus la possibilité d'acheter du butane pour la cuisine. Dans l'un des pays agricoles les plus riches du monde, le seul maigre repas quotidien de millions d'enfants est au mieux celui que les écoles parviennent encore à leur fournir sur la base de subventions en chute libre et souvent de la solidarité de quartiers pourtant paupérisés. Dans un pays qui pensait, jusqu'au milieu des années 1990, être candidat à l'entrée dans ce que les Latino-Américains nomment *"el primer mundo"* ("le premier monde"), la mortalité infantile [élevée] qui avait disparu pendant plusieurs décennies est réapparue et a commencé à croître à vive allure.

Troisième partie

Clés historiques, politiques et sociales

De Perón a Duhalde : la faillite d'un système politique

Daniel van Eeuwen [1]
IEP Aix-en-Provence, CREALC

Indépendante en 1816 après trois siècles de colonisation espagnole, l'Argentine va connaître son âge d'or entre 1880 et 1930. Accueillant des millions d'immigrants européens, elle comptera parmi les dix pays les plus prospères du monde, tandis que le peso sera considéré comme l'une des cinq grandes monnaies. Mais la crise de 1929 frappe l'économie, les grèves se multiplient et en 1930, le premier coup d'Etat militaire « moderne » place les Forces Armées au cœur du dispositif institutionnel.

Elles n'en sortiront plus pendant un demi-siècle, consacrant la militarisation constante de la vie politique argentine.

Du populisme à la dictature (1943-1983)

Alors que la guerre permet une prospérité sans précédent grâce aux fournitures alimentaires et minières, le colonel Juan Domingo Perón émerge du sein d'une junte militaire et grâce à des mesures favorables à la classe ouvrière, remporte avec le soutien des masses urbaines l'élection présidentielle du 24 février 1946 contre une coalition allant des conservateurs représentant l'oligarchie aux communistes. Désormais le « Parti Justicialiste » ou péroniste constituera l'un des pôles de la vie politique face au parti des classes moyennes, l'Union Civique Radicale, qui s'est constituée au début du siècle et a exercé le pouvoir avec Hipólito Yrigoyen de 1916 à 1930.

Le populisme archétypal qu'incarnent Perón et sa femme Evita – vénérée bien après sa mort en 1952 – se traduit par

---

[1]. Article paru dans *Espaces latinos*, Lyon, mai 2002.

d'importantes dépenses sociales, de multiples nationalisations et la fin de la domination économico-financière de l'Angleterre. Mais la crise économique va bientôt révéler les contradictions d'une rhétorique nationaliste revendiquant une « troisième voie » entre capitalisme et communisme et un accord permettra à la Standard Oil d'exploiter les ressources pétrolières du pays.

Réélu en 1951, Perón est confronté à l'effondrement des exportations et à l'envol des prix ; il dévalue, emprunte aux Etats-Unis, bloque les salaires avant d'être renversé le 16 septembre 1955.

Pendant près de vingt ans, le pays connaîtra l'instabilité : gouvernements militaires, présidences radicales écourtées par des coups d'Etat (mars 1962, juin 1966), proscription du péronisme en 1963, guérilla urbaine des « montoneros » (issus de la gauche péroniste). Réélu en septembre 1973, après 17 ans d'exil, Perón meurt le 1er juillet 1974. Sa femme, Isabel, lui succède et affronte une crise économique marquée par la montée de l'inflation et une dévaluation brutale. Elle est renversée le 24 mars 1976 par un coup d'Etat qui porte au pouvoir le général Videla, inaugurant 7 ans d'une dictature militaire sanglante qui causera quelques 30 000 victimes et fera systématiquement « disparaître » les opposants, allant jusqu'à faire élever les enfants de femmes assassinées par les officiers tortionnaires.

Ces « années de plomb » sont aussi celles de la politique économique du ministre Martinez de Hoz, caractérisée par une ouverture au marché mondial et une libéralisation génératrice de crise industrielle et de forte inflation. L'Argentine devient un « pays riche peuplé de gens pauvres », et au début de 1982 les grèves et les manifestations se multiplient. Pour faire diversion, le général Galtieri entreprend la guerre des Malouines (2 avril – 15 juin 1982) contre l'Angleterre, mais la défaite va contraindre les militaires à quitter le pouvoir.

D'Alfonsin à de la Rúa via Menem (1983-2002) : transition vers la démocratie ou vers la ruine ?

Elu en octobre 1983, le radical Raúl Alfonsin amorce la transition démocratique. En 1988, cinq des neuf dirigeants de la dictature sont condamnés, mais des lois d'impunité (dites du « point final » et de « l'obéissance due ») seront ensuite promulguées avant que le successeur du Chef de l'Etat ne gracie, en décembre 1990, les responsables emprisonnés. Face à une crise économique d'une extrême gravité, Raúl Alfonsin met en œuvre sans succès un « Plan Austral » : l'hyper-inflation atteint près de 5000 % en 1989, l'endettement s'alourdit et le président doit procéder en juillet 1989 à une transmission anticipée de ses pouvoirs au « néo-péroniste » Carlos Menem élu en mai. Celui-ci abandonne l'austral, et son ministre des finances Domingo Cavallo va mettre en place en 1991 un système de « convertibilité », parité entre le nouveau peso et le dollar. Désormais, l'Argentine sera « un pays de pauvres avec une monnaie de riches », mais l'hyper-inflation sera maîtrisée et malgré les coûts sociaux de l'ultra-libéralisme ménémiste, ce bilan suffira au président pour être réélu en mai 1995 pour une durée de 4 ans – après modification de la règle constitutionnelle. Tentant, en vain, d'effectuer un troisième mandat, Carlos Menem va accroître les dépenses publiques tandis que la corruption se généralise.

En décembre 1999, est élu Fernando de la Rúa, radical à la tête de « l'Alianza », coalition avec les sociaux-démocrates du Frepaso de « Chacho » Alvarez, rapidement brisée. Confronté aux grèves générales à répétition et à la crise financière, il rappelle en mars 2001 Domingo Cavallo qui instaure la loi du « déficit zéro » et multiplie les mesures d'austérité. L'opposition péroniste remporte les élections législatives d'octobre, marquées par 40 % de votes blancs et nuls.

Le 20 décembre, après avoir instauré l'état de siège et réprimé dans le sang des manifestations – ce qui ravive le souvenir de la dictature – le président de la Rúa démissionne. Il est remplacé par le président du Sénat, puis par Alfonso Rodriguez Saa qui annonce la suspension du remboursement de la dette. Après une nuit d'émeutes, celui-ci démissionne à son tour le 31 décembre au profit du président de l'Assemblée, lequel, le 2 janvier 2002, cède son siège au péroniste Eduardo Duhalde, élu par le Congrès. L'ancien gouverneur de la province de Buenos Aires, ancien vice-président puis adversaire de C. Menem, met un terme à la parité peso-dollar, maintient la limitation des dépôts bancaires, et fait adopter en mars 2002 un budget d'austérité exigé par le FMI pour que puissent reprendre les discussions sur une aide financière.

Une crise multidimensionnelle

La crise argentine est multidimensionnelle. Elle affecte la compétitivité, la solvabilité et la fiabilité au plan économique, mais aussi la gouvernabilité, la cohésion sociale et même l'imaginaire national, par l'atteinte portée à une fierté souvent exacerbée.

Comment cela s'est-il produit ? Nombre d'explications, elles aussi nécessairement multiples, s'attachent aux erreurs persistantes et aux politiques à contre-courant en matière économique qui avaient conduit le Prix Nobel d'Economie Paul Samuelson à considérer qu'à côté des trois grands types de pays dans le monde l'Argentine constituait une catégorie à elle seule : celle des pays qui avaient tout pour être développés et qui sont sous-développés.

Il est également indispensable d'évoquer la centralité du rôle de l'Etat dans le modèle de développement : création de l'entreprise pétrolière publique dès 1922, politique redistributive et néo-corporatisme péroniste, absence de dynamique économique alternative à l'agro-exportation, retard de l'insertion dans la nouvelle économie mondialisée. Mais la responsabilité des classes dominantes tenantes de l'économie rentière puis d'une « matrice mafieuse » du transit portuaire est essentielle. Elles sont au cœur de la configuration de coalitions politiques visant à la prééminence dans la lutte pour l'utilisation de la rente et la répartition des revenus.

La politique argentine se caractérise par une incapacité à bâtir des « compromis » sociaux et institutionnels durables. L'oligarchie de grands propriétaires terriens qui a diversifié ses activités, s'avère, tout autant que la bourgeoisie nationale, rétive à épargner, à investir et même à payer des impôts dans son propre pays. L'évasion fiscale s'élève à 25 milliards de dollars par an et les capitaux placés à l'étranger – 120 milliards de dollars – représentent les 2/3 de la dette extérieure. Les classes moyennes rurales et urbaines, incorporées par le parti radical et grâce au suffrage universel dès le début du siècle, se sont ensuite avérées hétérogènes dans leurs choix politiques. Si elles demeurent une réalité culturelle, leur paupérisation consécutive au ménémisme les conduit à rejoindre la protestation des plus démunis. Car elles font désormais partie des 15 millions de pauvres (40 % de la population) et des 30 % de chômeurs et sans-emploi. Les ouvriers, que le populisme péroniste visait à intégrer dans le système politique, ont été victimes d'une « désindustrialisation » puis du ménémisme qui a affaibli leurs organisations syndicales. La perte de pouvoir d'achat, la contraction des salaires (50 % sont inférieurs à 500 dollars par mois) et des retraites créent autant de nouveaux pauvres dans toutes les catégories, affectées de surcroît par la quasi-faillite de la Sécurité Sociale.

Désagrégation institutionnelle et délégitimation politique

Le système politique a été marqué par l'instabilité, la désagrégation des institutions, le clientélisme, l'absence de cohésion au sein des partis et de sens de l'intérêt national auquel les dirigeants ont préféré la « patrie » radicale ou péroniste. Cette coupure de la société remonte à Rosas, le « Louis XI de la Pampa » du 19ème siècle et se poursuit avec la polarisation brutale entre partisans et adversaires d'Yrigoyen ou de Perón, puis une dictature qui fera la guerre à la société. Vingt ans après la chute des militaires, la classe politique, corrompue, prédatrice, et irresponsable, est délégitimée. Les radicaux soutiennent le président Duhalde pour éviter une élection générale qui révèlerait leur discrédit, tandis que les péronistes cherchent à temporiser pour éviter l'éclatement, tant leurs prétendants à la magistrature suprême sont nombreux. Au delà du slogan lapidaire et inefficace : « Que se vayan todos » (« Qu'ils s'en aillent tous ») commun aux *piquetes* populaires et aux *cacerolazos* des classes moyennes », il est patent que 80 à 85 % des Argentins ne font pas confiance à leurs élus. Le même discrédit frappe la Cour Suprême de Justice, dont les membres nommés par C. Menem ont rendu des jugements partisans. Quant aux 23 provinces, dont la Constitution fédérale de 1853 établit à la fois une certaine autonomie et la dépendance effective puisque 50 % de leurs recettes proviennent de l'Etat central, elles ne contribuent guère à la recherche de solutions nationales à la crise.

Enfin, au plan géopolitique, l'Argentine se caractérise par des relations contrastées avec les Etats-Unis et les pays voisins. Europhile – et surtout anglophile – par ses élites au $19^{\text{ème}}$ siècle, elle est passée de la posture anti-américaine de Perón à la quête de « relations charnelles » avec Washington sous Menem, qui lui vaudra le statut « d'allié privilégié hors OTAN ». L'actuel ministre des Affaires Etrangères s'affiche plutôt « polygame » à cet égard et enclin à resserrer les liens avec le Brésil, ancien ennemi séculaire mais partenaire au sein du MERCOSUR depuis 1991, après un traité de réconciliation signé en 1986.

Il faut dire que si la crise argentine affecte le MERCOSUR, une position commune vis-à-vis des Etats-Unis, peu enclins à aider Buenos Aires mais désireux d'imposer une Zone de Libre Echange des Amériques, conforterait le *bargaining power* du Cône Sud, à l'heure où le Chili continue à jouer cavalier seul et où l'Uruguay mène en solo des négociations commerciales avec Washington.

Dieu n'est plus argentin

Pierre Kalfon[1]
Journaliste, écrivain.

Depuis 1976 et la dictature militaire, vingt-cinq années d'endettement, de transfert des revenus en direction des secteurs privilégiés, de liquidation de l'Etat et de destruction de l'industrie ont débouché, en décembre 2001, sur la révolte de la population. Même si un péroniste, Eduardo Duhalde, a été élu par le Congrès le 1er janvier, les deux formations qui ont historiquement vertébré la vie du pays - les partis péroniste et radical - ont été emportées par la tourmente, et la classe dirigeante convertie en cadavre politique. Alors qu'un tiers des 36 millions d'habitants vivent dans la pauvreté et que la faim en menace 4 millions, E. Duhalde, en prétendant tourner le dos aux « années Menem », s'est attiré les critiques et les avertissements de la «communauté internationale », qui réclame un programme « cohérent et soutenable ». C'est-à-dire ménageant les intérêts des entreprises multinationales, des créanciers et du FMI.

Longtemps les Argentins (ceux de Buenos Aires surtout) se sont considérés comme habitants d'une « île », séparée du monde américain par un océan économique et culturel : ils étaient plutôt des Européens transplantés que des Latino-Américains comme les autres. Dieu était argentin et la richesse du pays inépuisable. Convaincus de leur opulence, ignorant le vieux fond *criollo* national, rejetant d'un bloc l'ensemble des pays métissés du continent, ils allaient proclamant avec superbe : « Nous sommes le seul pays blanc au sud du Canada... »

Les voilà aujourd'hui, après les journées déjà historiques de décembre 2001, amenés à réviser ces belles convictions. Si l'on

---

[1]. Journaliste, écrivain, auteur notamment de *Che, Ernesto Guevara. Une légende du siècle*, Seuil, Paris, 1997. Cet article a été publié par *Le Monde Diplomatique*, février 2002.

admet que ce sont les hommes qui font l'économie, encore faut-il, pour tenter de comprendre le marasme actuel, en savoir un peu plus sur les Argentins eux-mêmes. Qui sont-ils ? D'où viennent-ils ? Comment cette population en est-elle arrivée à cet état de désespoir, de rage ou de dépression qui la fait piétiner devant les banques, tête basse sous le soleil, ou bien la pousse à piller des supermarchés ?

Dès le départ, l'Argentine a été perçue comme un lieu de transit. Les *conquistadores* étaient venus avec la seule idée de prendre de l'or et de repartir ; surtout pas de descendre de cheval pour s'abaisser à labourer la terre, fût-elle la plus riche du monde. Héritiers de cette mentalité, les *gauchos*, cavaliers libres et farouches de la légende, n'étaient au temps de la Colonie que des métis pauvres et fiers. A une époque où, les troupeaux s'étant multipliés, même les mendiants allaient à cheval, les *gauchos* louaient à l'occasion leurs services aux riches éleveurs de bovins possédant de vastes *estancias*. A peine le temps d'acquérir un minimum d'herbe à maté et de tabac et ils repartaient à travers champs, certains de pouvoir subsister à peu de frais sur ce « désert à cornes », prairie bénie des dieux.

Au XIXe siècle, à coups de sabre et de fusil Remington, toute la Pampa humide - la meilleure - est conquise par l'armée sur les Indiens, liquidés sans pitié. Ce western à peine achevé en 1879, l'Argentine s'ouvre tout grand à une « alluvion migratoire » qui bouscule tout et fait entrer le pays dans la modernité. L'Argentine, on ne le dira jamais assez, a été marquée, transformée, remodelée par ses immigrants. Domingo Faustino Sarmiento, Juan Bautista Alberdi, grandes figures nationales, rêvaient d'Anglo-Saxons. Ce furent des paysans pauvres d'Italie du Sud, de la Galice espagnole, du Sud-Ouest français, des juifs de Russie et de Pologne, des Syro-Libanais et des Croates qui débarquèrent.

Un obscur colonel germanophile

En 1850, toute la population du pays ne dépassait pas 800 000 âmes. En 1914, elle a décuplé : 8 millions ! Un habitant sur trois est étranger. A Buenos Aires, un habitant sur deux. Mais l'intégration rapide qu'on aurait pu imaginer ne se produit pas. Impossible d'acquérir de « petites » propriétés. Toutes les bonnes terres étaient déjà tombées aux mains de l'oligarchie des grands propriétaires ruraux (*estancieros*). Pour s'enrichir, il fallait déjà être riche. Sauf notables exceptions, le phénomène du latifundisme, en empêchant les immigrants de s'attacher à une terre qu'ils ne possédaient pas, les a rejetés vers les villes, le commerce, les fonctions publiques, les professions libérales, les petits métiers, les artisans - en fin de compte vers le prolétariat urbain et les différentes nuances des classes moyennes, c'est-à-dire vers le Parti radical. Aux élections de 1916, mémorables car pour la première fois réalisées au vote secret et obligatoire, les nouvelles classes moyennes portent au pouvoir l'un des leurs, Hipolito Yrigoyen, archétype radical de cette Argentine alluviale.

C'est l'âge d'or. Naguère « grand village », Buenos Aires devient une capitale moderne, de style européen. De son port, centre névralgique, s'étirent toutes les lignes de chemin de fer vers les zones rurales les plus riches : cela, pour exporter viandes, blés, laines et cuirs vers une Europe qui se relève à peine d'une grande guerre épuisante. Le capital étranger accourt. Les banques et les sociétés anonymes se multiplient. Tout le monde « fait des affaires » et l'Argentine caracole en tête sur le continent pour ses indicateurs de prospérité et son taux d'alphabétisation.

Quand la crise de 1929 met fin aux achats et aux crédits, le radicalisme n'y résiste pas et, en 1930, la vieille Argentine conservatrice des grands *estancieros* revient, installant au pouvoir une série de généraux nationalistes pour une « décennie infâme ».

Dieu aurait-il oublié l'Argentine ? Pas encore. La Seconde Guerre mondiale vient opportunément relancer l'économie. Et, en 1943, entre en scène un obscur colonel germanophile, retour d'un stage en Italie mussolinienne et en Espagne franquiste, Juan Domingo Perón. Il aura le génie de faire d'un secrétariat d'Etat au travail une arme décisive qui va chambouler la société argentine. Dans les campagnes, des *gauchos* prolétarisés réduits à l'état de *peones* misérables. Dans les villes, une classe moyenne de bureaucrates et de petits employés. Autour de Buenos Aires, une main-d'œuvre abondante, mal logée, mal payée par une industrie manufacturière naissante, dite de « substitution » du fait de l'interruption des importations pour cause de conflit mondial. Ni le radicalisme bourgeois ni les partis de gauche, d'idéologie encore « européenne », ne s'y intéressent. Quelques mesures spectaculaires (augmentation des salaires, réduction de la journée de travail, conventions collectives et facilités légales accordées aux syndicats, - jusque-là à peine tolérés -) octroient aussitôt à Perón une popularité si inquiétante que les généraux au pouvoir le « démissionnent ».

Survient alors du jamais vu à Buenos Aires. Accourue des faubourgs, la fameuse « populace » des banlieues pauvres s'empare de la ville, tombant la chemise parce qu'il fait chaud, et obtient le retour du « brav' général » qui a déjà offert à ces petites gens non seulement un meilleur niveau de vie, mais quelque chose qu'ils n'oublieront jamais plus et transmettront aux générations suivantes : le sentiment aigu d'une dignité nouvelle. C'est le fantastique 17 octobre 1945 des *descamisados* - les « sans-chemise » -, date fondatrice du « péronisme », lequel va devenir le plus grand mouvement de masse de l'histoire argentine et n'a cessé, depuis lors, d'intervenir dans la vie politique et sociale. Perón est très honorablement élu président en 1946 et, après modification *ad hoc* de la constitution, réélu en 1951.

Sept terribles années de plomb

Au début, la prospérité inouïe de l'Argentine, qui exporte, dictant ses prix, de quoi nourrir et vêtir l'Europe de l'après-guerre, permet au général-président d'appliquer une politique de nationalisations massives et d'instaurer un populisme *sui generis*, empruntant tout de même au fascisme classique ses traits essentiels : liaison charismatique avec le *leader*, « viol des foules » par une propagande omniprésente, organisations corporatistes pour mieux contrôler l'appareil syndical et obtenir une collaboration de classes destinée à rassurer le patronat. « On a dit, messieurs, que j'étais un ennemi du capital, mais (...) vous verrez qu'il n'y a pas de meilleur défenseur que moi des intérêts des hommes d'affaires », leur promettait-il dès 1944, avant d'ajouter : « Les ouvriers, pour qu'ils travaillent mieux, doivent être maniés avec le cœur (...). Il faut que les hommes qui ont des ouvriers sous leurs ordres parviennent jusqu'à eux par ces voies, pour les dominer[2] ».

La décennie péroniste se déroulera entièrement sous le signe de ce parfait cynisme, de concert avec une démagogie larmoyante et une absence totale de scrupules éthiques de la part des dignitaires du régime et de leurs clans ; le clientélisme et les malversations dépassant ce qui jusqu'alors n'avait été la règle politique que pour « le haut de la pyramide ». Le comportement de la société argentine en porte aujourd'hui les stigmates.

A mesure que l'Europe se refait une santé et réduit ses importations, les libéralités péronistes achoppent sur la crise. En 1955, la bourgeoisie conservatrice alliée à l'aristocratique marine contraint Perón à s'enfuir sans gloire. Mais le péronisme subsiste au chaud au sein du petit peuple et d'une partie des classes moyennes qui oublieront les exactions pour ne se souvenir que des éclaircies de bien-être dont témoigne une législation avancée.

Depuis lors la vie politique argentine ne peut être définie que comme « post-péroniste ». En 1973, le vieux *leader*, autorisé à rentrer, se fait encore plébisciter par 62 % des suffrages, laissant croire à sa gauche comme à sa droite qu'il sera leur interprète. C'est la droite des patrons, de l'appareil syndical de la Confédération générale du travail (CGT) et de l'armée qu'il choisit, bien sûr, rompant avec une jeunesse péroniste de gauche, les *montoneros*, qui rêvait d'une « patrie socialiste ».

Peu après la mort de Perón, en 1974, l'armée reprend les commandes pour en finir une bonne fois avec cet « ennemi intérieur ». De 1976 à 1983, ce seront sept terribles « années de plomb ». La dictature fait disparaître quelque trente mille personnes tandis que, par milliers, intellectuels et professions libérales prennent le chemin de l'exil. Quand, déconsidérée par la déconfiture piteuse d'une guerre des Malouines insensée (1982) menée contre l'Angleterre, l'armée doit restituer le pouvoir aux civils, l'Argentine dont hérite le radical Raúl Alfonsin n'est plus la même. Traumatisée par la répression, elle subit déjà les premiers effets du libéralisme économique et

---

[2]. Georges Béarn, *La décade péroniste*, Paris, Gallimard-Julliard, 1975.

financier. La classe moyenne se rétrécit, commence à connaître une vraie pauvreté et la fracture sociale s'élargit : 6,5 % des plus riches disposent d'un revenu quotidien (95,60 dollars) trente fois supérieur aux 3,20 dollars dont disposent 14,6 % des plus pauvres [3]. Sous la dictature, les Argentins avaient baptisé leur ministre des finances Wood Robin parce que, à la différence de Robin des bois, lui, « il dépouillait les pauvres pour donner aux riches ».

Le retour à la démocratie, en 1983, ne change rien à cette prédominance du capital sur le travail, du fait que les spéculations financières rapportent plus que les productions agro-pastorales et industrielles, surtout si les bénéfices sont placés à l'étranger. En alignant le peso sur le dollar, le péroniste Carlos Menem parvient à juguler une inflation à trois chiffres, mais allume une « bombe à retardement ». Trop chères, se heurtant au protectionnisme des Etats-Unis et de l'Europe, les exportations stagnent tandis qu'augmentent les importations. C. Menem privatise à tour de bras ce que Perón avait nationalisé, détournant, dit-on, au passage, à son profit personnel, une partie des 40 milliards de dollars ainsi perçus. Il gonfle la dette extérieure du simple au double, prétend que l'Argentine est entrée dans le « premier monde », fait vivre le pays dans une abondance factice et se comporte en chef mafieux. Son ancien vice-président Eduardo Duhalde déclarait récemment : « Nous sommes une classe dirigeante de merde et j'en fais partie[4]. » Le voici catapulté par le Congrès à la tête de l'Etat. Aussitôt il dénonce le libéralisme des années Menem qui ont fait de l'Argentine un pays « dominé ». Pauvre Argentine, si loin de Dieu aujourd'hui et si proche du FMI !...

La société argentine, on l'oublie, a subi au cours du dernier quart de siècle des transformations profondes. Un phénomène de marginalisation massive a affecté non seulement les secteurs populaires mais aussi cette fameuse classe moyenne dont s'enorgueillissait le pays. Une génération d'enfants de ces « nouveaux pauvres » a grandi sans tirer parti d'un système

---

[3]. Artemio López, *Accorralados, la historia del otro corralito*, Equipo de investigación social, Buenos Aires, janvier 2002, et *Distribución del ingreso entre ricos y pobres*, Equipo de investigación social, Buenos Aires, novembre 2001.
[4]. Francesc Relea, *El País*, Madrid, 21 octobre 2001.

éducatif, naguère performant, progressivement laissé à l'abandon. Les morts, les disparus et les exilés du fait de la dictature ont laissé d'autre part un « creux » générationnel, difficile à combler.

Au-delà de la crise économique et financière transparaît une fois de plus, moins visible mais bien réelle, une crise de valeurs, qui remonte loin dans l'histoire argentine et que la démagogie péroniste n'a fait qu'exacerber. Valeur de travail, considérée comme une naïveté dans une société persuadée que la richesse du pays est depuis toujours à portée de la main. Valeur éthique, dans un système où l'usage est plutôt de trouver la bonne combine pour tourner la loi en recourant au réseau clientéliste de tel ami bien placé. Valeur civique consistant à refuser de payer l'impôt et de réinvestir dans le pays ses bénéfices - placés dans un paradis fiscal. Valeur proprement sémantique enfin : le moindre forfait du « justicialisme » n'étant pas d'avoir perverti les concepts-clés de l'idéologie socialiste en les galvaudant de telle sorte qu'il est nécessaire, chaque fois, de redéfinir la signification des mots et, par exemple, d'une formule aussi manipulée que celle de « justice sociale », en un temps où les injustices se multiplient avec la corruption. Faut-il, pour autant, perdre confiance en l'Argentine ? Sûrement pas. Malgré l'absence de perspectives immédiates, le pays regorge encore de talents de tous ordres et la crise semble même avoir fouetté la créativité culturelle et l'énergie politique d'une société civile où germent sans doute aujourd'hui les responsables de demain. Pour désembourber l'Argentine de la *cienaga* (marécage) où elle s'est enfoncée, un sénateur péroniste a proposé une recette-miracle toute simple : « Il suffirait de deux années sans corruption pour que l'Argentine retrouve son opulence. » Et que Dieu redevienne argentin ?

Dépérissement diplomatique, érosion d'une nation Argentine 2001-2002

Jean Jacques Kourliandsky
IRIS

La politique extérieure est bien loin, à première vue, des préoccupations prioritaires d'une population et d'un gouvernement en situation de crise, que cette crise soit économique et/ou politique. Une photographie de l'Argentine, pays secoué par de violentes et multiples turbulences depuis le mois de décembre 2001, serait pourtant incomplète sans prise en compte de l'évolution de sa politique extérieure.

La présence plus ou moins affirmée d'un Etat dans les enceintes internationales, sa capacité de réagir à des stimuli extérieurs, en effet reflètent une réalité intérieure. La qualité et l'intensité des réponses apportées à des sollicitations, à des défis comme à des propositions de coopération, prolongent et révèlent les situations intestines.

Cette hypothèse de travail repose sur une conception réaliste de la vie internationale, privilégiant l'analyse des rapports de forces entre Etats, entre entités souveraines. Ce présupposé théorique ne prétend, au travers de l'examen du cas argentin, en aucune manière privilégier une approche à prétention scientifique universelle. Il a une portée instrumentale, les concurrences internes comme externes ayant une valeur opératoire en soi, mais aussi supérieure à toute autre approche de la vie publique en période de pénuries, qui aiguise les luttes pour le contrôle du pouvoir et des biens. D'autre part les conflits pour le partage de l'autorité et des richesses, restent pour l'essentiel toujours opérés, à l'intérieur comme à l'extérieur, par et au travers des Etats[1], en dépit de la montée en puissance de

---

[1]. Voir à ce sujet, Gérard Dussuy, *Quelle géopolitique au XXIe siècle*, Bruxelles, Complexe, 2001 (page 72, « La résistance de l'Etat »).

flux transnationaux qui imposent leur présence financière, ou médiatique.

L'examen de l'évolution de la diplomatie argentine au sens large, de 2001 à 2002, doit, selon l'hypothèse avancée, permettre la mise en évidence du caractère global de l'arrêt vital affectant le pays. La faillite interne, économique, politique, sociale, culturelle, interdit toujours selon cette hypothèse, l'expression cohérente d'une défense extérieure de l'intérêt national, comme la possibilité d'une compensation-sauvetage, venue de l'étranger.

Cette approche sommaire de l'évolution d'une politique extérieure en temps de crise, revêt enfin un intérêt particulier, dans la mesure où elle concerne un pays considéré ou se considérant, d'importance moyenne, catégorie d'acteur relativement négligée par les observateurs au bénéfice d'études privilégiant les pays les plus puissants[2].

La stratégie du roseau

La prise en compte de la puissance et des rapports de force est un préalable nécessaire à la définition de stratégies diplomatiques réalistes. L'erreur d'appréciation en la matière, se paye en effet, en territoires perdus, en indemnisations financières, en souveraineté altérée.

L'Argentine des années Menem (1990-1999), avait de façon peut-être spontanée[3], mais en tous les cas volontariste, donné quelques objectifs minimaux à un projet extérieur ajusté à la nouvelle donne internationale de l'après guerre-froide. La

---

[2]. Cf. Carina J. Miller, *Influencia sin poder*, Buenos Aires, ISEN-Nuevohacer-GEL, 2000 qui fonde son étude sur le vide de recherche en relations internationales, en ce qui concerne la diplomatie des Etats moyens. Cf. page 22, « *dado que estos paises forman parte del mundo tanto como los estados más poderosos, cualquier estudio sobre relaciones internacionales que no los tome en cuenta será necesariamente incompleto* ».

[3]. Cf. note 6. Orientation née d'une prise de conscience des nouveaux rapports de forces mondiaux particulièrement aiguë en Argentine. Cf Roberto Russell, « America Latina y el Caribe en los tiempos de la globalización », *Revista Capitulos*, n°47, SELA, juillet-septembre 1996 et Carlos Pérez Llana, *El regreso de la historia*, Buenos Aires, ed. Sudamericana/Univ. San Andrés, 1998.

lecture du « Livre blanc de la défense argentine »[4], a exposé les lignes directrices de cette politique minimale révélatrice d'une impuissance instrumentalisée tirant un trait sur des ambitions issues d'un passé nationaliste. On définira cette modestie diplomatique comme la *stratégie du roseau*. Pliant spontanément devant la raison du plus fort, en dépit de son caractère réducteur elle se voulait régionalement coopérative afin d'accumuler des capacités d'autonomie partagée.

Les mentalités issues d'un âge d'or lointain, très présentes au sein de la population, lisibles dans le discours des gouvernants, ont prolongé la perception d'une Argentine, acteur relatif, mais sollicité, du concert des nations. Le deuxième conflit mondial, la guerre froide, l'existence de puissances majeures en compétition, avaient permis la perpétuation de l'illusion souveraine. L'Argentine de la fin des années 50 était toujours terre d'accueil pour les Européens meurtris par l'histoire. Elle restait un grenier à blé, un immense parc à bovidés, sollicité par l'Angleterre et par l'Union soviétique. L'Argentine accordait des facilités financières à l'Espagne. Elle était courtisée par les Etats-Unis soucieux d'éviter une contagion cubaine dans l'hémisphère occidental.

Rentière des années 50 l'Argentine a manqué sa modernisation industrielle et perdu le train du changement. Au prix d'un endettement extérieur croissant elle a maintenu le niveau de vie moyen de sa population, relativement élevé pour l'Amérique latine. Ses forces armées ont été dotées de quelques équipements sophistiqués et se sont lancées dans la course technologique à l'armement nucléaire dans les années 70.

Le populisme péroniste, la dictature militaire bureaucratique, ont poussé à leurs limites extrêmes un décalage entre puissance réelle et imaginaire. Il a conduit l'Argentine dans une voie sans issue et à la rupture démocratique de 1983, au terme de deux remises à niveau brutales.

La première, aux conséquences institutionnelles radicales a été militaire. En occupant les Malouines/Falkland, en 1982, les

---

[4]. Le *Libro Blanco de la Defensa Nacional*, Buenos Aires, Ministerio de defensa, 1999, distingue entre « intérêts vitaux », (souveraineté/intégrité territoriale/Capacité d'autodétermination/Protection de la vie et de la liberté) et « intérêts stratégiques ».

généraux argentins avaient surestimé leurs capacités à enlever de façon pérenne un gage territorial dépendant de l'une des puissances secondaires mondiales majeures, le Royaume-Uni. Cette mauvaise perception de l'environnement militaire et diplomatique, a provoqué l'effondrement d'un régime, la remise du compteur argentin à l'heure de sa puissance réelle et des rapports de forces entre nations.

La seconde, bien que différée, a été tout aussi dévastatrice. La dette accumulée au tournant des années 1980-1990, a mis les autorités civiles sous l'influence croissante des pays et organismes créditeurs. Les velléités tiers-mondistes, les ambitions géopolitiques du président Alfonsín, ont buté sur le handicap financier accumulé, et la faiblesse des investissements modernisateurs. Ce que les Argentins ont traduit de façon imagée, « fin de la douceur financière » (*fin de la plata dulce*). L'austral, monnaie censée matérialiser cette volonté, comme Viedma, capitale virtuelle d'une Argentine qui l'était tout autant ont été emportés par le rôle nié ou critiqué mais de plus en plus incontournable acquis par les créditeurs du régime militaire.

Arrivé au pouvoir en 1989 sur la prise de conscience collective d'une impasse nationale, le président Carlos Saúl Menem va mettre en œuvre une diplomatie accordée aux moyens du pays réel. Cette diplomatie va s'attacher à préserver ce qui peut l'être, en réduisant la voile des prétentions souveraines. Elle a été théorisée par les universitaires « organiques » du justicialisme, sous le nom de « réalisme périphérique »[5].

Elle a marqué les observateurs dans la mesure où son caractère « exagérément » soumis aux puissants[6], était le fait d'un chef de l'Etat, revendiquant l'héritage de Juan Perón, praticien en son temps d'une diplomatie gestuelle et grandiloquente ne correspondant plus aux capacités argentines. L'expression la plus spectaculaire de cette acceptation de la relégation internationale, a été donnée par Guido Di Tella, ministre des affaires étrangères qui a signalé la volonté de son

---

[5]. Carlos Escudé, *Realismo periférico*, Buenos Aires, Planeta, 1992.
[6]. Comme le définit l'ambassadeur Roberto Russell dans un article consacré aux relations entre les Etats-Unis et l'Argentine, Buenos Aires, ISEN, 2001.

pays d'avoir « des relations charnelles avec les Etats-Unis »[7]. La fin de la bipolarité a accéléré le virage et l'alignement sur la grande puissance mondiale et régionale, restée seule en lice, les Etats-Unis. Reprenant à son compte la ligne choisie par la Colombie, après le désastre panaméen de 1903, l'Argentine s'est tournée vers le nord, vers « l'étoile polaire » nord-américaine[8]. L'Argentine a proposé de jouer les supplétifs de conflits qui n'étaient pas les siens. D'Amérique latine, seule la Colombie avait participé à la guerre de Corée. Plus de trente ans plus tard, seule en Amérique latine l'Argentine a envoyé ses marins dans le Golfe en 1991. Elle a ultérieurement proposé de contribuer au volet militaire du « Plan Colombie ». Elle a sollicité son entrée dans l'OTAN et elle a volontairement accepté d'arrêter les programmes de recherche destinés à doter le pays de l'arme nucléaire et de vecteurs susceptibles de la transporter[9]. Les traités internationaux interdisant la prolifération et la détention de fusées ont été ultérieurement et dans le même esprit paraphés par l'Argentine. L'Argentine a quitté le mouvement des non alignés et a condamné Cuba devant la Commission des droits de l'homme des Nations Unies. Elle a choisi d'arrimer volontairement sa monnaie, le peso, au dollar. Avec le Royaume-Uni, puissance mondiale secondaire, l'Argentine a, sur les mêmes bases, rétabli les relations rompues par la guerre des Malouines/Falkland. Le contentieux bilatéral selon la terminologie utilisée par la diplomatie argentine a été « mis sous cloche », c'est à dire gelé. Les deux Etats ont reconstitué leurs relations, y compris en matière militaire. Les Etats-Unis ont symboliquement, mais de façon ostentatoire, symboliquement accordé une reconnaissance politique à cette orientation en accordant à l'Argentine, en 1996, le statut d'allié

---

[7]. Guido Di Tella voir note (6) et Ezequiel Reficco, « Argentina como aliado extra-OTAN de los EEUU : los factores detrás de la alianza », Barcelone, CIDOB, *Revista d'Afers internacionals*, n°42, septembre 1998.

[8]. Dans le sens que lui a donné le président colombien Marco Fidel Suárez (1918-1921). Cf. Luis Alberto Restrepo, « La estrella polar esta de vuelta », in *Colombia, fin de siglo*, Bogotá, Planeta-IEPRI, 2000 et Apolinar Díaz Callejas, « El lema respice polum y la subordinación en las relaciones con Estados Unidos », Santafé de Bogotá, *Academia colombiana de historia*, XLII, 1996.

[9]. Cf. *L'Année stratégique*, Paris, IRIS, depuis 1990.

stratégique hors OTAN[10]. Et le Président Menem a effectué une visite officielle à Londres.

Une subordination active a habillé une diplomatie « alimentaire » en direction des institutions financières internationales et des pays investisseurs potentiels. Le FMI et la Banque mondiale ont tout au long de la période répondu de façon concrète et positive aux attentes et sollicitations argentines. L'Argentine a reçu d'importants crédits. L'Argentine a bénéficié pendant dix ans d'un flux positif de capitaux en provenance d'Europe, et donc également d'Angleterre, et d'Amérique du nord[11].

Cette satellisation consentie a permis l'élimination des conflits inutiles, hors de portée, avec les Etats-Unis et les puissances occidentales[12]. L'Argentine a cherché à l'instrumentaliser pour accumuler un potentiel souverain Elle a recherché cette accumulation en approfondissant les relations commerciales et de coopération initiées avec ses voisins dès le rétablissement démocratique en 1983. Les tensions bilatérales avec le Brésil et le Chili ont été progressivement désamorcées. La confiance ainsi rétablie, et entretenue, a été très vite dirigée vers des objectifs plus ambitieux et intégrateurs. Ils sont à l'origine de la création du Mercosur/Mercosul, effective depuis le 1er janvier 1995.

Au terme de la période considérée « le réalisme périphérique », après une phase de montée en puissance de 1989 à 1996 n'avait pourtant pas apporté de résultats probants, porteurs de stabilité accrue et de récupération hiérarchique internationale. Le dossier des Malouines n'avait pas avancé, Londres refusant d'ouvrir une quelconque négociation visant à rétrocéder le territoire, comme elle l'a fait pour Hongkong avec la Chine, ou d'envisager une souveraineté partagée, comme elle le négocie, en ce qui concerne Gibraltar avec l'Espagne. La

---

[10]. Cf. Jean Jacques Kourliandsky, *Argentine*, « Les politiques de défense, une armée pour quoi faire », in Diana Quattrochi-Woisson, coord., *L'Argentine contemporaine : enjeux et racines d'une société en crise* Paris, *Tiempo*, à paraître et note (7).
[11]. Cf. Adriana Clemente, « La « cuestión social » : notas para el debate » in Michael Cohen, Margarita Gutman coord. ¿ *Argentina en colapso* ?, New York-Buenos Aires, The New School-IIED, 2002.
[12]. Cf. notes (9) et (10).

seule compensation obtenue, d'ordre symbolique, a été d'obtenir la levée au mois d'octobre 2001 du veto britannique empêchant depuis 1992 l'installation à Buenos Aires du siège administratif permanent du Traité de l'Antarctique. Le FMI et les Etats-Unis ont progressivement pris leurs distances à partir du moment où l'Argentine n'a plus eu d'entreprises et de services publics privatisables. En dépit de déplacements de plus en plus insistants à Washington par les équipes des présidents Menem et de la Rua, l'attribution de la qualité d'allié stratégique, a révélé son caractère relatif et symbolique. Washington n'a eu que faire de la solidarité empressée manifestée par Buenos Aires après les attentats du 11 septembre 2001. En revanche les exigences concernant le remboursement de la dette ont été manifestées de façon insistante. Conséquence du grippage économique, le Mercosur/Mercosul est entré dans une phase de rendement négatif. Le potentiel interrégional thésaurisé dans la période 1995/1998 a perdu de sa valeur avec les récriminations mutuelles croissantes entre l'Argentine et le Brésil. En novembre 2000, à la veille d'un sommet où le Chili devait concrétiser son adhésion au Marché commun du sud, Santiago et Washington ont annoncé l'ouverture de négociations commerciales bilatérales.

Un roseau en décomposition

La stratégie diplomatique du roseau argentin pliant devant les chênes de la société internationale était peut-être la plus rationnelle en 1990. Elle a implosé ces derniers mois, sa décomposition brutale mettant à nu celle d'un pays, d'une société et d'une économie.

L'institut diplomatique argentin, (ISEN), a introduit dans le curriculum de ses élèves l'étude des stratégies de pression sur les responsables nord-américains. Il a, de façon parallèle, inscrit l'examen des processus de décision dans les enceintes internationales[13], cadre contemporain de règles s'imposant aux Etats, après une négociation où la raison du plus fort doit

---

[13]. Pablo Beltramino y Santos Goñi, *La Diplomacia argentina ante el Congreso de los Estados Unidos*, Buenos Aires, ISEN-Nuevohacer-GEL, 2001 et note (2).

nécessairement prendre en compte la voix des petits. Ce cadre conceptuel dans le droit fil du « réalisme périphérique », n'est pourtant aujourd'hui plus d'actualité, faute de moyens.

L'heure est en effet aux replis qui, après avoir gratté les chairs politiques, touchent aujourd'hui au squelette administratif. L'Argentine ferme ses ambassades, réduit les missions de ses fonctionnaires à l'étranger, limite le nombre des étudiants admis à présenter le concours de l'école diplomatique. Les ambassadeurs en surnombre, faute de postes, ont été pris dans une logique d'affrontements internes et de concurrences, bien loin des préoccupations professionnelles qui devraient être les leurs.

Les armées ont subi une érosion financière et idéologique identique. Les officiers et soldats affectés par la dégradation de leurs revenus, comme le reste de la société, sont accaparés par leur survie au quotidien[14]. Ayant souvent un autre emploi, ou tombant pour certains dans la délinquance, ils sont comme les diplomates de plus en plus éloignés de leurs missions résiduelles.

Les uns et les autres, diplomates et militaires, ont été orientés vers une fonction d'ultime secours. Les légations voient leur maintien mesuré à l'aune de leur rentabilité économique. Les ambassades ont été ainsi encouragées à délaisser le cache-sexe diplomatique ultime du « réalisme périphérique » pour se consacrer à temps plein à l'expansion commerciale. Les militaires, bien incapables de jouer même symboliquement, comme en 1991, un rôle de supplétifs sollicités par les Etats-Unis, sont mobilisés sur le front social et la sécurité intérieure. Les autorités argentines envisagent de rétablir le service militaire, en vue d'incorporer une jeunesse au chômage. Et en dépit des souvenirs traumatisants laissés par la dictature militaire, les responsables politiques ont d'ores et déjà ouvert un débat concernant l'utilisation des forces armées sur le front de la sécurité intérieure[15].

---

[14]. Cf. note (2) et *La Nación*, du 28 octobre 2002, *El 63% de los uniformados del Ejército cobra menos de 716 pesos*.
[15]. Cf. note (10) et parmi les dernières déclarations, in *La Nación*, 1 novembre 2002, *Para Brinzoni, « la seguridad debe ser tratada como un todo »*, (le général Brinzoni est le chef de l'armée de terre) et Jean Jacques Kourliandsky, « Forces armées

Les salaires de ces fonctionnaires ont été par ailleurs réduit à deux reprises de 13%. La capacité de l'Etat à gérer la société a été d'autre part affectée par l'absence de moyens de paiement palliée par une création de monnaies régionales. En quelques mois l'Argentine qui vivait au rythme de « la » monnaie de référence internationale, le *dollar,* est entrée dans une spirale monétaire de plus en plus éclatée. Dix-sept monnaies, dont la diffusion est, pour la plupart d'entre elles, territorialement réduite, sont entrées en circulation concurrente.

L'exagération « charnelle » manifestée à l'égard des Etats-Unis, n'a été dans les circonstances actuelles d'aucun secours. Le Président Duhalde, les membres du gouvernement, ont multiplié les déclarations inscrites dans cette continuité. Ils ont condamné le terrorisme et proposé la coopération des armées argentines. Conscient du poids joué par le « lobby » pro-israélien aux Etats-Unis, le président Duhalde a reçu le président du Bureau du Congrès juif mondial, accompagné de rabbins de nationalité nord-américaine le 18 mars 2002. Il l'a assuré à cette occasion des efforts argentins pour combattre le terrorisme, qu'il a rappelés, ainsi que du lien qui, selon lui, existerait entre ceux qui ont détruit les tours jumelles de New-York le 11 septembre 2001 et les auteurs de l'attentat contre l'ambassade d'Israël à Buenos Aires le 17 mars 1992, et le siège des institutions juives argentines le 18 juillet 1994. Des velléités de soutien à l'Initiative régionale andine, extension du Plan Colombie, inventée par l'équipe du Président George Bush, ont été signalées au mois de mars 2002. Les manoeuvres traditionnelles conjointes, entre forces armées argentines et nord-américaines, dites *Cabaña,* ont pris en 2002 une connotation nettement anti-narcotrafic et anti-terroriste. Le gouvernement argentin a accepté l'interprétation proposée par les Etats-Unis écartant la mise en cause de leurs soldats par la Cour Pénale internationale. Mais si les dividendes de cette gestuelle diplomatique ont été acceptés, les Etats-Unis n'ont rien cédé sur le front financier. L'Argentine, incapable de maintenir la viabilité de sa dynamique économique, ayant

---

d'Amérique latine, une institution longtemps marginalisée en situation de recours », Paris, *La Revue internationale et stratégique,* n°48 hiver 2002-2003.

épuisé les palliatifs financiers extraordinaires tirés de privatisations arrivées à leur terme ultime, a été contrainte le 23 décembre 2001, de se déclarer en cessation de paiement. Le message des Etats-Unis au FMI et à l'Argentine a été celui de la fermeté. Le Directeur du Fonds, Horst Köhler, a le 23 janvier 2002, fait une déclaration fermant toute possibilité de négocier une autre politique que celle fixée par ses experts. « Les Argentins », a-t-il déclaré, « ne s'en sortiront pas sans douleur »[16]. En clair, l'Argentine si elle souhaite bénéficier de l'aide du FMI et de ses principaux contributeurs doit sous une forme ou sous une autre, prendre les mesures d'ajustement lui permettant de rembourser ses dettes, et de permettre la recapitalisation des entreprises transnationales, dont la valeur en devises fortes a été gravement affectée par la dévaluation du *peso*. C'est le discours qu'ont tenu de façon répétée, à leurs visiteurs ministériels argentins, les responsables des principaux pays créanciers et investisseurs, Allemagne, Espagne, France, Italie[17]. Maigre consolation : une aide « humanitaire » de type caritatif a été accordée afin de pallier les effets sociaux médiatiquement les plus insupportables de la crise.

Seul élément positif, régional, mais qui n'est que le résultat d'une situation, la parité *peso-dollar* elle aussi emportée par la crise offre une opportunité de recomposition du Mercosur/Mercosul. La compétitivité entre les deux économies ne souffre plus de distorsion monétaire. Encore faudrait-il pour saisir la fenêtre ainsi ouverte que l'Argentine, ses autorités et son administration, soient en capacité technique de le faire. Or on l'a vu le ministère des affaires étrangères n'est plus ce qu'il était. Quant au président et à son gouvernement ils ont été tout au long de l'année 2002, accaparés par l'urgence, économique, sociale et politique intérieure.

Cette incapacité à mettre en oeuvre quelque politique extérieure que ce soit, révélée par la dilution d'un appareil

---

[16]. Horst Köhler, « Les Argentins ne s'en sortiront pas sans douleur », Paris, *Le Monde*, 23 janvier 2002.
[17]. « *Puede quedar flotando la impresión de que Europa finalmente en su relacionamiento con América Latina fortalece los vínculos con los países que van bien y no tiene nada que aportar allí donde las cosas van mal*, Carlos Quenan, *Las relaciones Europa-America Latina tras la crisis argentina »*, Buenos Aires, 3 Puntos, Foro XVI, 12 septembre 2002.

diplomatique jusqu'ici préservé, a pris une dimension plus existentielle, profondément déstabilisatrice, avec l'attitude d'Argentins qui ont été, au fil des mois, de plus en plus nombreux à rompre avec leur identité nationale.

Les Argentins, dans cette période difficile, ont perdu confiance dans leurs autorités et dans leur pays. Certains sont allés jusqu'à couper le lien les unissant à leur culture et à leur terre d'origine. En 2001, l'Argentine est brutalement devenue un pays de migrants. Le quotidien *Clarín*, dans son annuaire 1999, signalait pour s'en étonner que l'Argentine n'attirait plus à la différence d'un passé relativement proche, que les migrants de pays voisins particulièrement pauvres, Boliviens, Péruviens et Paraguayens. En 2001, 80 000 Argentins ont pris le chemin de l'exil[18]. Certains de façon régulière, d'autres clandestinement. Beaucoup, avant de partir, s'efforcent de récupérer la nationalité de leurs aïeux venus d'Europe, espagnole ou italienne, parfois polonaise et israélienne. La rupture a pris, dans certains cas, une allure de divorce. Un certain nombre de jeunes argentins, après avoir pris la nationalité espagnole de leurs parents ou grands-parents, ont en effet signé un contrat d'engagement dans l'armée espagnole. D'autres, plus âgés, apparemment mieux installés dans la vie, ayant occupé des fonctions de responsabilité nationales, ont également franchi le seuil des consulats espagnols et opté pour la nationalité de leurs ancêtres. Le 13 septembre 2002, les Argentins en apprenant qu'une opération de la police nord-américaine à Miami avait été dirigée spécialement à l'encontre de migrants argentins, ont pris conscience qu'ils n'étaient plus la nation blanche du sud des Amériques, mais des parias de l'hémisphère américain parmi d'autres et traités comme tels[19].

---

[18]. Jean Jacques Kourliandsky, « L'Argentine, un exode sur fond de crise », Paris, *La Chronique d'Amnesty international*, septembre 2002 et Lelio Marmora, « Les politiques migratoires en Amérique latine et leurs relations avec les politiques européennes » in Daniel van Eeuwen coord. *L'Amérique latine et l'Europe à l'heure de la mondialisation*, Paris-Aix, Crealc-Iep/Aix-Kartala, 2002.
[19]. Cf. *Pagina 12*, « La pesadilla americana », Buenos Aires, 14 septembre 2002 ; *Clarín*, « Ruckhauf : Los seis argentinos presos en EEUU son víctimas », Buenos Aires, 14 septembre 2002.

La « stratégie du roseau », proposée pour définir les politiques suivies par des puissances moyennes, en vue de préserver une souveraineté minimale, a manifestement été prise en défaut dans le cas argentin. Le « roseau » a en effet pourri sur pied. Les instruments nécessaires à son expression, la diplomatie, les armées, la monnaie, ont été « liquéfiés » par l'impétuosité de la crise. Les gages censés alimenter cette stratégie, l'alignement diplomatique sur la puissance régionale, puissance majeure, les Etats-Unis, se sont révélés illusoires. Seul ainsi que le Président mexicain, à l'occasion d'un dîner-débat à Paris[20], l'a indiqué le 6 novembre 2002, le maintien d'un joker économique sous la souveraineté exclusive du pays, - Vicente Fox par analogie pensait au pétrole -, aurait permis aux Argentins de disposer d'une arme dans la négociation avec ses créditeurs.

L'effondrement des instruments régaliens par excellence que sont la diplomatie, les armées, et la monnaie, en quelques mois de 2001 et 2002, au-delà de la mise en évidence du sinistre argentin, a apporté un éclairage intéressant concernant la pertinence, parfois contestée, en ces temps de mondialisation adulée ou condamnée, du concept inventé par l'économiste argentin Raúl Prebisch, d'Etats centraux, relativement maîtres de leur destin et d'Etats périphériques soumis aux contraintes extérieures. L'Argentine, de toute évidence, n'est pas un Etat appelé à entrer aujourd'hui « dans le cercle central du premier monde » comme l'annonçait il y a quelques années le Président Carlos Saúl Menem. Mais elle n'est pas non plus comme le prétendait encore Adalberto Giavarini, ministre des affaires étrangères du président De la Rua, le 22 juin 2000 au Caire, un pays « du deuxième monde »[21]. Ainsi que la qualifie une étude du CARI, Centre argentin de relations internationales, la politique extérieure de l'Argentine ces derniers temps, a été

---

[20]. IFRI, 6 novembre 2002.
[21]. *La Nación*, 23 juin 2000. Adalberto Giavarini. *La Argentina en su política internacional está definiendo claramente cuál es su posición. Tenemos todas las condiciones para ser un país encuadrado en lo que se denomina Primer Mundo, pero cuando uno ve otros datos de la Argentina (..) se da cuenta de que es un país con toda la potencialidad, pero que no ha alcanzado niveles sostenidos de crecimiento (..) no somos del Primer Mundo, y a la vez estamos lejos del Tercer Mundo.*

celle du *default* (la cessation de paiement)[22]. Dans un contexte aussi déséquilibré, la seule option souveraine restant ouverte à l'Argentine, est celle, paradoxale, de choisir entre une vassalisation périphérique, absolue ou partielle, entre une disparition durable en tant qu'acteur international, ou comme le suggère le théoricien du « réalisme périphérique », Carlos Escudé, partielle, en acceptant l'hégémonie sous-régionale du Brésil[23]. Paraphrasant l'ancien ministre des affaires étrangères du Mexique, Bernardo Sepulveda Amor, le constat qui vient d'être fait sur la politique étrangère argentine de l'année 2002, celle d'une politique en rendements souverains décroissants, reflète la nature et l'identité d'un pays qui a déposé son bilan[24].

---

[22]. CARI, « 2002, la opinion pública argentina sobre politica exterior y defensa », Buenos Aires, CARI, 2002.
[23]. Carlos Escudé, « O Brasil deve mandar », Rio, *Epoca*, n°224, 2 septembre 2002.
[24]. Bernardo Sepulveda Amor, *Las definiciones de la política exterior*, in Coll. « México en el mundo », México, ITAM, 2001.

"Transformisme" et culture politique : considérations sur la crise

Daniel Campi
CONICET-Universités de Tucumán et Jujuy

Par ses manifestations économiques et sociales la crise argentine est, sans doute, la plus dramatique de son histoire. Les indicateurs qui rendent compte de sa profondeur (niveau de pauvreté, indigence tout à fait inédite, endettement externe et réduction des salaires et des retraites) ont perdu de leur lisibilité : ils sont occultés par les images saisissantes que la presse et la télévision ont diffusées dans le monde entier à partir des événements du 19 et 20 décembre 2001. Mais si le visage de la crise est bien connu, sa nature et ses origines le sont moins.

Certains voient en elle les effets condensés des politiques néolibérales appliquées à partir du coup d'Etat militaire de 1976. D'autres mettent l'accent sur les pratiques prédatrices des dirigeants politiques qui ont géré la chose publique depuis la restauration de l'ordre constitutionnel, en 1983. Ces deux arguments sont largement recevables.

Il est d'une part indéniable qu'à partir de mars 1976, les politiques économiques, encouragées par les organismes financiers internationaux, tendirent, dans une plus ou moins large mesure, à l'ouverture et à la dérégulation de l'économie, au désengagement de l'Etat, aux privatisations et à la désindustrialisation. Cela aboutit à la rupture du modèle économique dominant consécutif à la crise des années 1930, renforcé à partir des années 1940 : celui de l'industrialisation par substitution des importations. Ce modèle, celui de la valorisation financière, débouche sur une profonde récession à partir de la mi-1998 et sur la débâcle de la fin de l'année 2001.

Il est d'autre part indéniable que, parallèlement à la désindustrialisation, à un endettement externe démesuré, à une distribution du revenu plus inégale, à l'augmentation du chômage et à l'exclusion sociale, une importante partie de la classe politique (qui a donné au processus le cadre légal indispensable) s'enrichit de façon scandaleuse, en s'octroyant des privilèges exorbitants.

A vrai dire, néolibéralisme et corruption ont fait bon ménage. Sans vouloir réduire les politiques néolibérales au plan de privatisations, ce dernier, pièce maîtresse de la politique argentine des années 1990, est un exemple paradigmatique d'une telle symbiose. Comme l'a signalé Stiglitz, la volonté de réaliser à tout prix et au plus vite ces privatisations sous la pression d'un « fondamentalisme de marché » inspiré des politiques du FMI, créa en Argentine les conditions favorables pour qu'un petit groupe d'entreprises et de fonctionnaires publics fasse de grandes affaires au détriment des consommateurs, du Trésor public et de l'efficacité de l'économie[1].

Nous n'analyserons cependant ici ni les privatisations ni les autres aspects des politiques économiques appliquées depuis mars 1976[2]. Nous nous attacherons à l'une des questions fondamentales pour comprendre l'histoire argentine de ces dernières décennies : les raisons pour lesquelles un processus engagé dans le sang et le feu sous la dictature de Videla fut poursuivi, certes avec quelques nuances et contretemps, mais perpétué malgré tout, par des gouvernements nés du suffrage populaire, avec les effets brièvement évoqués ci-dessus.

---

[1] Si l'on considère les nombreuses dénonciations -fondées- concernant certaines privatisations, comme celle de *Aerolíneas Argentinas* et des *Yacimientos Petrolíferos fiscales (YPF)*, on pourrait appliquer au cas argentin certaines conclusions du prix Nobel : « Si [les fonctionnaires] vendent une entreprise publique au-dessous du prix du marché, ils peuvent obtenir une partie significative de la valeur de l'actif, au lieu de le laisser aux administrations ultérieures. De ce fait, ils peuvent aujourd'hui dérober une grande quantité de ce que les politiques auraient pu s'approprier plus tard. De façon fort peu surprenante, le processus de privatisation était manipulé de façon à optimiser ce que les ministres du gouvernement pouvaient empocher, et non pas ce que le Trésor Public aurait pu encaisser, et encore moins l'efficience générale de l'économie » (Joseph Stiglitz, *El malestar en la globalización*, Buenos Aires, 2002, p. 95).
[2] Cf. Eduardo Basualdo, *Sistema político y modelo de acumulación en la Argentina*, Buenos Aires, Univ.de Quilmes, FLACSO-IDEP, 2001 ; Daniel Aspiazu (comp.), *Privatizaciones y poder económico*, Buenos Aires, Quilmes, FLACSO-IDEP, 2002.

Autrement dit, qu'est-ce qui a pu conduire l'Union Civique Radicale et le Parti Justicialiste à assumer les grandes lignes stratégiques du programme économique mis en route par Alfredo Martínez de Hoz en 1976 ? Eduardo Basualdo a tenté de cerner le phénomène en faisant appel au concept gramscien de « transformisme », tout en mettant l'accent sur des facteurs matériels, sur les revenus relativement élevés que percevaient les dirigeants des partis populaires traditionnels, sur « l'apparition d'affaires communes aux secteurs dominants et aux systèmes politiques au détriment des intérêts publics »[3].

Au-delà des textes soulignant la pertinence de ce concept pour expliquer la crise[4], l'importance de l'analyse de Basualdo réside dans le fait qu'avant que n'éclatent les événements de décembre 2001, il a bien mis en évidence une des composantes essentielles du drame, l'expliquant comme une grave crise de légitimité du système politique. En effet, qu'on utilise les termes de « transformisme », d'« intégration » ou de « cooptation », le fait est que ce furent les dirigeants des partis politiques historiques argentins qui exécutèrent un programme dont les caractéristiques étaient les suivantes : concentration très nette du revenu avec exclusion sociale et exclusion du marché du travail de centaines de milliers de travailleurs, paupérisation de toutes les classes populaires, y compris la classe moyenne, en d'autres temps orgueilleuse et cultivée.

On a soutenu non sans raison que, sans les expériences « disciplinaires » du terrorisme d'Etat des années 1970 et sans les non moins traumatisants chocs hyperinflationnistes des années 1980, cela n'aurait pas été possible. Selon Claudio Lozano, « [...] le phénomène de la cooptation est précédé d'une action préalable et indispensable de coercition [...]. Une coercition qui est allée jusqu'à adopter la forme explicite de la "terreur de marché" et qui montre de nouvelles modalités dans le cadre de l'hyperrécession et du chômage [...]. [Ainsi], dans un cadre de terreur, de violence et de coercition, la cooptation englobait la corruption, la faillite des convictions intimes et l'isolement volontaire de ceux qui gardaient une distance

---

[3] Eduardo Basualdo, *op. cit.*, p. 25.
[4] Cf. José Nun commentant Basualdo (Eduardo Basualdo, *op. cit.*, pp. 113-121).

critique face à l'avancée du processus historique vécu »[5]. Autrement dit, un cadre coercitif selon la cooptation des cadres et structures des partis populaires impliquait une sorte de vide idéologique, un renoncement aux programmes historiques camouflé sous les termes de « modernisation » ou « d'adaptation » aux « temps nouveaux ». Transformé en pratiques politiques (par le gouvernement ou l'opposition), ce processus déboucha sur les résultats que l'on connaît.

Cependant - et ce n'est une excuse pour quiconque -, il faut remarquer que le divorce absolu entre la société civile et la classe politique dirigeante argentine (manifesté violemment lors des révoltes de décembre 2001 et dans le slogan unanime actuel : « Qu'ils partent tous ») ne signifie pas qu'il puisse y avoir une fracture nette entre le « transformisme » des classes dirigeantes et les mutations qui, à partir de la culture politique argentine, pénétrèrent profondément dans toute la société. En fait, ce « transformisme » de la classe politique fut l'expression d'un processus plus large dans lequel certaines valeurs et certains présupposés enracinés dans l'imaginaire collectif furent remis en question. Entre autres, l'idée que la justice sociale était compatible avec le développement économique ; que la présence d'un solide secteur industriel était indispensable non seulement pour le plein emploi, mais aussi pour doter l'économie nationale de marges d'indépendance souhaitables face aux grandes puissances ; que l'intervention de l'Etat était nécessaire pour garantir des niveaux équitables de distribution du revenu et pour impulser certaines aires stratégiques ; que la consolidation d'un système national de science et de technologie était consubstantielle à ces objectifs, etc.[6]

---

[5] Claudio Lozano, in Eduardo Basualdo, *op. cit.*, pp. 126-129.
[6] Il faut noter que ces principes étaient partagés, avec des nuances, par les forces les plus représentatives de la société argentine, à quelques exceptions près (fondamentalement, celle des secteurs qui n'arrivaient pas à accepter les transformations sociales surgies avec l'industrialisation et la forte présence politique du mouvement ouvrier et syndical que laissa en héritage la première expérience péroniste (1946-1955). Cependant, ce relatif consensus sur la nécessité d'impulser le développement industriel avec une certaine équité sociale, contrastait avec le manque de solution au problème de la gouvernabilité », particulièrement après le renversement de Perón en 1955 : cela empêcha qu'autour de cet objectif les politiques de l'Etat ne se consolident. L'instabilité

L'offensive idéologique destinée à démanteler ce système d'idées se déploya parallèlement à la torture, à la disparition de personnes et au plan économique de Martínez de Hoz et fut accompagnée allégrement par de nombreux opérateurs médiatiques qui font aujourd'hui la chasse aux politiques corrompus et coupables, tandis qu'un secteur non négligeable de la société - y compris des intellectuels, des artistes et des écrivains célèbres - saluait joyeusement la fin du "chaos" et la restauration de l'ordre. L'argument, assurément très simpliste, proposait en substance d'abandonner des décennies d'isolement international en recréant les conditions dans lesquelles l'Argentine aurait bénéficié d'avantages concurrentiels sur les marchés mondiaux dans les années fastes qui précédèrent la crise et la dépression des années 30. Une grande partie du patronat considérait d'un œil favorable ce virage prononcé de l'économie argentine; la perspective alléchante de la mise au pas du mouvement ouvrier et la forte chute des salaires réels pouvaient compenser avantageusement les risques liés à la nouvelle étape [7].

De la même manière, durant l'étape alfonsiniste, les efforts de propagande du gouvernement de l'Union Civique Radicale (UCR) furent aussi inopérants que conformes au modèle mis en place en 1976. L'idée que la démocratie apporterait d'elle-même une solution quasi magique à tous les maux argentins sans qu'il y ait besoin d'affronter des transformations structurelles ni de toucher à l'ensemble des intérêts accumulés durant la dictature renforça la démobilisation idéologique de la société. Indiscutablement les batailles usantes, livrées par le gouvernement radical au secteur de l'armée qui s'opposait au jugement des responsables pendant la dernière dictature et au pouvoir syndical, ne laissèrent pas l'Argentine mieux préparée pour affronter les défis que lui lanceraient les avancées du

---

institutionnelle argentine aiguë à partir de 1955, souffrit, par conséquent, de l'absence d'un cap bien défini en matière économique et plus grave encore, dériva dans une spirale de violence qui alla crescendo et ouvrit les portes au terrorisme d'Etat.

[7] Le fait que de nombreuses entreprises aient succombé à la baisse drastique des niveaux de protection et au processus de concentration qui marqua le début de la dictature montre que, au moins pour le secteur orienté vers le marché interne, les temps nouveaux furent décidément défavorables.

néolibéralisme en Amérique latine et dans le monde durant les décennies 90. Moins opérante encore fut la croisade pour les réajustements dans l'administration publique et les privatisations amorcées dans les derniers temps du gouvernement d'Alfonsin et qui furent l'axe du programme d'Eduardo Angeloz, candidat UCR aux élections présidentielles de 1989.

Dans un cadre complété par les assauts hyperinflationnistes et par une campagne intense émanant des centres de diffusion de l'idéologie néolibérale (qui investirent des sommes énormes, aussi bien dans la formation des ressources humaines que dans le renforcement d'un nouveau courant d'idées à travers les moyens de diffusion de masses), la décennie ménémiste fut celle de la pleine consubstanciation des dirigeants politiques (politico-syndicaux dans le cas du justicialisme) avec les discours de la "pensée unique" tels qu'ils furent consacrés lors des Accords de Washington. C'est durant cette étape que, de la main de celui qui avait gagné les élections en invoquant une « révolution productive » et « une augmentation de salaire », eurent lieu le démantèlement de l'Etat, la concentration accrue en des mains étrangères du système financier et de toute l'économie, et la participation de hauts fonctionnaires à des affaires d'une légalité douteuse qui conduisirent en prison jusqu'au président Menem lui-même.

Aujourd'hui, un rejet unanime des « politiques » a envahi la société argentine. La crise du modèle de valorisation financière, a non seulement poussé vers l'abîme le gouvernement de l'« Alliance » (UCR Frepaso) en décembre 2001, mais elle a aussi remis en cause la représentativité du système des partis et la légitimité de l'ordonnancement institutionnel actuel. On demande à la classe politique une réduction substantielle des dépenses, y compris à travers une diminution radicale, voire, dans certains cas, une suppression des charges électives. Ces propositions ressemblent à l'évidence à celles des usines néolibérales, lesquelles prétendent réduire la dépense publique en éliminant les administrations de certaines provinces considérées comme "non-viables". Elles comportent un double risque avec la perspective de reconstruire une culture politique dont les principes directeurs seraient la croissance économique, le plein emploi et une redistribution du revenu graduel. D'un côté, la remise en question de la classe politique peut entraîner la revendication de l'exercice de la fonction publique, non pas par des représentants régulièrement élus mais par des technocrates; ou une plus grande absence de l'Etat face à la "logique" du Dieu-marché. De l'autre, les discours unilatéraux appelant à "la probité" dans l'exercice de la fonction publique rendent difficile la compréhension exacte du processus complexe qui a corrompu (au sens le plus large du terme) la classe dirigeante argentine. Par dessus tout, ils empêchent d'admettre que l'origine de cette corruption réside dans le fléchissement grave de la conscience sociale et nationale ; fléchissement qui affecta non seulement les politiques et les syndicalistes, mais aussi d'amples secteurs des classes moyennes et populaires, les petites et moyennes entreprises, le monde professionnel et même une importante frange intellectuelle qui parvint à occuper des postes éminents dans les appareils idéologiques (centres d'études, fondations, presse écrite et audiovisuelle) [8].

C'est là un des grands obstacles pour surmonter la situation actuelle. Plus que les faiblesses et les compromissions avec le passé du président Duhalde, plus encore que la dureté avec laquelle le FMI traite l'Argentine et l'obstination avec laquelle il exige l'application de réajustements majeurs et d'autres recettes, plus que le handicap pesant de la dette publique, les difficultés proviennent d'une culture qui ne paraît pas encore avoir identifié de manière rigoureuse les racines de la crise.

En contrepartie, les événements de décembre 2001 (qui firent voler en éclats l'hégémonie que le bloc social dominant exerçait sur l'ensemble de la société) tend à prouver que le peuple argentin a retrouvé sa capacité de mobilisation et qu'il est actuellement vigilant. De nombreuses formes d'organisations

---

[8] A cet égard, on ne soulignera jamais assez le rôle inédit qu'acquièrent les médias à partir des années 80 comme "formateurs d'opinion", alors que dans les années 60 et jusqu'au coup d'Etat de 1976, le débat politique était dispersé dans bien des milieux, empruntait différents canaux (parmi lesquels l'université, le monde syndical, la presse militante, etc.). A partir des années 80, il fut complètement contrôlé (ou manipulé) par le pouvoir médiatique.

spontanées et sans coordination sont apparues permettant que renaisse dans la rue le débat politique, ce qui est de bon augure.

De même, le triomphe électoral récent du Brésil du candidat du P.T., Luis Ignacio "Lula" Da Silva, renforce les possibilités d'un bloc régional solide autour du Mercosur à partir duquel on pourrait négocier dans de meilleures conditions avec les Etats-Unis, l'Europe et la banque créditrice. Cependant, on ne peut rien prédire si ce n'est que le destin du peuple argentin dépendra une fois de plus de la maturité de sa conscience politique et de la résolution avec laquelle il décidera d'influer sur sa propre histoire[9].

---

[9]. Traduit par Joëlle Chassin.

Prendre la rue, une tradition argentine, 19 et 20 décembre 2001

Marianne Gonzalez Aleman
Doctorante, Paris 1

Les mouvements de protestations, confrontations et répression qui se sont déroulés dans les rues de Buenos Aires et des grandes villes d'Argentine les 19 et 20 décembre 2001 constituent un fait marquant dans le processus de crise économique, politique et sociale que connaît le pays depuis environ une décennie. Les médias français et étrangers - presse écrite, télévision et radio - ont d'ailleurs relayé avec abondance la chronique de ces mobilisations impressionnantes, mais c'est souvent d'une façon très immédiate et ponctuelle qu'elles ont été envisagées. Pourtant, si la « rébellion populaire » de décembre 2001 apparaît comme une réaction explosive des Argentins contre le gouvernement en place, comme une expression spontanée d'un ras-le-bol de la crise, il est néanmoins nécessaire de la comprendre dans un cadre plus vaste pour pouvoir l'apprécier à sa juste valeur. D'abord parce que les journées des 19 et 20 décembre sont intervenues dans le contexte de luttes sociales et politiques plus larges, remontant à plusieurs mois déjà, et qui, les jours précédents, se sont exacerbées alors que la situation économique et politique continuait de se dégrader. Ensuite parce que l'usage massif de la mobilisation de rue dans les moments forts de l'histoire argentine n'est pas une nouveauté et qu'il est donc important aussi de prendre en compte les événements de décembre 2001 dans le cadre de la culture politique du pays.

Bien avant décembre 2001, le Président de la Rúa avait déjà dû faire face à de nombreuses manifestations de rejet de sa politique. Cependant, c'est durant la dizaine de jours qui a précédé sa chute, et dans un contexte politique instable, que la mobilisation sociale s'est intensifiée de façon significative. Au-delà du caractère exceptionnel des deux grandes journées de décembre, il est donc indispensable de considérer l'ensemble des protestations qui, dès le 12 du même mois, se sont exprimées intensivement dans tout le pays. On a eu trop souvent tendance à réduire ces mouvements sociaux aux seuls « pillages » (*saqueos*) de supermarchés et de magasins. Pourtant, à partir de cette date, on observe que, tous les jours, des secteurs très variés de la société argentine choisissent d'exprimer leur mécontentement dans la rue, et ce, sous des formes diverses. Même si certaines mobilisations ont eu plus d'ampleur et d'impact que d'autres, toutes participent à un contexte d'effervescence protestataire exprimée sur l'espace public.

Ainsi, le 12 décembre 2001, c'est une série de mobilisations très diversifiées qui marque le début des événements. Ce jour-là, à Buenos Aires, sur la Place du Congrès, une manifestation, organisée par la CGT dissidente[1] et les partis de gauche[2], réunit un peu moins de 5 000 personnes ; au même moment, à l'initiative de l'ATE[3] et la CTA[4], une marche sur la Place de Mai mobilise quelque 1 000 manifestants. Au cours de cette dernière, un leader *piquetero*[5], Luis D'Elia appelle d'ailleurs

---

[1] La Confédération Générale du Travail est scindée depuis quelques années en deux tendances liées au Parti Justicialiste. La CGT officielle, composée des syndicats de l'Industrie et des services est traditionnellement ménémiste. La CGT dissidente qui regroupe surtout les syndicats des transports est plus critique vis-à-vis de la politique de l'ex-président.
[2] Parti Communiste, Mouvement Socialiste des Travailleurs, Patrie Libre, Parti Ouvrier et Parti des Travailleurs Socialistes.
[3] L'Association de Travailleurs de l'Etat est le plus important syndicat de fonctionnaires.
[4] La Centrale des Travailleurs Argentins, récente, est composée principalement de fonctionnaires de l'Etat, d'employés de l'aéronautique et d'enseignants.
[5] Cf. F. Schuster : « Un *piquete* est un barrage de route qui interrompt temporairement la circulation. En général, ces barrages durent au minimum 24 heures et réunissent des groupes de personnes qui organisent tout un ensemble d'activités sur le lieu du *piquete* : musique, matchs de football, commerce, tribunes politiques, soupes populaires, etc. La mise en scène du *piquete* consiste à brûler des pneus qui produisent de hautes et impressionnantes colonnes de fumée. En relation avec cette mise en scène de la protestation sociale, on appelle

« les classes moyennes qui jurent et protestent chez eux, à sortir dans la rue »[6]. A midi, puis le soir vers 20h, deux *cacerolazos* initiés par les commerçants de la Chambre d'Activités Commerciales et d'Entreprise[7], et suivis par de nombreux riverains, résonnent avec une « humeur antipolitique »[8] sur les trottoirs et les balcons des quartiers des classes moyennes de la capitale[9], ainsi que dans quelques grandes villes du pays[10]. Enfin, on recense au cours de la journée de nombreux *piquetes* à La Plata, dans les communes de la province de Buenos Aires[11] et dans la province de Jujuy[12], au nord du pays.

Le 13 décembre la septième grève générale contre la politique du gouvernement de la Rúa est suivie à environ 60 %. Dans de nombreuses villes[13], sont organisées des manifestations de fonctionnaires exigeant les salaires impayés, ainsi que de chômeurs réclamant leurs indemnités ; certaines se terminent en échauffourées avec la police[14].

Déjà le 14, les journaux[15] mentionnent les premiers pillages de deux supermarchés des quartiers périphériques défavorisés des villes de province de Mendoza et Rosario[16]. A la Plata, une centaine d'instituteurs et d'employés publics tentent de prendre le siège du *Banco Provincia* afin qu'on leur paie les salaires en retard.

Le 15, les *saqueos* de supermarchés se multiplient en province, comme par exemple à Mendoza, Concordia et Entre Rios, ainsi qu'à Avellaneda dans la banlieue de Buenos Aires.

« mouvement *piquetero* » le mouvement de chômeurs apparut au milieu des années 1990. »

[6] *Página 12*, 13 décembre 2001.
[7] *La Cámara de Actividades Mercantiles Empresarias* (CAME)
[8] *Página 12*, 13 décembre 2001.
[9] Palermo, Belgrano, Almagro, Caballito, Recoleta, Congreso.
[10] Rosario, Córdoba, Salta y Jujuy. Cf. *Página 12*, 13 décembre 2001.
[11] A San Martín, Quilmes, Escobar y La Matanza.
[12] *Piquete* de travailleurs municipaux et de chômeurs.
[13] Córdoba, Rosario, Mar del Plata, Neuquén, San Juan, Tucumán, Mendoza, Général Roca.
[14] *Página 12*, 14 décembre 2001.
[15] *Página 12* et *Clarín* du 15 décembre 2001.
[16] A l'endroit où commencèrent les pillages de supermarchés en 1989, à l'époque de l'hyper-inflation.

Le 16, les faits se répètent notamment à Concordia, Mendoza et Las Heras.

Le 17 décembre, on note plusieurs types de protestations contre les nouvelles mesures économiques du gouvernement, et principalement contre le gel provisoire des comptes bancaires établi depuis le début du mois. Dans tout le pays, les travailleurs des chemins de fer sont en grève. A la Matanza (Grande banlieue de Buenos Aires) des commerçants et entrepreneurs coupent l'avenue Général Paz qui marque la limite entre la capitale fédérale et la Province. Dans une zone élégante de la capitale, Nuñez, des commerçants, aidés d'habitants du quartier, arrêtent la circulation de la grande avenue Cabildo. Le même phénomène est signalé dans d'autres quartiers commerçants de la capitale[17]. En plein centre de Buenos Aires, devant le bâtiment de l'Hôtel de Ville, les danseurs du théâtre Colón manifestent pour moins de précarité. A Rosario, une centaine d'habitants du bidonville[18] organisent un *piquete* pour obtenir de la nourriture ; l'arrivée de la police fait 20 blessés. Enfin, les *saqueos* s'intensifient à Concordia, Mendoza et dans la banlieue de la capitale, à Quilmes et Avellaneda.

Dans la plupart des cas, les scènes ne commencent pas comme des *saqueos*, mais comme des mouvements de proximité : elles mobilisent, selon les circonstances, des groupes de 30 à 800 personnes, généralement des femmes avec enfants et des adolescents, souvent venus des quartiers pauvres[19] des villes, qui encerclent les supermarchés dans l'attente d'une hypothétique distribution de nourriture. Devant le refus, ils passent à l'action plus violente afin de prendre, eux-mêmes, ce qu'ils considèrent comme leur dû.

---

[17] Dans le quartier de Caballito, entre la rue Acoyte et l'avenue Rivadavia, ainsi qu'au croisement de l'avenue Córdoba et de l'avenue Escalabrini Ortiz.

[18] Traduction du terme argentin *Villa de emergencia*. Il s'agit d'installations urbaines informelles, généralement situées sur des terres appartenant à l'Etat, caractérisées par une pauvreté extrême et une forte précarité infrastructurelle (difficultés d'accès à l'eau potable, à l'égout, à la lumière, au réseau de gaz).

[19] Par exemple, à propos d'un pillage à Guaymallén, le *Clarín* du 16 décembre rapporte : « un groupe de *vecinos* des quartiers humbles entrèrent de façon organisée et pacifiquement dans un supermarché de la chaîne Atomo. Presque tous étaient des femmes et des enfants ».

Le 18 décembre, après six jours de pillages, le gouvernement national décide enfin la distribution de nourriture aux familles les plus pauvres dans différents points du pays. Mais les *saqueos* de supermarchés continuent en province –à Concordia, Córdoba, Rosario, La Plata ou Concepción del Uruguay par exemple–, et s'amplifient dans de très nombreuses communes de la grande banlieue de Buenos Aires[20].

Au terme de la journée du 18 décembre 2001, l'Argentine vit déjà depuis une semaine dans une atmosphère générale de protestation qui s'exprime sous des formes variées, pour des motifs divers, avec une intensité variable, parfois violente, toujours en prenant la rue. Mais, à ce stade des événements, ce sont les *saqueos* que les quotidiens argentins choisissent de mettre régulièrement en avant non sans inquiétude ; et ces pillages préoccupent beaucoup aussi les autorités politiques.

Le 19 décembre, les actions de *saqueos* se généralisent dans 11 provinces du pays et dans la région de Buenos Aires[21]. Ils touchent les principales chaînes de supermarchés[22], ainsi que les commerces plus modestes des quartiers populaires de la grande banlieue de la capitale[23]. Il s'agit parfois de véritables appropriations de l'espace circonscrit par ces grandes surfaces, les établissements et les rues des alentours étant occupés pendant plusieurs heures par les « *saqueadores*[24] », véritables maîtres temporaires des lieux. Parallèlement, les manifestations continuent... En plein centre de La Plata, environ 2 000 fonctionnaires affrontent les effectifs de police venus les déloger. A Córdoba, les employés municipaux prennent l'Hôtel de Ville et de violentes échauffourées opposent les forces de l'ordre aux syndicalistes de *Luz y Fuerza*. De même, à Buenos Aires, près de 1 000 personnes manifestent contre le gouvernement. Enfin, des *piquetes* bloquent la circulation à la

---

[20] Cf. le plan de la région de Buenos Aires publié par *La Nación* du 19-12-2001.
[21] Raúl O. Fradkin indique qu'environ 20% des supermarchés de la grande banlieue de Buenos Aires ont été attaqués le 19 décembre.
[22] Auchan, Coto, Disco, Norte, Carrefour, Tía, Día % ou Eki.
[23] Souvent tenus par des Chinois ou des Coréens.
[24] « Saccageur » (nous utilisons ici ce terme sans connotation péjorative).

périphérie de la Capitale[25]. L'impression de panique est l'élément dominant de cette journée, en grande partie parce que pour la première fois, « la vague de *saqueos* est arrivée jusqu'à la Capitale Fédérale »[26]. La lecture des journaux de cette date, en fournit l'illustration la plus significative. Par exemple, *La Nación on line* du 19 décembre 2001 choisit de publier de très longs articles consacrés au recensement précis, détaillé, réactualisé au fil des heures, de tous les *saqueos* et « actes de violence » survenus dans le pays. Quant aux chaînes de télévision, elles bombardent les téléspectateurs d'images de pillages en direct, mettant en scène les commerçants tentant de défendre leur établissement contre les assauts des *saqueadores*. Dans la capitale, la *city*, les grands centres commerciaux, les rues des commerces élégants du tout-Buenos Aires, ainsi que les petits magasins du centre, ferment leurs portes, effrayés par les rumeurs d'invasion. A 23h41, dans ce contexte de psychose et de désordre généralisé, le Président de la Rúa se décide enfin à se prononcer publiquement. Dans un discours de 4 minutes, il appelle les dirigeants du pays à former avec lui une sorte de co-gouvernement d'urgence nationale et affirme la nécessité « de mettre des limites » à « ceux qui sèment la discorde et la violence » par la mise en place de l'état de siège pour 30 jours.

De nouveaux acteurs, les classes moyennes portègnes[27], entrent alors en scène avec une forme d'action collective spécifique : le *cacerolazo*. En effet, immédiatement après le discours du Président, les rues de la capitale s'animent d'assourdissants concerts improvisés de casseroles et de klaxons, défiant l'autorité étatique et exprimant la colère des habitants de Buenos Aires face à un discours présidentiel en décalage avec les attentes des citoyens[28]. Le schéma est souvent

---

[25] Cf. Raúl O. Fradkin, « Cosecharas tu siembra. Notas sobre la rebelión popular argentina de diciembre de 2001 », in *Nuevo Mundo, Mundos Nuevos*, http://www.ehess.fr/cerma/Revue/indexCR.htm, p11.
[26] *Clarín*, 19 décembre 2001.
[27] Nom des habitants de Buenos Aires.
[28] « Il a dit qu'il déclarait l'état de siège et rien de plus ! Il n'a rien annoncé de ce que l'on attendait tous : qu'il demande la démission du ministre de l'Economie ou au moins un plan alimentaire d'urgence. Dès qu'il a eu fini de parler, on a commencé à entendre des casseroles résonner dans toutes la ville [Buenos

le même : les *vecinos*[29] commencent par se mettre à leur balcon ou sur le pas de leur porte, puis, ils se réunissent au coin des rues et décident de s'acheminer ensemble vers la Place ou l'avenue principale de leur quartier. De là, une majorité des participants forme une colonne se dirigeant spontanément vers les lieux centraux de la ville. On peut identifier cinq points majeurs de concentration : la place du Cid Campeador[30], la maison du ministre de l'Economie, Domingo Cavallo[31], la Place de l'Obélisque, la Place du Congrès de la Nation et surtout l'historique Place de Mai. Vers 1h du matin, on estime entre 15 000 et 30 000 le nombre des manifestants, alimenté par le flot constant des arrivées, réunis sur la Place de Mai, devant la *Casa Rosada*[32], pour exiger « qu'ils s'en aillent tous »[33]. A cette heure, Domingo Cavallo donne sa démission de la charge de ministre de l'Economie et la répression policière se charge de disperser les manifestations pacifiques dans le centre de la ville. Pourtant, vers 2 heures du matin, la Place et ses alentours sont toujours occupés par des manifestants.

Si le 19 décembre est marqué par la ferveur d'un moment historique partagé, le 20 porte une autre signification. Dès le matin en effet, la police déloge brutalement les quelques manifestants restés toute la nuit devant le Siège du gouvernement. C'est alors une véritable bataille ininterrompue entre manifestants et policiers qui se joue dans les voies d'accès traditionnel à la Place de Mai[34]. Vers 13 heures, au moment de la pause déjeuner, de nombreux employés des bureaux du centre ville se joignent aux manifestants pour occuper la Place et demander la démission de De La Rúa ; ils sont chassés par les

---

Aires] », Entretien avec une actrice des événements des 19 et 20-12, Mercedes Austral, 23-12- 2001.
[29] Sous l'Ancien Régime, le *vecino* désigne le chef de famille possédant un maison et payant les charges et contributions d'une ville ou d'un bourg. Il est aujourd'hui utilisé pour parler des habitants intégrés à la vie d'une ville ou d'un village, reconnaissant implicitement leur statut de citoyens.
[30] Dans le quartier de classes moyennes Caballito
[31] Dans la rue Ocampo, au croisement de l'avenue Libertador, dans le quartier chic de la Recoleta. Environ 4 000 personnes (*La Nación on line*, 20-12-2001).
[32] Siège du gouvernement argentin.
[33] « Que se vayan todos » : slogan principal des journées de décembre 2001, adressé aux dirigeants politiques mais aussi aux membres de la Cour Suprême.
[34] Les Diagonales Sud et Nord, la rue San Martín, et l'avenue de Mai.

gaz lacrymogènes. Vers 14h30, la répression contre des manifestations de militants d'organisations sociales et de défense des Droits de l'Homme ainsi que de partis de gauche se fait très violente sur la Place de Mai et la Place du Congrès. A 15h30, les Mères de la Place de Mai qui effectuent leur traditionnelle ronde du jeudi, sont très brutalement réprimées par la police montée. Vers 16h30, la police contrôle une partie de la Place du Congrès alors que les manifestants occupent les rues alentours, cherchant le moyen de réinvestir la Place. Certains se réorganisent dans l'avenue Diagonale Nord et forment des barricades, alors que la bataille s'étend à tout le centre de la ville. Dans l'Avenue de Mai, une colonne de résistants tente de s'approcher de la Casa Rosada ; l'avancée se solde par 5 morts. A 19h45, lorsque le Président de de la Rúa annonce sa démission, la joie des manifestants a un goût amer : alors que des affrontements ont toujours lieu autour de l'Obélisque, l'avenue Corrientes et le centre-ville, la bataille de la Place de Mai a déjà fait 5 morts, 150 blessés et 58 arrestations. Quant aux *saqueos,* ils continuent dans tout le pays.

Au terme de ces journées de décembre, il a été surtout retenu deux types de mobilisations, présentées comme significatives des événements et souvent différenciées selon leurs modes d'action et leurs acteurs : les *saqueos* d'une part, massifs, simultanés et généralisés dans toutes les provinces d'Argentine et à la périphérie de Buenos Aires, plutôt le fait de membres des milieux très défavorisés, dont l'objectif serait celui de la proximité ; le *cacerolazo* d'autre part, un concert de casseroles qui apparaît comme une forme de protestation plutôt des classes moyennes urbaines et dont la scène principale serait la capitale. Si bien évidemment la distinction entre ces deux formes d'action collective est en partie justifiée, elle est aussi révélatrice de certaines caractéristiques de l'imaginaire politique argentin. Après avoir replacé les événements de décembre dans leur contexte immédiat, il est intéressant d'analyser de plus près, à la lumière de la culture politique, historique et symbolique du pays, certains éléments constitutifs de ces mobilisations.

Tout d'abord, l'utilisation massive de la rue dans les moments forts de son histoire politique, n'est pas une nouveauté en Argentine, et constitue même une sorte de culture. Il est important de replacer les 19 et 20 décembre 2001 dans le cadre de cette culture politique argentine, en insistant sur le rapport entre les grandes actions collectives de la deuxième moitié du XXe et l'occupation de l'espace public, plus particulièrement de l'espace du centre de la ville de Buenos Aires. On peut considérer que la journée du 17 octobre 1945 représente dans ce domaine un point de rupture. Ce jour-là, en effet, des centaines de milliers de manifestants, venus des banlieues ouvrières qui entourent Buenos Aires, osent envahir le cœur élégant de la ville, franchissant la frontière sociale et symbolique qui existe entre la banlieue et la capitale, centre politique, économique et culturel du pays. Puis, ils investissent la Place de Mai pour demander la libération de Juan Domingo Perón. Pour la première fois, les masses laborieuses venues des périphéries, les milieux populaires représentatifs d'une Argentine jusque-là invisible dans le paysage politique, font leur entrée sur une place publique encore monopolisée et appropriée par les élites culturelles et économiques, et les classes moyennes. Pour la première fois également, sur la Place de Mai, Perón et la foule lient leur destin et consacrent la naissance du nouveau mouvement péroniste[35]. Pendant le régime péroniste de 1946 à 1955, le 17 octobre fait l'objet chaque année, d'une commémoration rituelle, au cours de laquelle, le peuple réuni sur la Place de Mai, représente et réaffirme sa loyauté au leader. D'ailleurs, pendant les quinze années de proscription du péronisme de la vie politique, il est interdit de manifester sur la Place. Mais au retour de la démocratie le 25 mai 1973, lorsque le candidat péroniste gagne les élections présidentielles, une foule massive occupe les rues de la capitale et reprend la Place de Mai des mains des militaires chassés par le « peuple argentin »[36]. La Place redevient alors la scène privilégiée où se met en scène le pouvoir populaire. A la mort de Perón, la

---

[35] Pour la signification symbolique de la mobilisation du 17 octobre 1945 et ses rapports avec l'espace de la ville de Buenos Aires, cf. M. Gonzalez Aleman, *Actions collectives, espaces publics et cultures politiques à Buenos Aires, mais 1945-février 1946,* maîtrise, 2000, Université de Paris I, François-Xavier Guerra, dir.
[36] Cf. notre DEA, *Péronismes, représentation populaire et occupation de l'espace à Buenos Aires, 1972-1974,* 2001, Paris I, F.-X. Guerra dir.

rivalité entre les deux tendances du péronisme[37] est de nouveau au centre de la scène et l'occupation de la Place de Mai est l'enjeu pour qui veut récupérer le statut d'héritier légitime de Perón. Après la funeste expérience de la dictature militaire de 1976 à 1983, les choses changent un peu et la connotation de la Place se dilue et se diversifie. Cependant, elle reste l'espace par excellence où s'expriment les *cabildos abiertos*[38] du peuple argentin : c'est d'abord le lieu de réunion et de lutte des Mères de la Place de Mai ainsi que le lieu de convergence de leur marche annuelle de commémoration du coup d'état militaire et des disparus qu'il a engendrés ; c'est enfin le lieu de concentration des manifestations en tout genre contre la politique du gouvernement.

Ainsi, il existe une longue tradition d'occupation de la rue en Argentine lors des événements cruciaux de son histoire ; ces moments où le peuple argentin cherche à mettre en scène sur l'espace public abstrait, mais aussi physique, celui de Buenos Aires, le fait qu'il reprenne son destin en main. La capitale, centre du pouvoir et de représentation de l'ensemble de ces pouvoirs, et plus particulièrement, la Place de Mai et ses alentours, constituent alors les espaces privilégiés et consacrés où se jouent les luttes politiques.

Une fois définis la scène et le sens historiques des mobilisations populaires argentines, il est possible d'envisager que derrière cette tendance générale à la séparation entre les

---

[37] Gauche et droite pour schématiser.
[38] Pendant la période coloniale, le *cabildo* désigne le siège du gouvernement municipal du Rio de la Plata (le bâtiment existe toujours sur la Place de Mai). Le 21 mai 1810, alors que les troupes napoléoniennes triomphent en Espagne, l'autorité du vice-roi est remise en question par un groupe de patriciens indépendantistes. Ils exigent du vice-roi Cisneros la réunion d'un « cabildo abierto », junte extraordinaire composée des *vecinos*, pour discuter de la question espagnole. Le 25, les plus progressistes, à la tête de 600 hommes armés, encerclent le *cabildo* en criant « Le peuple veut savoir ce qui se passe!». Cette devise, criée sur la place de la Victoire (actuelle Place de Mai), les écoliers d'Argentine la répètent encore. A l'issue de cette journée décisive, une junte révolutionnaire est proclamée qui décide de ne plus reconnaître l'autorité de l'Espagne. Aujourd'hui, l'expression désigne un rassemblement extraordinaire des secteurs exclus des organes de décision pour impulser un changement dans les formes d'organisation sociale ou politique existantes.

saqueos et le *cacerolazo* des 19 et 20 décembre 2001, s'expriment les schémas traditionnels de la culture politique du pays. Cette différenciation en effet, suppose implicitement qu'il y ait eu deux territoires distincts, la capitale et la périphérie, deux types d'acteurs, les classes moyennes et les milieux défavorisés, deux batailles, l'une vraiment politique, l'autre « seulement » sociale.

Il suffit de s'attarder sur la couverture des événements par les médias pour s'en apercevoir. Comme le note Raúl O. Fradkin :

« Tout au long de la journée du 19, la chronique télévisée des événements fut saturée d'images de scènes de *saqueos* dans les quartiers populaires de la grande banlieue de Buenos Aires et de la province, alors que le 20, il était devenu impossible de savoir ce qui se passait à ce sujet, puisque toute l'attention était désormais fixée sur la bataille de la Place de Mai »[39].

Il ajoute même : « Les forces syndicales, sociales et politiques progressistes finirent par concentrer leur attention et leur participation exclusivement sur les événements du centre portègne sans chercher à donner une direction à la rébellion populaire de la banlieue »[40].

Dans la presse écrite, les choses sont tout aussi significatives. A partir du 17 décembre en effet, tous les grands quotidiens nationaux rapportent systématiquement les moindres détails des actions de *saqueos*, ainsi que leur progression spatiale et numérique. Ces récits présentent généralement les pillages comme des faits extérieurs à la capitale, se propageant de jour en jour dans l'ensemble des provinces et de la Grande Banlieue de Buenos Aires. D'abondants articles de la *Nación*, *Clarín* ou *Página 12*, précisent, avec une accumulation alarmante, l'heure, le lieu, le nombre d'acteurs, leur origine sociale et les moyens de ces « actes de vandalisme[41] » qui touchent « l'Intérieur[42] » du pays. Ils alimentent l'idée d'une atmosphère générale de

---

[39] Cf. Raúl O. Fradkin, « Cosecharas tu siembra. Etc. », p 23.
[40] Idem.
[41] *La Nación on line*, 19 décembre 2001.
[42] Tout comme les Parisiens distinguent « la province », de Paris, les Portègnes appellent « l'intérieur » du pays tout ce qui n'est pas la capitale, Buenos Aires.

désordre social et d'insécurité extrêmes[43] ; ils donnent également le sentiment aux Portègnes qu'ils sont menacés par un danger extérieur qui les encercle. En observant le plan intitulé « Chaos en grande banlieue », publié par *La Nación on line* le 19 décembre 2001, sorte de récapitulatif de tous les *saqueos* survenus les jours précédents, cette idée d'une Capitale Fédérale cernée de toutes parts par un danger venu des faubourgs apparaît concrétisée. D'ailleurs, lorsque, le 19, on recense les premiers pillages dans la capitale, les journaux s'émeuvent : « la vague de *saqueos* est arrivée jusqu'à la Capitale Fédérale, etc. » écrit *Clarín* le 19 décembre 2001. « Pour la première fois, les *saqueos* sont arrivés jusqu'à la Capitale », constate *Página 12* le lendemain ; comme si cela constituait un fait aggravant de la situation, comme si l'espace sacré de Buenos Aires avait été transgressé. Une sorte de vent de panique s'abat alors sur la ville. Tous les commerçants des quartiers du centre de la capitale ferment leurs portes par peur d'être attaqués « par des hordes de gueux qui pillent massivement les magasins »[44], et *Clarín* évoque des « rumeurs qui rendaient compte d'attaques des commerces ». Le témoignage d'une vendeuse d'une parfumerie de l'élégante avenue Santa Fe, interviewée par le journal *la Nación* est très significatif en ce sens : « On nous a dit qu'une caravane arrivait depuis Once, détruisant tout sur son passage ». Enfin, les *saqueos* sont souvent présentés comme des actions irrationnelles perpétrées par des gens qui ont faim. Le champ lexical souvent utilisé nous renseigne là-dessus : il s'agit « d'habitants des bidonvilles » (donc de l'extérieur de la ville), « déguenillés »[45], « affamés », « des hordes de vandales ». Le journal conservateur *La Nación* du 20 décembre, va jusqu'à parler de « femmes hystériques et des enfants aux grands yeux [qui] se mêlaient à

---

[43] Ce sentiment de désordre est largement dû à la dimension symbolique que réveillent les *saqueos* dans l'imaginaire politique des Argentins : ils renvoient aux événements de 1989 lors de l'hyper-inflation qui précipitèrent la chute du Président Raúl Alfonsín. Depuis cette époque, ils sont associés à une « situation limite », un contexte d'urgence et constituent comme une sorte d'indice qui révélerait le niveau à partir duquel l'ordre social est menacé. Reconnaître qu'il y a des *saqueos* généralisés est synonyme d'un changement politique imminent.
[44] *Página 12*, 20 décembre 2001
[45] *Página 12*, 20 décembre 2001

des adolescents armés dont les visages étaient cachés. » Il conclut l'article, intitulé « Saqueos et violence dans en grande banlieue » par ces mots : « Qui était qui hier dans la grande banlieue ? Des pauvres, beaucoup de pauvres, des pauvres spontanés auxquels se sont ajoutés des délinquants, des fripons, des drogués et des affamés hystériques ».

Tous ces acteurs sont présentés ici comme des sous-citoyens (femmes hystériques, enfants, adolescents, délinquants) déraisonnables et violents dont les actions collectives spontanées n'ont rien à voir avec la politique.

De l'autre côté, le message des médias a transformé le *cacerolazo* du 19 décembre au soir en symbole de la révolte citoyenne. Le vocabulaire change en effet, puisqu'enfin « les Portègnes sont sortis cette nuit pour défier l'Etat de siège »[46] et s'exprimer dans une « rébellion civile pacifique »[47]. Le ton est qualifié de « festif et vainqueur » par *Página 12* du 21 décembre, et : « Les gens paraissaient imprégnés d'un profond sentiment citoyen, de joie et même de soulagement plus que de colère, comme s'ils avaient trouvé une façon de s'exprimer sans intermédiaire et retrouvé leur identité à travers l'exercice de leurs droits ».

Ce sont donc cette fois les citoyens, conscients de « leurs droits », les classes moyennes de la capitale, les acteurs intégrés à la société politique qui ont été irrésistiblement attirés par la « Place » historique, alors que dans les banlieues, la rébellion populaire se dégradait. Le *cacerolazo* est donc présenté comme étant l'expression de la véritable et authentique citoyenneté argentine, celle qui a la légitimité de s'exprimer, celle qui crée les événements historiques, dans la lignée de la tradition libérale argentine. Le *cacerolazo* des habitants de la capitale est considéré comme représentant la culture citoyenne, celle des Argentins respectables qui ont encore un statut social. Les *saqueos*, au contraire, apparaissent comme des réactions spontanées opérées par des déclassés. On retrouve alors cette opposition entre le centre de la Capitale, réservé aux gens respectables de la société, territoire de ceux qui ont un certain

---

[46] *Clarín*, 20 décembre 2001.
[47] *Página 12*, 21 décembre 2001.

statut politique, économique et culturel, où défilent ceux qui ont le droit légitime d'habiter l'espace sacré de la ville ; et la périphérie, qui ne vaut pas la peine d'être connue, territoire des foules déclassées qui ne jouissent pas vraiment de la condition de citoyens. La lutte politique se joue dans la « ville », la lutte sociale dans les faubourgs et quartiers périphériques.

Pour Raúl O. Fradkin, cette opposition est significative de « la profonde scission sociale de la société argentine actuelle : une société scandalisée par les morts survenues dans la grande ville, mais qui tolère beaucoup plus et considère presque comme normale celles qui se sont produites dans les quartiers pauvres de la périphérie »[48]. Je crois que cette « scission sociale » n'est pas complètement nouvelle. Elle fait partie de la tradition politique argentine et s'exprimait déjà dans les mêmes termes le 17 octobre 1945, lorsque les élites culturelles et politiques et les classes moyennes s'épouvantaient de l'invasion de l'élégante capitale et de la Place de Mai par des couches populaires déguenillées[49]. La façon dont *La Nación* qualifie ces habitants de la périphérie à l'époque, démontre que le discours n'a pas beaucoup changé par rapport à ce qui a été cité plus haut : il s'agissait de « groupes de révoltés en état de complète ébriété », d'une « masse influençable manipulée, composée de quelques criminels, de gens des bas-fonds de la société, alcooliques et violents »[50].

Au-delà de cette distinction entre *cacerolazo* et *saqueos*, il est intéressant de prendre en compte le sens symbolique des mobilisations du 19 décembre 2001 dans la capitale et sur la Place de Mai. En effet, à la lumière du bref récapitulatif sur le rôle et la charge historique de la grande Place, il semble que la récupération de cet espace par les manifestants prenne l'allure d'un nouveau *Cabildo Abierto* du peuple argentin et fasse largement référence à l'imaginaire politique du pays.

Tous les observateurs du *cacerolazo* du 19 au soir, s'accordent à dépeindre la ferveur générale régnant parmi les

---

[48] Cf. Raúl O. Fradkin, « Cosecharas tu siembra. Etc. », p 23.
[49] Cf. M. Gonzalez Aleman, *Actions collectives, espaces publics et cultures politiques à Buenos Aires, mai 1945-février 1946*.
[50] *La Nación*, 19 octobre 1945.

manifestants, une sorte d'euphorie unificatrice, de communion collective. C'est l'union de tous les Argentins qui se met en scène dans les rues de la capitale : « Quand nous arrivâmes à la place de Congrès, il y avait 7 *cuadras*[51] de manifestants devant nous. Impressionnant ! Le bruit était incessant et l'atmosphère était vraiment spéciale. On pouvait sentir la solidarité, comme une accolade entre tous, nous étions tous du même côté. Il n'y avait aucun drapeau politique, nous étions 'les gens' et c'est tout »[52].

De même, les analystes, tout comme les acteurs, ont le sentiment d'assister à un moment historique, d'inaugurer une nouvelle étape de la vie politique du pays. Dans *Página 12* du 21 décembre, Sandra Russo s'enthousiasme : « Une force supérieure et plus puissante que tout était en train d'opérer dans ce moment historique ». Quant à Federico Schuster, il affirme à posteriori : « Malgré la crise, la scène faisait penser à la joie que produit la contagion affective d'une fête civique »[53]. Tous ont la sensation que tout se joue dans les rues, comme si après ces années de crise, les manifestants venaient reprendre leur destin en main ; comme si, sur l'espace du centre de la capitale, le « Peuple » venait enfin récupérer et réaffirmer sa souveraineté : « Les citoyens se reconnaissaient entre eux, troublés d'être si nombreux, [...], d'appartenir [...] à un peuple qui a osé dire « ça suffit ! »[54]. Par leur présence imposante, bruyante, presque étourdissante, les manifestants semblent signifier qu'ils ne sont plus spectateurs. Les slogans utilisés par les manifestants donnent à penser que ceux-ci sont conscients de rééditer une sorte de *pronunciamiento* populaire dans la rue. Exactement comme le 25 mai 1973, quand les manifestants réunis sur la Place chassaient les militaires, les acteurs du *cacerolazo*

---

[51] Comme la majorité des villes latino-américaines, Buenos Aires est composée de rues parrallèles et perpendiculaires composant des pâtés de maison carrés d'enrivon 100 mètres de côté chacun, les *cuadras*.

[52] Propos recueillis par l'auteur au cours d'un entretien avec une protagoniste des événements des 19 et 20 décembre, Mercedes Austral, 23-12-2001.

[53] *La trama de la crisis. Modos y formas de protesta social a partir de los acontecimientos de diciembre de 2001*, Federico Schuster dir., Informes de conyuntura n°3, Inst. Gino Germani, Facultad de C. Sociales, UBA, juin 2002.

[54] *Página 12*, 21 décembre 2001.

s'exclament : « Si ça n'est pas le peuple, où est le peuple ?![55] » ; « Le peuple uni ne sera jamais vaincu ![56] ». Ainsi, en occupant tout l'espace compris entre la Place du Congrès et la Place de Mai, en donnant l'impression de s'être emparée du cœur de la capitale, la foule en effervescence et imposante des citoyens vient récupérer –et reprendre des mains des dirigeants politiques– ce « lieu de mémoire » de l'histoire du peuple argentin. Le reste de Buenos Aires est également investi par les manifestants : partout, des petits groupes parcourent les rues de la ville, marquent leur présence au son des casseroles, afin de fixer de façon visuelle et sonore leur conquête du territoire. Parfois, des feux sont allumés sur les grandes artères de la ville, autour desquels les manifestants organisent des rondes, imprimant ainsi de façon spectaculaire, la prise des lieux par « le Peuple ». Le journal *Página 12* résume très bien la situation lorsqu'il conclut : « En quelques minutes on passa de l'état de siège, à l'Etat assiégé ».

Cette reprise du pouvoir, théâtralisée par les Portègnes, prend encore plus de sens lorsque l'on étudie comment, dans les différents lieux de rassemblement, se met en scène le désaveu des dirigeants politiques et des élites économiques. L'agressivité, l'irrévérence des slogans tout d'abord, démontrent un refus très violent de l'autorité d'un gouvernement et d'élites politiques désacralisés et jugés corrompus : « Qu'ils s'en aillent tous », « Quels cons, quels cons, l'état de siège ils peuvent se le mettre aux fesses ! », ou encore, « Voyons voir qui mène la danse, si c'est le peuple uni ou le gouvernement de fils de p... ». C'est un haut niveau de désobéissance civile et un véritable rejet du système politique qui s'exprime ici. Certaines actions symboliques vont dans le même sens : vers minuit, par exemple, un petit groupe de manifestants, parmi les 4 000 réunis devant la maison du Ministre de l'Economie Domingo Cavallo, lance des projectiles contre les policiers qui la protègent. Dans la rue Balcarce se trouve le bâtiment du ministère de l'Economie : quelques individus tentent d'y mettre le feu, alors que sur la

---

[55] Slogan déjà scandé par les *Montoneros* lorsque le 1er mai 1974, ils quittaient la Place de Mai après que Perón les eut désavoués.
[56] Slogan des années 1970, à l'époque de la dictature et des mouvements de guérilla, largement chanté le 25 mai 1973.

porte du Ministère des Finances on peut lire sur un panneau improvisé : « A louer »[57]. Enfin, dans l'Avenue de Mai, les sièges des banques *Banco Francés* et *Itaú* sont saccagés. Tout concourt ainsi à donner l'image d'un peuple qui, par sa présence, cherche à chasser du territoire de la capitale des autorités délégitimées.

De ce fait, le 20 décembre, les événements et la répression transforment la rébellion populaire en véritable lutte de territoire entre ceux qui, la veille, ont pris possession de la Place et ses alentours, et ceux qui veulent la récupérer, c'est-à-dire les autorités politiques, censées représenter le pouvoir et la violence légitimes. Tous les journaux parlent du 20 décembre comme de la « Bataille de la Place de Mai » et le 21 décembre, *Clarín* compare même Buenos Aires à « une ville en guerre » où « la Place de Mai fut le principal champ de bataille, alors que les affrontements se sont étendus à tout le centre portègne pendant plus de 7 heures ». Tout à coup, le centre-ville, devient l'objet des affrontements privilégiés, la scène où, dans un va-et-vient constant, s'affrontent forces de l'ordre, qui cherchent à reprendre en main le contrôle de cet espace de pouvoir, et manifestants qui résistent pour garder leurs positions : « Les manifestants quittaient un endroit pour un autre en échappant à la répression, mais se maintenaient toujours dans le centre de Buenos Aires »[58].

« Les colonnes dispersées par la pluie de gaz lacrymogène attendaient que la fumée se dissipe, prenaient l'air à quelques pas de là, puis retournaient sur les Diagonales, la rue San Martín et l'Avenue de Mai »[59].

Lorsqu'à 19h45, de la Rúa démissionne, on peut affirmer comme le fait *Página 12* : « A la tombée du jour, la Place de Mai était de nouveau aux mains de la police, seule l'impatience restait aux gens et le Gouvernement n'appartenait plus à personne. »

Ainsi, sous beaucoup d'aspects, les mobilisations des 19 et 20 décembre 2001 font appel à une certaine culture, propre à l'Argentine, de la participation à la politique dans la rue.

---

[57] *La Nación on line*, 20 décembre 2001.
[58] *Clarín*, 20 décembre 2001.
[59] *Página 12*, 21 décembre 2001.

Cependant, il faut, pour finir, reconnaître qu'elles répondent aussi au nouveau contexte économique, social et politique que vit la société argentine depuis une décennie.

Les *saqueos* tout d'abord, ces formes d'action directe dont l'objectif immédiat est celui de la proximité, celui d'obtenir de la nourriture, sont aussi une réponse à une claire perception de la situation. Ils sont représentatifs des transformations sociales et économiques engendrées par ces dix dernières années de crise en Argentine. Les transformations opérées notamment dans le monde du travail et les réformes réalisées dans le domaine de l'Etat sont à l'origine d'un changement du rapport au politique des catégories populaires qui voient ainsi modifiés les répertoires d'action collective auxquels elles ont accès. Ainsi, comme l'explique Denis Merklen, « dans un contexte de décomposition accélérée d'une société salariale, les nouvelles modalités d'actions de ces populations se décentrent vers le local, où les plus démunis trouvent des moyens de survie et une base de recomposition identitaire »[60]. Le *saqueo* est donc l'action de celui qui sort de la loi pour obtenir de quoi manger et pour ne pas rester en dehors de la société. « Car il sait que la société qu'il connaissait est en train de mourir, et il ne voit pas de place pour lui dans celle qui se dessine. Alors, comme il lui est impossible d'agir à l'intérieur de la société, il empêche le fonctionnement normal des choses ». Il s'agit également de se faire réparation soi-même face à l'inaction officielle, ainsi que d'avertir les autorités, d'attirer leur attention, d'acquérir une visibilité sociale en devenant des acteurs qui comptent sur la scène publique et politique du pays. Mais si les *saqueos* sont caractéristiques de la société argentine actuelle, c'est aussi parce qu'ils opposent deux acteurs emblématiques de la crise : les groupes économiques nationaux et étrangers les plus enrichis qui contrôlent la commercialisation ; et les milieux sociaux marginalisés, exclus du travail, de la consommation et de l'exercice de la souveraineté.

D'autres détails des mobilisations de décembre 2001 sont révélateurs du malaise créé par la situation socio-économique

---

[60] Denis Merklen, *Le quartier et la barricade. Le local comme lieu de repli et base du rapport au politique dans la révolte populaire en Argentine*, CEPREMAP, ENS Ulm.

que vivent au quotidien les Argentins. Certaines actions de pillage en effet, semblent désigner ceux que les manifestants considèrent comme les responsables de la crise. D'abord, les destructions de nombreuses façades de banques –comme par exemple COMAFI, *Bapro* et *Galicia* sur l'avenue Diagonale Nord– et de distributeurs de billets dans le centre-ville sont significatives d'un ressentiment envers la mauvaise gestion économique du Gouvernement de la Rúa. De ce fait, Banques et billetteries automatiques apparaissent comme les symboles des dernières mesures prises par le Ministre Cavallo : le *corralito*, c'est-à-dire la limitation des retraits bancaires imposée aux épargnants et la « bancarisation » forcée de l'économie. Le pillage de locaux de grands groupes multinationaux comme le loueur international de vidéocassettes Blockbuster ou comme Mac Donald's[61] est peut-être à interpréter comme un rejet des grands capitaux multinationaux.

Enfin, les événements de décembre traduisent la grave crise politique et le profond discrédit moral qui touche désormais l'ensemble de la classe politique sans exception. Le fameux « Qu'ils s'en aillent tous » est bien sûr le slogan qui a le plus marqué ces journées, mais l'on peut trouver d'autres exemples. Au cours de la journée du 20, la rancœur des manifestants contre le désormais ex-Ministre de l'Economie s'exprime avec une violence toute symbolique. Dans l'après-midi en effet, une couronne funèbre fait son entrée solennelle sur la Place de Mai, ovationnée par la foule qui scande : « Cavallo est mort, Cavallo est mort ! ». D'autre part, de nombreux domiciles privés de figures politiques, toutes tendances confondues, sont attaqués par des manifestants : celui du chef de Cabinet, Chrystian Colombo ; du chef du Gouvernement de la Ville de Buenos Aires, Aníbal Ibarra ; de la fille du Président ; de l'ancien vice-président de la Rúa, « Chacho » Alvarez ; enfin, d'une ancienne membre de l'équipe Menem, María Julia Alsogaray devant le domicile de laquelle furent déversés des sacs d'ordures.

---

[61] *Página 12* du 21-12-2001 rapporte cette anecdote : alors qu'un groupe de personnes pille un Mac Donald's de la rue Rivadavia au coin d'Uriburu, tout en chantant « le peuple uni, ne sera jamais vaincu », un manifestant répond : « Le peuple est un con, il fait la queue chez Mac Donald's ».

Ainsi, si les manifestations des 19 et 20 décembre 2001 ont été largement célébrées comme étant l'expression d'une rébellion du peuple argentin, elles révèlent aussi les éléments encore présents d'une tradition politique de la participation par la rue qui, parfois, laisse entrevoir son conservatisme social. Elles illustrent surtout la profonde « scission sociale » et politique qui existe dans ce pays meurtri par une crise qui n'est pas seulement économique, mais qui touche directement la « Démocratie » argentine dans sa croyance en elle-même.

Bibliographie

El Clarín, 12 – 21 décembre 2001.
La Nación on line, 18 – 21 décembre 2001.
Página 12, 12 – 21 décembre 2001.

Fradkin Raúl O., « Cosecharas tu siembra. Notas sobre la rebelión popular argentina de diciembre de 2001 », in *Nuevo Mundo, Mundos Nuevos*, http:::/www.ehess.fr/cerma/Revue/indexCR.htm, 37p.

Gonzalez Aleman, Marianne, *Actions collectives, espaces publics et cultures politiques à Buenos Aires, mais 1945 – février 1946*, mémoire de maîtrise soutenu en 2000 à l'Université de Paris I, au Centre de Recherche sur l'Amérique Latine et les Mondes Ibériques (CRALMI), sous la direction du professeur François-Xavier Guerra, 166p.

Gonzalez Aleman, Marianne, *Péronismes, représentation populaire et occupation de l'espace à Buenos Aires, 1972 –1974*, mémoire de DEA soutenu en 2001 à l'Université de Paris I, au CRALMI, sous la direction du professeur F.-X. Guerra, 92p.

Merklen Denis, *Le quartier et la barricade. Le local comme lieu de repli et base du rapport au politique dans la révolte populaire en Argentine*, CEPREMAP, ENS Ulm.

Schuster Federico, *La trama de la crisis. Modos y formas de protesta social a partir de los acontecimientos de diciembre de 2001*, Informes de conyuntura n°3, Instituto de Investigaciones Gino Germani, Facultad de Ciencias Sociales, Université de Buenos Aires, juin 2002, 112p.

La formation des assemblées populaires en Argentine : portrait de la protestation et de l'explosion associative

Pablo Ortemberg[1]
Doctorant, EHESS

Afin de mieux comprendre l'atmosphère sociale à la veille de la révolte populaire des 19 et 20 décembre 2001, nous reviendrons d'abord sur ce qui a été désigné par la « crise argentine ». Cela permettra de définir les conditions de la formation des assemblées populaires à Buenos Aires et dans la plupart des autres villes. Puis nous exposerons la conjoncture de ces jours à l'issue desquels les assemblées sont nées. Nous les caractériserons en nous appuyant, entre autres, sur le témoignage de quelques « voisins »[2] qui ont participé à ces assemblées de quartier[3]. Ces différents mouvements sociaux qui surgissent ou bien se redéfinissent - comme celui des *piqueteros*[4] -, font leur apparition au lendemain des 19 et 20 décembre. Avant toute chose, il importe de considérer les assemblées populaires ou de quartier comme un phénomène inclus dans un ensemble plus large de protestations populaires et d'associations civiles. Tandis que les assemblées surgissent, d'autres mouvements sociaux, tel que les *piqueteros,* se

---

[1]. Doctorant en histoire à l'EHESS, Paris.
[2] Nous préférons le mot « voisin » à celui d'« habitant » pour, malgré l'hispanisme, exprimer le phénomène des assemblées. Les voisins se reconnaissent comme habitants d'un même quartier ou d'une même ville.
[3] Certaines de ces interviews ont été réalisées par moi-même, d'autres proviennent de sources diverses citées au cours de l'article.
[4] Le *piquete* est l'obstruction temporaire d'une autoroute souvent avec des pneus en feu. Des activités sont organisées sur place, football, musique, commerce, débats politiques, soupes populaires... Autrefois, les ouvriers faisaient des *piquetes* pour empêcher l'entrée des usines lors d'une grève. Au milieu des années 90, surgissent des mouvements de chômeurs qui mettent en pratique cette forme de protestation. Nous appelons *piqueteros* ces mouvements sociaux de chômeurs qui surgissent en 1997.

redéfinissent : nous signalerons alors les liens visibles entre les différents acteurs, revendications et modes de manifestations. Ces derniers mettent en évidence une carte assez complexe de la protestation sociale de l'Argentine actuelle. Pratiques et représentations exprimant une nouvelle notion du politique au sein, bien entendu, d'une crise sans précédent historique.

Quatre dimensions de la crise argentine

C'est d'abord une crise économique et financière liée à l'effondrement d'un modèle néolibéral mis en place par les derniers gouvernements. Mais la restructuration et mise en pratique extrême de ce modèle avait été imposée à partir de 1989 par la période ménémiste, notamment par le ministre de l'économie Domingo Cavallo. Ce dernier a été l'artifice de la loi de convertibilité fixant la parité « *uno a uno* » entre dollar et peso, en lien avec la quantité de réserve de devises de la Banque centrale. En s'appuyant complètement sur le capital financier et le système de dette externe, le gouvernement a suivi une politique extrême de réduction du budget public, selon les recettes de certains organismes internationaux de crédit (FMI et Banque Mondiale). Les 6 % annuels de croissance économique entre 1993 et 1997 n'empêchent nullement une progression importante du chômage. La course vers la privatisation des entreprises publiques et l'abandon par l'Etat d'une part de ses responsabilités fondamentales, éducation, santé et régime de retraite, sont les résultats visibles de ce modèle. La précarisation de l'emploi était garantie par l'intermédiaire de lois successives pendant toute la décennie. Les signes d'exclusion sociale sont ainsi évidents. Cependant, depuis quatre ans, les deux dernières années de la décennie ménémiste et les deux années du gouvernement de l'Alliance[5], l'Argentine commençait à subir une récession économique alarmante.

Face à l'accentuation de la récession, à la volatilité des capitaux financiers, à l'arrêt des prêts des organismes

---

[5] Coalition du parti traditionnel radical avec le FREPASO, une force de centre gauche. Le président radical Fernando De la Rúa et son aile conservatrice ont déplacé et effacé peu à peu la représentativité de cette dernière force dans le nouveau gouvernement.

multilatéraux de crédits, à l'évidente « insoutenabilité » de la loi de convertibilité et au problème du déficit fiscal, le gouvernement de Fernando De la Rúa décréta, la semaine précédant les événements, une restriction sévère du retrait d'argent des comptes bancaires des épargnants, le *corralito*. Cette loi inconstitutionnelle, violant la propriété privée, a été l'étincelle déclenchant les protestations des classes moyennes et hautes ; avec, pour les catégories les plus favorisées, l'impossibilité de partir en vacances ; pour les retraités, d'acheter leurs médicaments ; pour les salariés de disposer de leur salaire...

Le processus de délégitimation des classes dirigeantes a une longue histoire. Avec, d'abord, la désillusion économique lors du retour de la démocratie alfonsiniste, dans les années 80, qui se termine avec la crise d'hyper-inflation de 1989. Avec, ensuite, l'immoralité politique qui a caractérisé la décennie du gouvernement ménémiste dans le cadre de la réforme libérale, notamment en ce qui concerne les privatisations suspectes de corruption. Avec aussi la succession quotidienne des scandales de corruption : soupçons par exemple de trafic d'armes, doute vis-à-vis du gouvernement accusé de couvrir l'attentat de la mutuelle juive A.M.I.A., hypothétiques narcodollars, mise en doute de la procédure partiale de la Cour Suprême de Justice... Le gouvernement en place et l'autonomie et la probité des juges étant périodiquement suspectés. Plus alarmant encore, les voies traditionnelles de la politique, telles que la structure des partis, ont perdu toute crédibilité. Il semblerait que les partis politiques, toutes étiquettes confondues, ne puissent plus répondre aux demandes de cette société désabusée. La CGT[6], organisation syndicale traditionnelle, est aussi de plus en plus contestée.

Ainsi, les gouvernants élus ne paraissent plus répondre aux demandes sociales, quotidiennement éclaboussés par des scandales de corruption ; les juges ne répondraient plus aux exigences de la justice ; les organisations des partis et des syndicats traditionnels étant aussi discrédités et contestés.

L'affaiblissement de la légitimité politique de la période de De la Rúa, malgré son slogan d'austérité et de limpidité des

---

[6] Confédération Générale du Travail.

institutions, commença avec la démission du vice-président, Carlos Alvarez. Ce dernier avait dénoncé, sans aucun appui du président, un scandale de corruption à l'intérieur du Sénat. L'incrédulité de la classe politique entière s'est aussi manifestée par le vote des citoyens lors des élections législatives du 14 octobre 2001 avec le *voto bronca*, vote de colère, où la quantité de votes nuls et blancs a été exorbitante. Le Parti Justicialiste a gagné les élections parlementaires mais, dans le contexte d'un fort abstentionnisme, sa légitimité était plus que douteuse. Ces signaux de mécontentement n'ont cependant pas été pris sérieusement en compte par l'ensemble de la classe dirigeante.

La crise de l'Etat, un Etat perçu comme médiateur entre les divers groupes de pression et théoriquement représentant de l'intérêt commun, est peut-être le facteur le plus préoccupant pour l'avenir. Le désengagement progressif de l'Etat de ses responsabilités sociales commence à partir du coup d'Etat de 1976. Entre 1989 et 1995, le discours néolibéral sur un Etat petit mais efficace a dominé la pensée publique. Cependant, à partir de 1996, la récession économique, le chômage, la désindustrialisation et la transnationalisation des centres de décision de l'économie argentine ont affaibli graduellement ce consensus. La crise de la convertibilité a été le dernier coup. Il est aisé de constater la renaissance du « discours » nationaliste-productiviste, lié à la création d'un marché interne, dans le discours de prise de fonction du président intérimaire Eduardo Duhalde[7], désigné par l'Assemblée législative. Néanmoins, il est surprenant de constater l'incapacité de l'Etat à pouvoir élaborer une stratégie de développement économique. Les mots du président Duhalde sont toujours présents à l'esprit : « L'Argentine est en faillite ». L'Etat argentin a perdu son identité souveraine et son autonomie comme régulateur de conflit. Malgré le discours du Président Duhalde souhaitant de profonds changements, la pratique montre pour l'instant une

---

[7] Eduardo Duhalde à l'Assemblée Législative (1-1-2002) : « Ce n'est pas le moment de chercher des coupables. C'est le moment de dire la vérité. L'Argentine est en faillite. L'Argentine est effondrée. Ce modèle à l'heure de son agonie a tout ravagé. Ce même modèle pervers a détruit la convertibilité, a jeté dans l'indigence 2 millions de compatriotes, a détruit la classe moyenne argentine, a anéanti nos industries, pulvérisé le travail des Argentins (…) ».

totale dépendance de l'Etat à l'égard des prêts émis par les organismes de crédit internationaux et, par conséquent, le maintien de leurs exigences[8].

Finalement, nous assistons depuis le coup d'Etat de 1976, et de manière accélérée depuis ces dix dernières années, à une crise sociale. Les quatre derniers mois avant les événements ont contribué à l'accentuation de cet état de crise. La paupérisation générale progressive de la société a comme conséquence directe une polarisation sociale dramatique, effaçant le profil traditionnel de la classe moyenne argentine. Ainsi, depuis des années, nous entendons dire que « L'Argentine se latinoaméricanise ». Le rythme d'augmentation de la pauvreté et l'indigence de ces derniers mois serait difficilement égalable par quelque autre pays ayant connu le même degré de développement économique et étatique que l'Argentine depuis ces vingt-cinq dernières années.

C'est dans ce contexte de crise sociale, politique et économique que nous devons inscrire la dynamique de la protestation, les emblématiques *cacerolazos*[9] et la mobilisation des chômeurs *piqueteros* organisés hors de la structure syndicale CGT. Selon les observations de l'équipe de recherche de l'Université de Buenos Aires dirigée par le sociologue Federico Schuster sur les mouvements sociaux en Argentine, la logique de la protestation des journées de décembre serait, d'une part, une trame complexe loin du caractère d'unité ; d'autre part, il y aurait une différence entre les logiques de l'ensemble de mobilisations de protestation qu'inaugure le soir du 19 décembre et la logique de pillages des hypermarchés[10].

---

[8] Selon Gastón J. Beltrán :*¿Crisis del Estado o continuidad de la decadencia ? Una mirada de la Argentina actual desde un perspectiva clásica*, inédit, Buenos Aires, mars 2002. Le fait que l'Etat soit complètement impuissant face aux groupes que représente le capital financier montre l'absence de base de rationalité étatique propre au capitalisme moderne.
[9] Mise en scène du mécontentement social en frappant sur des casseroles et des outils domestiques bruyants pendant une manifestation.
[10] Chronique détaillée et mise en perspective jour après jour in *La trama de la crisis. Modos y formas de la protesta social a partir de los acontecimientos de diciembre de 2001*, collectif de l'*Instituto de Investigaciones Gino Germani*, Federico Schuster (dir.) de la Faculté des Sciences Sociales, UBA, *Informe de Coyuntura* n° 3, juin 2002.

Cependant, même si le pillage des hypermarchés du 19 décembre a été « opéré » par le péronisme clientéliste, notamment celui de la province de Buenos Aires, il manifeste une nouvelle modalité de pression, illégale et mise en pratique par une population qui n'a plus droit à l'existence décente. Actuellement, les chiffres montrent que 49 % de la population de l'Argentine vit au-dessous du seuil de pauvreté.

La révolte populaire du 19 et 20 décembre et le surgissement des assemblées de quartier

L'histoire de la mobilisation sociale en Argentine est une longue histoire qui ne commence pas les 19 et 20 décembre. Ces dernières années de multiples secteurs ont été à la tête de mobilisations presque quotidiennes : enseignants, étudiants, travailleurs de la santé, chômeurs, retraités, Mères et *Hijos* de la Place de Mai, mouvements des droits de l'Homme, groupements de gauche, grévistes et autres mouvements sociaux d'opposition devenus de plus en plus importants.

Si l'on prend en compte les quatre dimensions de la crise argentine que nous venons de décrire, il n'est pas difficile de ressentir l'atmosphère sociale du pays à la veille des événements. Afin de comprendre le phénomène des assemblées de quartier, nous éviterons de faire une chronique minutieuse du conflit et privilégierons certains aspects pertinents et essentiels.

Environ 800 personnes ont participé au pillage des rayons alimentaires d'un supermarché le dimanche 16 décembre 2001 dans la ville de Concordia, dans la province d'Entre Ríos ; 300 autres personnes ont fait de même dans la périphérie de la capitale de la province de Mendoza. Dans certains cas, la police a utilisé des gaz lacrymogènes et des balles de caoutchouc, tandis qu'au même moment des politiciens locaux essayaient de trouver un accord avec les propriétaires de commerces afin de distribuer des aliments pour éviter les pillages.

Le lundi 17 décembre, divers actes de protestation ont eu lieu, principalement contre le *corralito* bancaire. Près de 400 personnes ont bloqué la circulation de certaines avenues du *Conurbano bonaerense* - dit aussi *Gran Buenos Aires*, il s'agit de districts urbains avoisinant la ville de Buenos Aires mais qui font partie de la Province de Buenos Aires. Parmi les manifestants, il y avait des commerçants et des entrepreneurs. Les réclamations étaient motivées par le retard du paiement des pensions de retraite et de celui des salaires des fonctionnaires. A Buenos Aires, dans le quartier de Nuñez, des habitants et commerçants ont interrompu la circulation de l'Avenue Cabildo pour montrer leur mécontentement lié à la chute vertigineuse des ventes. Dans le quartier de Caballito, les habitants et entrepreneurs voulaient organiser un *cacerolazo*. Des pillages ont eu lieu dans différentes zones du pays. Les habitants d'un bidonville de Rosario ont mis sur pied un *piquete*[11]. A Rosario, des affrontements ont eu lieu entre la police qui, là aussi, utilisa des gaz lacrymogènes et des balles de caoutchouc, les manifestants répliquant par des jets de pierre. Le gouvernement provincial a fini par distribuer 250 boîtes d'aliments... sur les 20.000 promises. Malgré cet effort, le pillage continua dans la ville de Concordia. A Quilmes, district du *Gran Buenos Aires*, 2000 manifestants de la *Coordinadora de Trabajadores Desocupados* Anibal Verón (CTD) ont demandé des denrées aux hypermarchés et la mise en place de *Planes Trabajar* (subsides de 120 pesos que donne l'Etat aux chômeurs), que devaient donner les gouvernements provincial et national. Il faut spécifier que les chômeurs-*piqueteros* étaient assez bien organisés avant décembre 2001. Ils sont les héritiers d'une culture ouvrière disparue. Ils se dissocient des structures syndicales traditionnelles ankylosées (CGT officielle et CGT dissidente) et se trouvent également sous l'influence des partis de gauche. A la mi-2001, nous comptions différents groupes nationaux de *piqueteros* : *Federación Tierra y Vivienda* (FTV) – une branche *piquetera* de la *Central de Trabajadores Argentinos* (CTA) –, la *Corriente Clasista Combativa* (CCC), le *Bloque Piquetero*, la *Coordinadora Anibal Verón* et le *Movimiento Teresa Rodríguez*[12] sont les plus importants. Leurs demandes immédiates étaient l'implantation des *Planes Trabajar* et une distribution alimentaire.

---

[11] Cf. « *La trama de la crisis...* » *op. cit.*
[12] En hommage à Teresa Rodríguez, manifestante assassinée par la répression policière pendant une manifestation de chômeurs à Cipolleti (Neuquén).

Le même jour, une grève des cheminots s'est déclarée en raison de la menace de licenciements massifs. Au même moment, la consultation populaire dirigée par le *Frente Nacional contra la Pobreza* (FRENAPO), un regroupement hétérogène progressiste, dénombrait 3 millions de votes en faveur de la création d'une aide aux chômeurs.

Le 18 décembre, les pillages duraient depuis déjà six jours partout sur le territoire national ; les gouvernements provinciaux et municipaux essayèrent d'improviser des accords avec les chaînes d'hypermarchés afin d'instaurer une distribution d'aliments. Il n'y a pas eu alors de répression policière.

Le mercredi 19 décembre, le Président De la Rúa convoqua une réunion avec des représentants des organisations non gouvernementales, des législateurs, des syndicalistes et des entrepreneurs afin d'« analyser » la situation sociale. A l'entrée de la réunion, le Président s'est fait conspuer par la foule. Au cours de cette rencontre, il a également été fortement critiqué par les participants. Parallèlement, dans la ville de Córdoba, les fonctionnaires municipaux avaient mis le feu à la Mairie en signe de protestation contre les retards importants de paiements des salaires. Le gouverneur de la province de Córdoba a accusé le gouvernement national et lui a imputé la responsabilité de cette situation sociale dramatique. La rumeur faisait état de menaces d'occupation d'édifices publics dans certaines provinces, comme à Concepción del Uruguay dans la province d'Entre Ríos. Dans la ville de Buenos Aires, pratiquement tous les commerces ont été fermés par crainte de pillages. Ailleurs, le pillage des hypermarchés continua. Des camions ont également été pillés sur les autoroutes. Certaines statistiques dénombrent 7 meurtres et environ 140 blessés dont 76 policiers[13]. Vers la fin de l'après-midi, De la Rúa lança un programme d'urgence alimentaire de 7 millions de pesos. Par la suite, il décréta l'Etat de siège pour une durée de 30 jours sur tout le territoire national, en considérant que les pillages et les actes de violence étaient dirigés par des activistes de l'opposition politique. La musique des *batucadas* (rythmes de samba exécutés par des groupes de percussions, très fréquemment utilisés lors des

---

[13] Cf. *La trama de la crise... op. cit.*, p. 18.

manifestations) et le bruit des casseroles se sont immédiatement fait entendre aux croisements de certaines avenues de Buenos Aires. A 23 heures, le président prononça sur la chaîne nationale de radio et de télévision un discours de quatre minutes expliquant le décret. Par ce dernier, il invitait indirectement l'opposition, le parti justicialiste – qui à ce moment avait la majorité parlementaire après le « vote de colère » et détenait la plupart des gouvernements provinciaux - à créer une sorte de coalition ou *cogobierno*. Ce discours pathétique d'un président, qui, longtemps, resta sourd au climat social alarmant avant de devenir autoritaire, fut l'étincelle qui déclencha la grande révolte spontanée du 19 décembre. Effectivement, la fin du discours du président coïncida avec le début du bruit des casseroles et des klaxons de voitures.

Nous avons interviewé une habitante de Palermo, un quartier de Buenos Aires, qui raconte son expérience du 19 au soir :

« En décembre, le jour du premier *cacerolazo*, j'étais très déprimée à cause des choses qui se passaient. Je croyais que j'allais tomber malade. Quand j'ai commencé à entendre le bruit des casseroles, tout de suite j'ai pris un *jarrito* (petit verre en fer) et je suis descendue dans la rue toute seule, un peu timide. Je n'ai pas eu besoin d'aller jusqu'à une avenue pour rejoindre des gens car, tout de suite, j'ai reconnu quelques voisins que je connaissais un peu, de vue. Ils sortaient eux aussi après avoir entendu le discours du président et l'expression « état de siège ». (...) Nous sommes restés longtemps à battre des casseroles sans s'arrêter ; les voitures klaxonnaient, des gamins nous accompagnaient »[14].

L'état de siège est un triste souvenir dans la mémoire argentine. Il n'est pas difficile d'imaginer l'angoisse de cette habitante de la classe moyenne qui avait regardé à la télévision toute une journée des images tragiques d'individus désespérés et désabusés et qui, en dernier recours, pillaient.

Néanmoins, il est aussi important de souligner que les manifestations spontanées dans la rue des classes moyenne et haute ont été guidées par le désespoir social filmé par les caméras de télévision et surtout par une rancune personnelle : le

---

[14] Interview d'une habitante de Palermo, juin 2002.

corralito bancaire. Les analystes ont discuté de l'influence directe de cette restriction sur les motivations immédiates des mobilisations de ces classes sociales.

Toujours dans cette nuit du 19 décembre, les habitants sont descendus de façon spontanée en frappant des casseroles. D'abord au coin des rues et puis, peu à peu, au bruit, ils se sont dirigés vers les intersections des avenues les plus importantes. Rapidement, les groupes se sont déplacés vers les centres symboliques de la protestation historique de Buenos Aires : l'historique Place de Mai, l'Obélisque et la Place du Parlement. Dans les autres villes importantes comme Rosario et La Plata ainsi que dans quelques districts du *Gran Buenos Aires*, les gens sont de même descendus manifester. Le slogan le plus courant était « *Que se vayan todos. Que no quede ni uno solo* » (qu'ils s'en aillent tous ; qu'il n'en reste aucun) et faisait référence à tous les politiciens de tous les partis politiques. Des *escraches*[15] ont eu lieu devant la résidence présidentielle à Olivos (Province de Buenos Aires) et devant le domicile du ministre de l'Economie, Domingo Cavallo.

Le jeudi 20, à une heure du matin, fut annoncée la démission du ministre de l'Economie, suivie de celle de tous les autres ministres. Entre-temps, les manifestations ne faiblissaient pas et les concerts de casseroles se multipliaient. Aucune couleur de parti politique, uniquement des jeunes, des personnes âgées et des familles entières dans la rue, tous contre la classe politique (contre les figures du gouvernement présent et antérieur), tous entourés des bruits de casseroles et de klaxons. Malgré le caractère tout à fait pacifique de la révolte civique, la police a commencé à jeter des grenades lacrymogènes sur la Place de Mai. Les familles avec des enfants ont rapidement quitté la place mais les autres manifestants ont résisté. Une bataille a éclaté entre les manifestants qui jetaient des pierres et la police.

---

[15] Mode de protestation consistant à manifester devant le domicile d'une personne contestée et d'y faire du bruit et d'autres choses (parfois des représentations théâtrales dans la rue). A l'origine, cette méthode était pratiquée par des fils et des membres de familles de disparus de la dictature qui, en exigeant des jugements et punitions, signalaient les domiciles des bourreaux et collaborateurs de la dictature argentine, amnistiés ou laissés en liberté. Plus tard les *escraches* s'attaqueront aussi aux banques et sièges des services publics privatisés.

La répression a été féroce. La police et la police montée ont chargé la foule, utilisant des balles réelles, tuant 7 manifestants et en blessant d'autres. Les affrontements entre la police et les manifestants ont continué tout au long de la journée du jeudi 20.

L'appel à la coalition avec l'opposition, lancé par le Président n'a pas été accepté. Le justicialisme interprétait ce geste comme un transfert des responsabilités en pleine crise. Vers 20 heures, le Président De la Rúa présenta sa démission au parlement et s'échappa en hélicoptère. La journée de jeudi se termina avec un bilan de 25 manifestants tués et 400 blessés[16].

Les journées du 19 et 20 décembre 2001 ouvrent un cycle de mobilisations sociales quasi quotidiennes qui se poursuivent encore aujourd'hui. Les réclamations sont aussi diverses que la nature des groupes qui les formulent. Le slogan qui demeure encore à l'esprit de tous est « qu'ils s'en aillent tous ». Ainsi, de virulents reproches sont adressés à preque tous les politiciens, d'hier et d'aujourd'hui, à la Cour Suprême de Justice, aux entreprises des services privatisés, aux banques, aux représentants du FMI, aux entreprises et aux organismes privés qui licencient massivement et accumulent des retards dans le paiement des employés. Le gouvernement est nécessairement touché par ce mécontentement de l'opinion publique et on exige de lui le changement définitif du modèle, la distribution de denrées alimentaires et la création d'emplois et d'aides pour les chefs de familles sans travail. Les assemblées populaires sont nées progressivement de ce processus et se sont rapidement raliées à d'autres formes de mobilisation.

Pepa Vivanco, une habitante de Palermo faisant partie d'une assemblée populaire, raconte comment son assemblée s'est formée :

« (...) Aux coins de rues de Buenos Aires, il y avait des gens qui commençaient à se rejoindre tous les jours pour discuter et ils sont devenus des modèles à imiter. Plusieurs parmi nous ont commencé à rêver d'utopie : ce serait génial de commencer à faire des réunions dans les quartiers ! Mais... comment faire? Tout le monde commençait à papoter dans la queue des

---

[16] Autre élément inédit de cette tragédie argentine, l'absence de deux acteurs traditionnels, l'armée et le syndicalisme.

banques, dans les boulangeries, au boulot et chez soi. C'est comme ça que l'information a commencé à circuler. Nous disions : « Il y a des gens qui ont déjà un horaire fixe pour leur réunion à tel ou tel coin de rue. On pourrait faire pareil, là ». On croyait que cette ferveur durerait une semaine ou deux et qu'ensuite on retournerait tous à la méfiance et au scepticisme ; des gens disaient : « Que l'on essaie n'importe quoi, de toutes manières ils vont te tromper »; « Je préfère aller au cours de méditation et m'arranger toute seule comme je peux... » En dépit de tout cela, la mobilisation monte et baisse, mais elle est toujours présente. En ce moment, au mois de juin (2002), il y a 130 assemblées qui fonctionnent (...) »[17].

Cependant, le phénomène des protestations et formations spontanées des assemblées populaires s'est étendu dans toutes les régions du pays. La même habitante de Palermo raconte :

« Durant ces journées de *cacerolazos*, de barrages d'autoroutes et d'affrontements avec la police, nous avons quitté Buenos Aires afin de fêter Noël dans un tout petit village de 5000 habitants dans la province de Santa Fé, en croyant que, là, il ne se passerait rien. Mais cette même journée, des gens sont descendus dans la rue pour jeter des œufs sur les deux banques et pour crier. Tout ça dans une *Cañada Rosquín* où il ne s'était jamais rien passé. En plus, les vieux et les jeunes ont improvisé une assemblée sur la place : ils discutaient, échangeaient leurs opinions et prenaient des décisions. Ils restaient là, toute la journée, sous un soleil de plomb. C'est comme ça que se sont construits des groupes *Autoconvocados* qui continuent à se réunir aujourd'hui ».

Le fonctionnement d'une assemblée de quartier

Il est évident que nous ne pouvons construire un modèle de fonctionnement correspondant à toutes les assemblées et cela seulement à partir du témoignage de quelques participants et des observations de quelques autres. Nous avons donc choisi d'étudier en profondeur un cas qui, sous plusieurs aspects,

---

[17] Interview de Pepa Vivanco, voisine de Palermo et participante de l'assemblée de Scalabrini Ortíz qui fait angle avec Córdoba, juin 2001.

semble assez représentatif, en commençant par le mettre en contexte : comme l'écrit Clifford Geertz, l'anthropologue n'étudie pas les villages mais il étudie dans les villages.

Il faut d'abord signaler l'encadrement territorial de cette expérience associative : normalement, les assemblées de quartier se réunissent aux croisements de rues ou d'avenues ; ces mêmes croisements de rues qui, au début, avaient accueilli les *cacerolazos*, accueillent désormais les assemblées de quartier.

Pepa Vivanco, musicienne de profession et mère de famille, a 52 ans. Elle fait partie de l'assemblée qui se réunit à l'angle des avenues Scalabrini Ortíz et Córdoba. Ces réunions ont lieu les jeudis à 21 heures[18]. Il y a entre 20 et 50 voisins qui y participent. Le décompte a été fait au mois de juin. Ils sont tous debout à l'angle des rues pendant trois heures, supportant le froid de l'automne et, souvent, la fatigue d'une journée de travail. Il s'agit dans ce cas de la classe moyenne de Buenos Aires. Les catégories d'âge sont très variées. Quelques participants y assistent de temps en temps tandis que d'autres ne manquent pas un seul jeudi. Tout le monde énonce son opinion librement, avec comme seule restriction le temps de parole. Les motions sont ensuite votées à main levée. Les lundis et mardis, des commissions formées spontanément par ceux qui désirent travailler dans des domaines qui les intéressent ou qu'ils considèrent de première nécessité, tels que la santé, la culture, la politique, les médias etc, se retrouvent dans des églises et des bars. Le résultat du travail de ces commissions est ensuite discuté à l'assemblée du jeudi afin d'être approuvé ou refusé.

A partir du mois de janvier, des assemblées *interbarrial* (interquartiers) ont commencé à se regrouper les dimanches dans le *Parque Centenario*. Pepa nous donne son impression :

« (...) Il y avait des gens des assemblées et tous ceux qui en avaient envie. Tout le monde s'asseyait sur la pelouse avec du *mate* [boisson typique argentino-uruguayenne], les garçons, les grands-parents... ils ressemblaient tous à Woodstock, mais ils discutaient de politique. (...) Les assemblées prenaient la parole à tour de rôle et on faisait circuler une *gorra* [chapeau] pour

---

[18] Les interviews ont été réalisées en juin 2001.

payer l'équipement sonore. Il était aussi fréquent d'avoir des orateurs spontanés qui arrivaient avec des nouvelles urgentes : *piqueteros*, pour raconter qu'un copain du mouvement avait été blessé par balle par la police ; un journaliste, pour dénoncer des réunions de militaires et le danger d'un coup [coup d'Etat] ; les mères [les Mères de la Place de Mai], d'autres *piqueteros* à Jujuy [province du nord-ouest de l'Argentine] (...) A la fin de la journée on votait des motions pour prendre des décisions. Les motions les plus controversées retournaient aux assemblées pour continuer d'être discutées. »

Néanmoins, le fonctionnement de l'Assemblée *Interbarrial* au mois de juin, moment où nous avons fait les interviews, avait déjà changé. Désormais il n'y a plus que deux représentants de chaque assemblée de quartier qui assistent à l'*Interbarrial*. Ces derniers votent exclusivement les points qui ont déjà été discutés dans leur quartier. Ce mode d'organisation cherche à garantir la démocratie directe le plus fidèlement possible. Malgré ce système très réglementé, l'urgence des problèmes nécessite la mise en place de groupes d'échanges entre quartiers, ainsi que différentes voies de communications plus spontanées, créatives, utilisant tous les moyens, de la voix à l'électronique, et donc moins réglementées. En fait, les assemblées sont très diverses selon la zone, les participants sont différents et les domaines de travaux peuvent aussi varier. Malgré tout cela, Pepa affirme que cette diversité enrichit l'ensemble puisque le succès d'une assemblée dans un certain domaine encourage les autres secteurs. Par exemple, il y a des assemblées dont les points forts sont l'organisation des protestations (protestations avec casseroles, réalisation d'*escraches*, débats politiques, publications de brochures et insertion dans les medias). En revanche, il y en a d'autres dont les points forts se situent dans les travaux à l'intérieur du quartier même (des achats communautaires, mise en place de jardins potagers de quartier, assistance aux écoles et gestion des ateliers culturels). A propos de ces dernières, Pepa Vivanco signale qu'il y a des assemblées qui ont connu un succès admirable dans le domaine de la santé (consultations gratuites, approvisionnement de médicaments). Elles commencent graduellement à être acceptées légalement et à s'intégrer dans les hôpitaux.

La place de la culture n'est pas non plus à négliger en ce qui concerne la revitalisation du lien social. Pepa est musicienne. Elle décrit une de ses dernières interventions dans ce domaine :

« Ce week-end j'ai joué dans un festival organisé par une autre assemblée de Palermo. C'était très émouvant : samedi et dimanche, du matin au soir, une rencontre entre culture et politique dans un espace complètement occupé par des intérêts merveilleusement différents et complémentaires. On n'en revenait pas : les *boliches* [bars, pubs] et les ateliers du quartier offraient gratuitement près de dix activités simultanées par heure, débats, présentations de livres, cinéma de gauche, défilés de mode et maquillage. Il y avait aussi des *cartoneros* [clochards qui récupèrent des cartons dans la rue pour les vendre] qui participaient à la fête et des *squatters*. Il y avait du vin et de la bière gratuits, du théâtre, du tai-chi-chuan, des *murgas* [groupes de musiciens, danseuses et saltimbanques typiques du carnaval traditionnel rioplatense, ces groupements se sont développés ces dernières années en Argentine]. (...) Le plus incroyable est la quantité de gens qui circulaient et le fait que les activités les plus sollicitées étaient celles liées au thèmes politiques ».

En ce moment, l'assemblée de Scalabrini Ortíz et Córdoba donne la priorité à deux actions concrètes. D'une part, les participants ont rédigé une pétition adressée aux services ex-publics afin de dénoncer l'illégalité de leur privatisation et pour s'opposer à leurs augmentations de tarif. Il s'agit d'un projet ambitieux. Cela fait longtemps qu'ils se renseignent auprès d'avocats, d'économistes et d'institutions diverses. Cette pétition sera présentée au public accompagnée d'un *cacerolazo* ou bien d'un *apagón* : en signe de protestation contre les services publics, les citoyens fixent un moment dans la soirée pour éteindre un court instant toutes les lumières - parfois il s'agit de décrocher tous les téléphones pendant un certain délai. D'autre part, ils organisent des *escraches*, des marches dans la rue, rédigent des articles pour la presse et soutiennent solidairement les ouvriers de Zanon, dans la province de Neuquén. Face aux menaces de licenciements et de faillite de l'usine de céramique Zanon, les ouvriers ont pris possession des lieux il y a huit mois. Il est intéressant de constater qu'ils ont eux-mêmes commencé, avec succès, à produire en autogestion. Cette initiative est devenue un modèle de réussite. Des accords ont déjà été signés avec les indiens mapuches afin de ne pas détériorer le sol, et l'exportation de certains produits vers le Chili a commencé. Le milieu patronal et les grands entrepreneurs font tout ce qui est en leur pouvoir pour les empêcher de continuer. Cet exemple de réussite est important, car il permet de donner plus de réalité au slogan si préconisé « *unión de piquetes y cacerolas* »[19].

Dans ce registre de la solidarité classe moyenne-assemblées-mouvement de chômeurs, il faut aussi souligner la nature de la mobilisation du 9 juillet dernier sur la place de Mai, en l'honneur de la fête nationale argentine : celle-ci rappelle l'indépendance à partir de la création de la première constitution souveraine du 9 juillet 1816. Les articles du journal *Página 12* du 10 juillet, décrivent cet événement en détail. La Place de Mai a été occupée par plus de 35000 manifestants, parmi lesquels se trouvaient des participants des assemblées de quartier, des *piqueteros*, des étudiants, des groupements de gauche et des organismes des droits de l'Homme. Sans doute à cause de la prolifération des groupements et du manque d'unification des demandes, il n'y a pas eu d'orateurs. Cependant, des slogans efficaces étaient scandés et affichés : « Pour une seconde et définitive indépendance »[20]. D'après le chroniqueur de ce journal, les slogans que les participants des assemblées avaient écrits sur leurs pancartes se résumaient à ceci : « Pour la seconde et définitive indépendance ; Duhalde et FMI partez ! Arrêtez la répression ! Pour un gouvernement des travailleurs et du peuple ! Qu'ils s'en aillent tous ! Pour un autre *argentinazo* !

---

[19] Autre cas intéressant, la prise en main de l'usine de biscottes Grissinopoli par ses ouvriers. Depuis neuf mois, l'usine ne réglait plus les salaires de ses 26 employés. Désormais, les ouvriers travaillent en collaboration avec les participants des assemblées du quartier dans le but de transformer cette usine en coopérative. Son nouveau nom est *Nueva Esperanza*.
[20] *Página 12*, 10-07-2002, article de Laura Vales : « *La Plaza de Mayo colmada por segunda vez en siete días. Si no se reactiva, hay escrache* » et Irina Hauser : « *Backstage de la marcha de asambleístas a la Plaza* » et l'éditorial de Luis Bruchstein : « *El comienzo de la política* ».

Santillán et Kosteki présents[21] ! »[22] D'ailleurs, depuis l'assassinat par la police de ces jeunes *piqueteros*, Darío Santillan et Maximiliano Kosteki, les assemblées ont commencé à baptiser de ces deux noms les nouvelles cantines populaires et les centres culturels qu'elles ouvrent. Ces éléments permettent de comprendre qu'une union entre *piquetes* et *cacerolas* ou, en d'autres termes, entre la classe moyenne paupérisée et les mouvements populaires des travailleurs prolétaires et chômeurs, est plausible. Sera-t-elle temporaire, éphémère ou isolée ? Le temps donnera la réponse.

Quel est le rôle du militantisme traditionnel de gauche dans le cadre des assemblées ? Pepa Vivanco relate son expérience :

« L'incidence du vieux militantisme de gauche produit des effets très variés : quelques-uns ont peur de répéter des erreurs et de subir la répression ; d'autres insistent sur l'urgence de s'organiser et d'avoir une direction, de créer des leaders et des programmes déterminés. Il y en a d'autres qui craignent de tomber dans la structure d'un parti politique. Cela nous mènerait, sans nous en rendre compte, à une concurrence entre nous pour le pouvoir et sur le chemin de la corruption ... »[23].

La question de la fédération des demandes avec d'autres mouvements sociaux est aussi liée au manque de direction des assemblées. Le mouvement des assemblées doit être considéré comme une nouvelle pratique et représentation du politique, dans le cadre d'une Argentine où l'Etat et ses institutions sont incapables de satisfaire les demandes sociales. Quel est l'avenir

---

21 Darío Santillan et Maximiliano Kosteki sont deux *piqueteros* tués par la police au cours d'une mobilisation le 26 juin 2002 sur le Puente Pueyrredón, pont qui relie la capitale et le *Gran Buenos Aires*.
22 *Página 12*, Laura Vales : *op cit.*
23 Pepa Vivanco. Elle ajoute « Ce problème de la structuration politique bouffe des heures et des heures de discussions, confrontations, divisions et parfois on se moque de quelqu'un... Parfois tout ça ne semble mener à rien, mais d'autres fois on montre la richesse de ce moment politique. (...) Dans la pratique, il m'arrive d'entendre un vieux dire n'importe quoi et je me dis « il est fou », après [il peut arriver que] parle une jeune fille et moi je n'en reviens pas de ce qu'elle vient de dire (...) [il peut arriver que] quelqu'un d'autre parle et me démoralise complètement, ou parfois il y en a un dont le discours m'inspire beaucoup. Parfois je commence à m'énerver parce que le temps passe sans que l'on règle quoi que ce soit. Parfois je m'aperçois que j'ai à l'intérieur de moi-même toutes ces contradictions (...). »

de ces nouveaux modes politiques ? La volonté populaire est d'enrichir l'expérience des assemblées afin de produire un changement structurel dans la politique nationale. Le sociologue Gabriel Nardacchione évoque la nécessaire apparition de nouveaux porte-paroles à travers un consensus nouveau au sein des assemblées. Ces figures, selon lui, pourraient fédérer les demandes et réussir la transformation de ces multiples réseaux solidaires en de véritables interlocuteurs politiques. C'est uniquement de cette manière que nous pourrons entamer une refondation institutionnelle de la république[24]. Nous sommes d'accord avec les idées de Nardacchione en ce qui concerne la nécessité de voir apparaître de nouveaux porte-paroles afin de concentrer les demandes et de faire évoluer ainsi le processus d'administration du public, bien qu'après le mois de mai le mouvement des assemblées ait diminué en intensité. Aujourd'hui, il existe sur l'ensemble du pays environ 270 assemblées qui continuent toujours à se réunir fréquemment. Nous croyons cependant qu'il est bon d'être enthousiaste, mais il est aussi nécessaire de relativiser l'impact et le poids réel des assemblées. Au départ, certains faisaient des analogies un peu faciles avec la Commune de Paris ou la démocratie directe au niveau national. Même si l'esprit qui anime les assemblées est orienté vers un changement radical et vers la recomposition d'une Argentine différente. Pour conclure, quelques mots de Pepa Vivanco qui montrent tout le paradoxe de la situation :

« (…) [Nous avons la sensation] …d'être en train de construire quelque chose de nouveau mais de ne pas savoir de quoi il s'agit, il faut cependant tout changer (…). Heureusement l'ennemi (le FMI ou le nain sceptique que nous avons tous à l'intérieur de nous) est aussi désorienté puisqu'il ne sait pas face à quoi il sera confronté demain, il ne peut donc planifier facilement des stratégies pour nous détruire. Peut-être est-ce cela notre pouvoir réel ?».

---

[24] Gabriel Nardachionne : « ¿Qué vínculo tienen con la política las protestas que tienen origen el 19-12-2001? » *inedit*, Paris, août 2002. « Les événements multiplient les voix mais n'ont pas de porte-paroles ». (…) « Cette construction multiple doit gérer nécessairement de nouveaux porte-paroles (…) qui réussiront à construire de nouvelles formes d'articulations avec les instances les plus hautes de la politique ».

Bibliographie

Beltran, Gastón J. : « ¿Crisis del Estado o continuidad de la decadencia ? Una mirada de la Argentina actual desde una perspectiva clásica. ». *Inédit*, avril 2002, Buenos Aires.

Nardacchione, Gabriel : « ¿Qué vínculo tienen con la política las protestas que tienen origen el 19-12-2001? ». *Inédit*, Paris, août 2002

Palomino, Pablo : « Discusión en torno a la crisis ». *Inédit*, Buenos Aires, juin 2002

Schamis, Héctor E. : « Emergencia económica y crisis política en Argentina. ¿consolidación de la democracia ? » (trad. espagnol) *Journal of democracy*, USA, avril 2002.

Schuster, Federico et autres : « La trama de la crisis. Modos y formas de protesta social a partir de los acontecimientos de diciembre de 2001 ». *Informe de Coyuntura Nro 3, Instituto de Investigaciones Gino Germani*, director Federico Schuster, Facultad de Ciencias Sociales, Universidad de Buenos Aires, Buenos Aires, juin 2002.

Sources

Interviews :
1. Habitante du quartier du Palermo, Buenos Aires juin 2002.
2. Pepa Vivanco, habitante du quartier du Palermo, participante de l'assemblée à l'angle des avenues Scalabrini Ortíz et Córdoba, juin 2002.

Presse locale :
Diario Clarín, Suplemento Zona (4 août 2002).
Página 12 (10 juillet 2002).

Document
Forum social en Argentine

Christophe Aguiton
ATTAC

Les 22, 23 et 24 août s'est tenu à Buenos Aires un Forum social argentin qui a connu un succès très impressionnant. Environ 20000 personnes y ont participé, ce qui est considérable dans un pays qui a connu 30000 disparus dans les années 1970, où une génération militante entière a donc été décapitée.

Et le mélange militant était au rendez-vous dans un pays, l'Argentine, où pourtant domine trop souvent le sectarisme et la dispersion entre groupes politiques. Il y avait des points de vue politiques et idéologiques différents mais surtout un brassage social fascinant entre les milliers de *piqueteros* (organisations de chômeurs qui ont organisé des blocages de routes, les " piquets ", en juillet et août 2001) et des secteurs des classes moyennes. Mais il y avait aussi une participation syndicale réelle de secteurs de la Centrale des travailleurs argentins (CTA) et de nombreux réseaux militants, comme Attac Argentine ou le Clacso (*Centro Latino Americano de Ciencias Sociales*) - un centre de recherche assez prestigieux qui a joué un rôle important dans la mise en place du forum - et énormément de jeunes.

L'organisation de ce forum avait été décidé en lien avec l'équipe brésilienne du forum social mondial, parce que l'Argentine est devant des échéances sociales, politiques et internationales très importantes.

Des échéances sociales internes, car la crise pèse considérablement, en particulier sur les chômeurs, mais aussi sur les classes moyennes, depuis l'instauration du *corralito* (le gel des comptes bancaires) et, aujourd'hui, sur la classe ouvrière. Toute une série de revendications immédiates ont été présentées et débattues à Buenos Aires. Mais le forum social était aussi l'occasion de se rendre compte de l'inventivité sociale qui se développe en Argentine. Tout le monde a entendu parler du développement rapide d'une économie d'échanges directs, de troc. Il y a aussi, même si cela est moins connu, plusieurs usines qui sont occupées et dont la production a été remise en route par les ouvriers et par les salariés, lesquels organisent des ventes directes aux particuliers. Dans ces usines, les salariés ne veulent pas se contenter de créer des coopératives, un mode de gestion qui se développe d'autant plus que beaucoup de patrons mettent la clé sous la porte, mais entendent promouvoir une forme d'action qui s'inscrit dans une logique anticapitaliste et dans les luttes sociales du moment, un peu à l'exemple des Lip , dans la France de 1973. Pendant le forum s'est tenue une coordination nationale des usines occupées et remises en route par leurs salariés.

Les échéances politiques internes sont aussi importantes puisqu'une élection présidentielle est prévue dans quelques mois.

La situation est un peu compliquée dans la gauche : Elisa Carrio, dirigeante de l'ARI (alliance pour une république des égaux, centre gauche), a la première place dans les sondages, avec près de 25 % des intentions de votes et, plus à gauche, on trouve Zamora, ancien dirigeant d'une organisation d'extrême gauche, en troisième position, avec 8 à 9 % des intentions de vote. Le forum social n'avait pas pour but de prendre position dans ces débats, même si les discussions étaient vives, mais de demander aux candidats de prendre en compte les revendications populaires qui s'exprimaient.

Au niveau international, les élections qui auront lieu en octobre au Brésil étaient dans la tête de tous les participants. Une éventuelle victoire de Lula était vécue comme une occasion pour un changement radical dans toute la partie sud de l'Amérique Latine, en prenant appui sur les mouvements sociaux qui se développent en Uruguay comme en Argentine, mais aussi sur la montée de la gauche en Bolivie, dont le représentant, le dirigeant paysan Evo Moralez, était le héros du forum social argentin. Le premier élément d'un tournant dans la région serait une remise en cause des accords sur la zone de libre-échange des Amériques (Zléa, Alca en espagnol). Une conférence des chefs d'Etat et de gouvernement aura lieu à Buenos Aires, en mars 2003, et sera l'occasion d'une mobilisation dans tout le continent.

La tenue de ce Forum était importante pour favoriser les rapprochements et les démarches unitaires. Les divisions étaient en effet nombreuses.

Il y a avait tout d'abord un problème social. Les chômeurs, organisés au sein des *piqueteros*, avait été les premiers à se mobiliser par des blocages de routes, les piquets. Les journées de décembre 2001, contre l'instauration du *corralito*, et celles qui ont suivi, ont vu descendre dans la rue les classes moyennes, qui ont manifesté avec les chômeurs. Les syndicats étaient alors peu présents, parce que la classe ouvrière continuait à être payée, mais aussi parce les directions syndicales se sont peu impliquées. La CGT, majoritaire, est très bureaucratisée. La CTA, plus combative, a manqué les débuts du mouvement, pour les raisons sociales que nous venons de voir, mais aussi parce qu'elle vivait mal de ne plus être au centre d'un processus dominé par les assemblées populaires qui se sont mises en place dans chaque quartier.

Les traditions sectaires de certaines organisations politiques argentines, comme le *Partido obrero* (PO), le principal groupe d'extrême gauche, les mesures populistes du nouveau gouvernement (issu du péronisme), tout comme la préparation des présidentielles n'ont pas arrangé des choses. Les *piqueteros* se sont divisés lorsque le gouvernement a pris quelques mesures pour assurer un minimum aux chômeurs et, sur le plan politique, une ligne de clivage sépare ceux qui, comme la direction de la CTA, voudraient un accord entre Elisa Carrio et Zamora, et ceux qui veulent une candidature de gauche distincte du centre gauche.

Le mouvement est malgré tout assez fort pour surmonter la plupart des divisions. Tous, à l'exception de PO, étaient au forum social et la dynamique des assemblées populaires est toujours très forte.

Le dernier jour du forum, une assemblée des réseaux militants a discuté de la question et tout le monde a accepté le principe d'un travail unitaire pour la suite !

Document
Témoignage d'une Argentine émigrée en France

Estela López

Je viens de rentrer d'un voyage très personnel. Je suis allée en Argentine rendre visite à ma famille et mes amis. Je suis Argentine, mais j'habite en France depuis 23 ans. Je suis professeur d'espagnol dans un collège de la région parisienne.

Là-bas, j'ai parcouru une partie de ce grand pays, rien que pour rendre visite à quelque frère ou ami : nous sommes neuf frères et sœurs ; et les amis de vieille date je ne les compte plus...

En effet, j'allais pour voir beaucoup de monde. J'ai voyagé de Buenos Aires à la Patagonie pour participer à une fête familiale. De la Patagonie je me suis rendue à Necochea et Mar del Plata, deux villes touristiques de la côte atlantique. J'ai ensuite séjourné dans ma famille, à 40 kilomètres de la capitale.

Deux mois après les « événements » de décembre : le dollar du voyageur

Le premier fait que je souhaite raconter est mon arrivée à l'aéroport international de Buenos Aires, Ezeiza. L'événement est assez « parlant » quant à la situation du pays.

Mon vol, en provenance de São Paulo, au Brésil, transporte sur le territoire argentin un grand nombre d'étrangers, toutes nationalités confondues ; la compagnie fusionne plusieurs vols internationaux (Europe, Amérique du Nord) à São Paulo.

Tout ce petit monde attend ses bagages. J'attends les miens -arrivés en dernier car j'avais été la première à enregistrer à São Paulo. Je vois qu'autour des caddies une foule s'entasse, tantôt diminuant, tantôt grossissant . « Que se passe-t-il » me dis-je ? Mais j'étais trop inquiète à surveiller que mes bagages arrivent. Enfin ! Et me voilà partie pour récupérer un caddie.

On m'avait tant répété qu'il était dangereux de laisser les valises tourner sur le tapis, et qu'il fallait les prendre dès qu'elles arrivaient à cause des vols très fréquents, que je les avais impatiemment attendues... Même quand on est argentine, la rumeur de l'insécurité a prise sur vous.

Avisant des employés de l'aéroport -chemises blanches, pantalons noirs, badge de l'*Aeropuerto Internacional de Ezeiza*, une sacoche type banane attachée à la ceinture-, je leur demande comment faire pour avoir un caddie. Ils me répondent « en payant 2 *pesos* 50 *centavos* ».

Ici commence le premier round sur le territoire argentin. « Mais je n'ai pas de pesos ! Où puis-je changer de l'argent ? ».

Je surveille d'un œil mes bagages posés à côté du tapis roulant. De l'autre, je cherche un bureau de change ou une banque et j'entends mon interlocuteur dire : « Vous pouvez le faire au bureau de change qui est là, ou à la Banque mais, aujourd'hui, vendredi, c'est fermé car nous avons un *'feriado bancario'* » (une journée où toutes les opérations bancaires sont suspendues car les banques sont fermées à cause de l'envolée, la veille, du dollar : protection du peso oblige...). Je commence à comprendre.

« Vous pouvez me changer des dollars, je suppose ? »
« Bien sûr, mais cela ne vous convient pas.
« Pourquoi ?
« Parce que je change 1=1 ».

La fermeture des banques avait été décidée la veille, car le *peso* cotait 2,7 pour un dollar.

La parité peso-dollar a été « monnaie courante » quinze années durant. Alors je me hasarde à demander si on veut bien me faire de la monnaie de 10 dollars. Bien sûr que non ! Me voilà escroquée dès mon arrivée ! Heureusement... j'avais une petite coupure en poche. On me rend la monnaie en peso, comme à tous les autres voyageurs. Pour peu que ces derniers aient la malchance d'avoir seulement des coupures de 50 ou 100 dollars et trop de bagages, les employés de l'aéroport ont de quoi arrondir bien plus que la fin de la semaine. En toute impunité et dans l'enceinte d'un aéroport international, le voyageur est victime d'un vol organisé. L'impunité, un sentiment national que tous ressentent et subissent.

Une Patagonie sans repère ?

En Patagonie, deux de mes frères et moi-même décidons de faire un peu de tourisme. Nous sommes à Puerto Madryn, à environ 100 km de Puerto Piramides, là où les baleines viennent se reproduire, depuis la nuit des temps. Il n'y a pas de baleines, car ce n'est pas la saison. Mais nous voulons y aller tout simplement pour visiter la région : c'est un paradis pour la flore, la faune et le paysage. Nous voilà partis à deux voitures, cinq adultes et trois enfants. Nous avons roulé environ 95 km sur une route nationale à deux voies lorsqu'une barrière de péage nous coupe la route : il faut payer pour continuer. Pourquoi ? Parce que contribution à la protection du milieu naturel oblige ! Bilan de l'opération : 7 pesos 50 par adulte, 3 pesos 50 par enfant. Les deux voitures sont immatriculées à Buenos Aires : L'Argentine étant officiellement un Etat fédéral, nous demandons si c'est un impôt appliqué seulement aux visiteurs d'autres provinces : pas du tout. Les voitures de la Province de Chubut doivent aussi payer - le même prix ! Et c'est la seule route existante dans ce désert horizontal...

Voilà comment le sens de Nation se dilue peu à peu et comment cette notion de « une langue, une monnaie, un territoire » n'est plus ce qu'elle devrait être. En effet, tout au long de mon voyage j'ai connu plusieurs unités de change : le peso n'est qu'une référence par rapport au dollar.

Encore de quoi étonner un simple économiste. Arrivés à Puerto Piramides, nous n'avons plus de liquide sur nous, car nous avons tout donné aux agents du péage. Bien sûr, nous voulons déjeuner mais il nous est très difficile de trouver un restaurant qui veuille bien prendre mes dollars en échange d'un repas. Les plus grands restaurants de la petite ville refusent dollars et cartes de crédit. Les cartes de crédit, à la limite c'est compréhensible, mais les bons et verts billets de l'oncle Sam ! L'Argentin de la province n'a plus confiance en rien ni en personne. Nous réussissons finalement à manger dans un tout petit restaurant, dont les cuisiniers et propriétaires sont un couple fort sympathique. Ils ont vécu en Espagne et superbement appris à préparer les fruits de mer !

Souvenirs sociaux pour une industrie métallurgique défunte

Presque 26 ans après mon départ d'Argentine, au temps de la dictature, je revois des collègues de travail, de l'époque où j'habitais encore à La Plata, la capitale aisée de la province de Buenos Aires. Je les avais vues pour la dernière fois en 1976, avant le Coup d'état militaire du 23 mars. Je travaillais à l'époque dans une usine métallurgique où j'étais déléguée syndicale.

Cette rencontre est l'un des moments forts de mon voyage. Je veux qu'elles me parlent de l'Argentine et de leurs sentiments devant une telle décadence. A l'époque du grand développement industriel, nous fabriquions et faisions le montage des tableaux de bord automobiles pour toutes les marques de voitures, européennes ou américaines. Toutes ouvrières d'une même section, elles montrent leur attachement à cette usine qui a donné à manger à tant de gens et qui a été plus qu'un lieu de travail, un lieu de camaraderie et d'amitié. Elles disent « notre usine », et cela me rappelle ce film italien, « Nous nous sommes tant aimés ».

Elles me racontent comment les politiques économiques successives ont peu à peu détruit l'industrie argentine. Aucune d'entre elles n'a aujourd'hui un travail stable et fixe. Elles en avaient encore un après la fermeture totale de l'usine en 1990. Mais, plus tard, peu à peu, toutes ont perdu leur emploi. Elles parlent de leur participation aux assemblées de quartier après les émeutes du mois de décembre 2001 et témoignent de la misère dans les quartiers ouvriers.

Pour finir avec cette émouvante soirée de retrouvailles et terminer ainsi mon témoignage, l'une d'entre elles me dit : « Tu sais Estela, les militaires qui ont tué ou fait fuir nos dirigeants de l'époque, ils savaient où ils allaient lors du coup d'Etat de 1976. Ils savaient très bien ce qu'ils faisaient. Pas nous ».

Nous ne savions pas à l'époque ce que ce coup d'Etat représentait pour les ouvriers et leur futur. Eux si, ils savaient. Les militaires ont commencé le travail et nous en sommes arrivés là avec l'aide de tous les dirigeants malhonnêtes qui leur ont succédé. Ils ont tué une génération de gens qui voulaient autre chose. Aujourd'hui, une génération de politiques honnêtes nous manque. Voilà tout.

En attendant, tout politique connu pour avoir été impliqué dans toutes sortes d'escroqueries ces dernières années, dès qu'on l'aperçoit en lieu public ou qu'un citoyen est obligé de partager un lieu avec lui, il y a un « *escrache* » : il est montré du doigt par toutes sortes de moyens et on lui fait rebrousser chemin : descendre d'un avion à la première escale, quitter un restaurant, etc.

Tout témoignage est porteur de subjectivité, ne serait-ce que par le choix des événements racontés. Mais ces petites anecdotes me semblent chargées de sens.

L'impact des politiques néolibérales dans une province marginale : le cas de Jujuy

Marcelo Lagos
Universidad Nacional de Jujuy

« L'Argentine croît grâce à ce que ses politiques ne peuvent voler lorsqu'ils dorment »
Georges Clemenceau
Chronique de Buenos Aires (1910)

L'Argentine est un pays de plus de 37 millions d'habitants dont le potentiel alimentaire actuel permet de ravitailler plus de 300 millions de personnes. Mais, à la fin de l'année 2002, la découverte par les médias de cas de malnutrition infantile, et même de mortalité dus à cette malnutrition, montre la profondeur de l'impact qu'ont eu plus de dix ans de politiques néolibérales en matière de démantèlement de l'Etat et des réseaux sociaux de protection.

Comparables à celles du Biafra, ces images offertes par le « grenier du monde », un pays qui a toujours consommé la plus grande quantité de protéines d'origine animale de la planète, ont quelque chose d'à la fois paradoxal et honteux. Mais cela est explicable, notamment à la lumière des perpétuels « ajustements » et directives des organismes financiers internationaux. Il en est suffisamment question dans ce livre pour ne pas y revenir ici. Reste que l'Argentine est devenue un terrain privilégié pour une véritable anthropologie de l'exclusion.

Ce n'est pas un hasard si la faim est apparue dans le nord du pays, dans les provinces « non viables » comme les a parfois sympathiquement appelées le technocrate et ministre-clé de différentes administrations, Domingo Cavallo. C'est au contraire le résultat d'une destruction systématique de leurs économies régionales, victimes d'une politique d'ouverture très libérale et démesurée.

Nous voudrions brosser un panorama économique et social de la plus septentrionale des provinces argentines, celle de Jujuy. Tout en notant d'emblée que les difficultés et problèmes évoqués ci-après ne sont nullement une exclusivité, mais bien au contraire une illustration de ce qui se passe dans cette partie de l'intérieur de l'Argentine, de la globalisation de la pauvreté et du désespoir qui bouleversent l'histoire du pays. Avec une telle distance entre « ce qui est » et « ce qui pourrait être » qui stupéfie d'ailleurs aussi bien les Argentins eux-mêmes que les étrangers. Comme l'a écrit il y a bien longtemps le philosophe espagnol Ortega y Gasset, bon connaisseur de l'Argentine : « L'essentiel de la vie argentine c'est peut-être cela, être une promesse »...

La province de Jujuy est située à la frontière du Chili et de la Bolivie, à la porte majestueuse des Andes, à l'entrée de la *puna* argentine ou de l'*altiplano* bolivien. C'est une province à la fois au pied des Andes et dans les Andes. A l'échelle de l'Argentine, Jujuy est une petite province (53 219 km2, 1,91 % de la superficie du territoire national), située entre les Andes du Sud et la plaine du Chaco. Sa variété écologique est riche et son paysage changeant. En simplifiant, on peut nettement différencier quatre grands espaces, du plus élevé au plus bas, du plus froid au plus chaud aussi : la Puna, plateau aride de 3500 à 4000 mètres d'altitude ; la Quebrada de Humahuaca, grand cañon qui permet le passage vers la frontière bolivienne ; les Vallées centrales, vertes, fertiles et tempérées ; enfin les Vallées subtropicales, région de Piémont sylvicole, dernier contrefort vers la plaine du Chaco. Voilà, à grands traits, quelques notions pouvant servir de cadre de références pour mieux comprendre les caractéristiques économiques de cette région.

Dans un pays qui est considéré comme blanc par les Latino-Américains (et d'abord par nombre d'Argentins eux-mêmes), Jujuy est une province métisse, résultat de la présence aborigène datant d'avant l'époque où ces terres furent incluses dans le Tawantisuyo, l'empire inca. Selon le dernier recensement national (2001), sa population actuelle atteint quelque 650 000 habitants, soit une population moindre que n'importe quel district du Grand Buenos Aires.

Jusqu'au milieu des années 1970 et au début des années 1980, l'économie de la province reposait sur quatre grands piliers : les mines, la sidérurgie, le tabac et la canne à sucre (et ses dérivés : papier, alcools, etc). Le marché du travail était essentiellement centré sur les salariés des secteurs industriel et agricole. Le taux de chômage dépassait à peine 4 %. Les dépenses publiques dans l'administration, les services sociaux et communaux commencèrent à augmenter pendant cette période, mais on était alors loin de la tertiarisation de l'économie des années 1990.

La décennie 1990 marqua l'effondrement ou la détérioration des fondements économiques des provinces. Les grandes lignes macroéconomiques se dessinèrent sous la dictature militaire (1976-1983). Mais ce fut durant les mandats du Président Menem, que les gouvernements locaux successifs, toujours d'obédience officialiste, appliquèrent de façon orthodoxe ces politiques de sape de l'Etat provincial, de dérégulation et d'ouverture allant de pair avec les ordres du pouvoir central.

Ainsi, la mine, centrée presque exclusivement sur la région de la puna se caractérisait par la prépondérance des petits et moyens établissements (à part quelques-uns, plus importants comme *El Aguilar* tournés essentiellement vers la production métallifère et, dans une moindre mesure, vers l'exploitation des carrières et des gisements non métallifères, qui connurent crise et changements de propriétaires. La législation de 1992 permit l'arrivée et l'installation d'entreprises étrangères dans le secteur qui finirent par accaparer la part la plus rentable du marché. Pour des entreprises comme El Aguilar, on mit en route un processus de rationalisation qui laissa des centaines de mineurs sans travail, n'ayant alors d'autre solution que le retour à la terre ou la migration vers les terres basses.

La sidérurgie, comme le sous-sol, symbole de souveraineté, avait son épicentre à Palpalá, localité limitrophe de la capitale San Salvador. Les Hauts Fourneaux Zapla, propriété de l'Etat dépendant des Arsenaux Militaires avaient réussi à donner du travail à plus de 5000 personnes et à produire, avec Somisa et Acindar (la première, une entreprise mixte, la seconde, privée), presque la totalité de l'acier argentin. La crise internationale du secteur, le manque d'investissements pour moderniser l'appareil productif, une campagne destinée à montrer l'inefficacité et la lourdeur du secteur, servirent à démontrer que sa privatisation était l'unique possibilité pour lui rendre sa compétitivité.

Aujourd'hui, il reste 600 personnes dans l'entreprise privatisée, ouvriers, techniciens et administratifs, les autres ayant été licenciés ou ayant bénéficié d'un départ volontaire à la retraite, en application d'une législation du travail qui favorisait la souplesse des indemnisations. Pálpala, de centre sidérurgique s'est transformé en centre de *"cuenta propistas"*. En Argentine on appelle *"cuenta propia"* tous ceux qui, avec un capital minimum (dans ce cas le produit des indemnisations de licenciement) montent un petit commerce, une micro-entreprise où généralement toute la famille travaille, ou achète un véhicule pour l'utiliser comme taxi... Premier pas vers le sous-emploi et, pour finir, le chômage.

Les Vallées centrales conviennent très bien au tabac Virginia dont la filière a été moins touchée par les fluctuations du marché que les autres activités en ce changement de siècle, notamment parce que malgré les différentes tentatives de l'Etat, on n'a pas réussi à empêcher cette activité de dépendre de subventions (Fonds Spécial du Tabac). Depuis une cinquantaine d'années la production se caractérise par le fait qu'elle est entre les mains d'un secteur de producteurs moyens (60% des producteurs cultivent entre 5 et 25 ha) avec une infrastructure en constante technicisation et remodelage. Les petits exploitants prospères sont cependant sous la coupe de quatre grossistes qui monopolisent les achats, qui fixent les prix en accord avec les marchés étrangers, auxquels va une importante partie de la production et des stocks engrangés de la récolte précédente. Les 20000 ha plantés ces dernières années ont donné du travail à quelques 25000 travailleurs, mais ce marché du travail a des limites, de par son côté saisonnier, son petit nombre d'employés permanents et l'extension de l'embauche temporaire d'étrangers, notamment de Boliviens qui entrent sans papiers et se font exploiter. La parité avec le dollar ayant pris fin, on perçoit une diminution de ce flux migratoire vers le travail temporaire dans le secteur du tabac. Il n'en est pas de même des exploitations horticoles ou productrices d'agrumes des Vallées subtropicales où de nombreux Boliviens se sont reconvertis en métayers (qui partagent à part égale la production avec le propriétaire) ou en propriétaires mêmes et qui font venir à leur tour leurs concitoyens.

Depuis le dernier tiers du XIXe siècle, les plantations de canne à sucre sont devenues le moteur économique de la province. Aujourd'hui on continue à planter 52000 ha qui sont à 82 % la propriété des établissements sucriers : Ledesma, La Esperanza et la Mendieta, et pour le reste celle de petits producteurs indépendants. Ledesma, la plus grande entreprise sucrière du pays, a mis en œuvre depuis déjà bien longtemps, une politique de diversification (techniques, papier, alcool, etc.) et aussi de mécanisation de la récolte, notamment à partir des années 1970, à la suite des conflits syndicaux. La chute des prix, le rétrécissement du marché et la concurrence à l'intérieur du Mercosur (particulièrement dans le domaine du papier) ont transformé cet ancien « paradis » du travail en une zone répulsive. Se sont développés alors la précarisation du travail, renforcée par le recul de la législation en la matière, l'ajustement salarial lié à la réduction des heures hebdomadaires et l'augmentation du niveau de chômage structurel.

L'abondance de la main-d'œuvre et l'augmentation de la pauvreté, s'ajoutant au discrédit de plus en plus grand des dirigeants de ce secteur, ont été à l'origine d'une nouvelle forme de protestation sociale : le *piquete* ou la coupure de route. En 1997 plus de 1500 habitants, essentiellement des chômeurs de Ledesma, coupèrent la nationale 34. La gendarmerie dut intervenir, la répression se solda par une cinquantaine de blessés. Le mouvement s'étendit à toute la province, le *Frente de Gremios Estatales* déclencha une grève générale. Seules l'intervention de l'Eglise engagée et la promesse de l'Etat de 12 000 « Allocations-travail » (assistanat qui porte aujourd'hui le nom de *Jefe et Jefa de Hogar* (chefs de foyer) firent que les barrages de routes se transformèrent en soupes populaires au bord de ces mêmes routes. Depuis lors, les conflits et la situation sociale se sont aggravés.

Les principaux facteurs de soutien économique de la province étant en crise, l'Etat devint le principal employeur. On calcule aujourd'hui que 50 % des personnes qui ont un emploi reçoivent leur salaire de l'Etat.

Mais cet Etat provincial s'est caractérisé par son instabilité institutionnelle et sa faiblesse. Entre 1990 et 2000 huit gouverneurs se sont succédés à l'Exécutif. L'un est encore au pouvoir ; un autre est mort dans un accident de voiture ; les six autres n'ont pu aller au bout de leur mandat à cause de crises sociales ou institutionnelles.

Cette faiblesse provient de la dépendance à l'égard du gouvernement central, lequel réclame toujours un plus grand ajustement. Reflet des politiques nationales, la province aussi a privatisé la banque, l'électricité, l'eau... Les nouvelles entreprises ont réduit leur personnel, malgré les clauses qui l'interdisaient explicitement, entraînant une nouvelle fournée de licenciements. A cette demande de restrictions des dépenses, l'Etat central ajouta des mesures qui ont augmenté sa faiblesse. Les transferts de charge des frais de santé, d'éducation et d'assistance sociale grevèrent les maigres ressources budgétaires de la province. De plus, une politique sévère de crédit de la part de la Banque de la Nation étouffa la possibilité d'emprunts des banques provinciales et du même coup toute tentative de relance des entreprises. Enfin, avec le Pacte Fiscal, il y eut un réajustement permanent des fonds de coparticipation par l'Etat et la province. Et, le fait que l'Etat soit aujourd'hui le principal employeur n'implique pas qu'il embauche de plus en plus mais seulement que les possibilités de travail stable, dans n'importe quelle activité privée, se réduisant, il devient, de fait, la principale source de travail.

Comme employeur l'Etat provincial rétribue mal et toujours avec du retard. C'est l'une des principales sources de conflit social qui a mis en échec plus d'une administration. On calcule que le salaire moyen actuel (novembre 2002) d'un agent de l'Etat est de 500$ (1 dollar = 3,50$) alors qu'on estime le panier minimal de la ménagère à 740$ (calcul officiel, évidemment sous évalué). Ces derniers temps l'Etat peut avoir jusqu'à trois mois consécutifs d'arriérés, et pour les contractuels plus d'une année. Il en va de même avec le treizième mois. De plus, si la province a réussi il y a quelques années à éliminer les "bons d'achat" (titres de dette publique qui tenaient lieu de monnaie d'échange) elle a mis en circulation les "tickets-paniers", quelque chose de pire encore puisqu'on ne peut les utiliser que pour acheter des marchandises dans les supermarchés ou des grandes surfaces. Et avec ces paniers on paie aujourd'hui 40 % des salaires.

Dans une province de tradition « justicialiste », qui n'a jamais perdu une élection provinciale depuis 1946, le corporatisme, la fameuse colonne vertébrale du mouvement, particulièrement le corporatisme des agents de l'Etat, a toujours été indocile et combatif. Au temps de la stabilité ménémiste des premières années, quand le vieux *leadership* corporatiste prenait de l'importance en politique ou étalait sa richesse sans pudeur, les leaders syndicaux gauchistes de Jujuy faisaient un diagnostic implacable des conséquences de la politique néolibérale sur les économies régionales, qu'on voit se réaliser aujourd'hui de façon tragique. Le pays restait muet et indifférent au milieu du calme plat et les milieux officiels les qualifiaient « d'attardés » de la décennie 70. Malheureusement, leurs prédictions se sont réalisées, inexorablement : chômage, instabilité, corruption, insécurité... Il ne s'agissait pas de visionnaires illuminés, mais simplement de bons lecteurs de ce qui commençait à affecter les marges du pays avant de s'attaquer à la tête et au corps tout entier.

La crise de décembre 2001 n'a pas secoué Jujuy; il n'y a eu ni mises à sac ni violence, tout cela a déjà été vécu avant et à diverses reprises. Le panorama politique ou social n'a pas été particulièrement altéré non plus, la crise structurelle suit seulement son cours. Il n'y a pas de données officielles pour 2002, seulement des estimations (du *Sondage Permanent des Foyers,* de la *Direction Provinciale des Statistiques et Recencements*, et de l'*Institut National des Statistiques et Recensements)* qui ne modifient pas beaucoup celles des années antérieures. Ces quelques données de la réalité sociale ne dispensent d'ailleurs pas de tirer des conclusions sur les répercussions des politiques néolibérales dans une province marginale - comme Jujuy.

Le pourcentage de chômage estimé pour 2002, c'est-à-dire de ceux qui n'ont pas de travail et en cherchent activement, est de 22 % de la population active. La population sous le seuil de pauvreté (calculée sur la base de deux paniers familiaux minimums, comprenant d'autres dépenses comme les vêtements, les transports ...) est de 60 %, seuls 37 % des habitants bénéficient d'une quelconque couverture sociale (dans la décennie 70, 69 % en bénéficiaient); 67 % de la population n'a pas de tout-à-l'égout et 37 % n'a pas accès à l'eau potable.

En ce qui concerne l'éducation, la province fut déclarée sinistrée en 1999 par le ministère de l'Education nationale à la suite des évaluations nationales ; elle figurait au 18e rang des 24 provinces du pays. Le pourcentage d'analphabétisme est de 12 %. Si l'on tient compte du fait que 50 % de la population a entre 0 et 19 ans, cette situation est alarmante et les chiffres très supérieurs à la moyenne nationale. Deux interrogations se sont complètement vérifiées ces derniers temps : l'augmentation notable de la désertion scolaire du niveau moyen et l'augmentation des inscrits dans les écoles qui ont une cantine, c'est-à-dire qui donnent le petit déjeuner et le déjeuner aux enfants. Les explications pour trouver les racines sociales du phénomène ne manquent pas.

Quelques données enfin, concernant la santé. La mortalité infantile tourne autour de 21 pour mille. Si elle avait bien diminué selon les statistiques ces dernières années, elle demeurait élevée, particulièrement pour les prématurés. La malnutrition infantile avoisine les 15 %, dépassant de 5 points l'objectif national fixé, même si, comme nous l'avons indiqué en début d'article, ce phénomène est national. Les programmes alimentaires continuent certes à fonctionner. Mais on n'a pas de registres systématiques de la situation nutritionnelle, pas plus que du suivi de l'évaluation et du contrôle de l'effet des dits programmes. Les bénéficiaires se trouvent confrontés au mépris, aux mauvais traitements, à l'excès des démarches à effectuer et souffrent des irrégularités et discontinuités des prestations sociales qui, étant donné la situation actuelle, peuvent être vitales. Assurément l'impact de cet assistanat est bien faible. Il est en outre accompagné de corruption et d'instrumentalisation politique.

Il y a un an tombait, au milieu des émeutes, le gouvernement De La Rúa. En Argentine, on évoque de nouveaux pillages, qui seraient politiquement manipulés, de séquestrations et de vols qui se multiplient, tandis que les médias repassent les images des sous-alimentés, eux-mêmes fils de pauvres, mal nourris et qui ont survécu. Tout annonce de nouvelles tempêtes, tandis que les politiques continuent à faire de la politique politicienne, à privilégier un « arrangement avec le Fonds », et pensent que le slogan « qu'ils partent tous » concerne d'autres Argentins qu'eux...

Les politiques ne sont pas coupables de tout, mais il serait peut-être bon qu'ils dorment plus...

La faim tue les enfants dans le « grenier du monde »

Rubén Elsinger
Journaliste, Clarín-Tucumán

La face la plus monstrueuse de la plus dévastatrice crise économique et sociale de l'histoire argentine reste assurément la nouvelle diffusée par les grands journaux du pays, en novembre 2002, d'enfants morts de faim dans la province de Tucumán et dans d'autres provinces pauvres.

Tucumán, au Nord-Ouest de l'Argentine, au pied des Andes, à quelques centaines de kilomètres des frontières chiliennes et boliviennes, est la plus petite province du pays : seulement 22 524 km2 et 1 336 664 habitants, moins de 4 % du total national. Le 13 novembre on apprit à Tucumán[1] que, les jours précédents, quatre enfants étaient morts de « malnutrition »[2].

En fait la malnutrition a été attestée pour un seul des cas ; pour les trois autres, on a diagnostiqué une "polyparasitose". Mais le président du Système Provincial de Santé (Siprosa) lui-même, Juan Masaguer, précisa : « On ne peut ignorer que ce qui les a réellement tués, c'est la faim ; 85 % des enfants de la province souffrent de parasitose et ils n'en meurent pas ». Il donna l'alarme : « Ces morts sont un signe de plus de la très grave crise sociale que nous sommes en train de vivre »[3].

Le jour suivant, *Clarín,* le journal ayant le plus fort tirage dans le pays, titrait en première page : « Malnutrition aiguë dans la province de Tucumán. Quatre enfants morts de faim ». A côté de l'article, il y avait la photo-choc de Pablo Gómez, un enfant de 4 ans, pesant 7 kilos, petit frère de María Rosa Gómez, morte

---
[1] Instituto Nacional de Estadísticas y Censos (INDEC). Recensement 2001.
[2] *La Gaceta,* Tucumán, 13-11-02
[3] Rubén Elsinger, *Clarín,* Buenos Aires, 14-11-02.

quelques jours auparavant, à 6 ans : elle pesait 9 kilos. Les noms de quatre autres enfants morts dramatisait encore plus cette information. Les images du petit Pablo transporté à l'Hôpital de l'Enfant Jésus de Tucumán, dont les bras et les jambes n'étaient plus que des os et dont le regard était brillant d'interrogation, furent reprises par la majorité des médias, journaux et télévisions ; elles ébranlèrent la société argentine toute entière et firent rapidement le tour du monde.

Les histoires de ces quatre enfants suivaient toutes le même schéma : familles nombreuses dans une situation d'extrême indigence et d'entassement, parents sans travail et ne recevant aucune aide sociale, logements misérables - masures de bois d'une ou deux pièces, sols de terre battue et toit de *chapas* - sans eau potable ni installations sanitaires valables. Chaque fois, les enfants avaient été amenés sans vie dans les centres d'assistance sociale[4].

Deux jours après, on apprit qu'un autre enfant était mort de malnutrition dans cette province[5]. L'intérêt des médias se porta alors brusquement sur les problèmes de grande pauvreté, de faim et de malnutrition infantile. De sujet secondaire, la misère devint l'un des plus importants dans l'agenda médiatique national, attirant journaux, revues, radios et chaînes de télévision. Comme un cadavre qui nous épouvante quand on le sort de l'eau bien que nous ayons toujours su ou soupçonné qu'il y avait un noyé là, au fond, les morts de ces enfants consternèrent l'opinion publique argentine ; elles provoquèrent les réactions indignées des journalistes, des politiques, des dirigeants d'organisations sociales et même du gouvernement national et des partis majoritaires qui ont dirigé le pays depuis 1983, contribuant à créer les conditions qui ont entraîné ces décès. Des données statistiques et des histoires concrètes furent alors diffusées : elles révélaient la détérioration catastrophique des conditions sociales de la majorité des habitants du pays[6]. Pendant ce temps, le nombre de morts infantiles causées par la faim dans la province de Tucumán continua d'augmenter, atteignant une vingtaine ; et d'autres vinrent compléter cette

---

[4] *La Gaceta*, Tucumán, 15-11-02.
[5] Rubén Elsinger, *Clarín*, Buenos Aires, 16-11-02.
[6] Mariana Iglesias, *Clarín*, Buenos Aires, 18-11-02.

liste macabre, en provenance des provinces de Misiones[7] et Corrientes, voisines du Paraguay et du Brésil[8].

Les Argentins se trouvèrent donc confrontés au paradoxe suivant : un pays, 15e exportateur d'aliments, volontiers considéré comme « le grenier du monde », mais un pays où 55 % de la population, soit un peu plus de 20 millions de personnes sont pauvres ; leur revenu mensuel ne couvre pas de quoi payer l'alimentation de base et les services élémentaires. Sur ces 20 millions, presque 10 millions sont des indigents, soit 26 % du total de la population : ils ne gagnent pas mensuellement le montant d'un panier alimentaire minimum[9] et sont donc condamnés à mourir de faim, au sens littéral du terme.

Apprendre que dans l'Argentine de 2002, 7 enfants sur 10 (exactement 74,5 % des moins de 14 ans) étaient pauvres, que 4 sur 10 étaient des indigents [10], et que 20 % du total des enfants étaient atteints, à des degrés divers, de malnutrition, provoqua la stupeur[11].

Les statistiques montrèrent aussi que la province de Tucumán, qui comptait le plus grand nombre de décès d'enfants ne présentait pas cependant, et de loin, la pire situation du pays quant aux indicateurs sociaux. Les provinces du Nord-Est de l'Argentine sont celles où l'on compte le plus de familles indigentes et les plus forts taux de mortalité infantile. Ainsi, dans la province du Chaco en 1999, on estimait à 30,4 enfants morts avant d'avoir atteint l'âge de un an pour 1000 enfants vivants, alors que dans celle de Tucumán ce taux était de 22,4 pour 2000. Ces deux provinces se situaient cependant très au-dessus de la moyenne nationale : celle-ci est de 18,4, soit le double des taux canadiens par exemple.

Mais le 19 novembre 2002, on apprit que, dans la province de Misiones, 49 enfants étaient morts de malnutrition au cours de l'année[12]...

---

[7] Ernesto Azarkevich, *Clarín*, Buenos Aires, 18-11-02.
[8] Alfredo Zacarias, *Clarín*, Buenos Aires, 6-12-02.
[9] Sistema de Información, Evaluación y Monitoreo de Programas Sociales (Siempro), Presidencia de la Nación.
[10] *Clarín*, Buenos Aires, 15-11-02. Données du INDEC et enquête Equis.
[11] Centro de Estudios Sobre Nutrición Infantil. (CESNI).
[12] Ernesto Azarkevich, *Clarín*, Buenos Aires, 19-12-02.

Tout cela était cependant prévisible ; et, de fait, certains l'avaient prévu. Nombreux furent les dirigeants politiques et syndicaux, les prélats de l'Eglise catholique, les enquêteurs sociaux, les journalistes et les membres d'organisations non gouvernementales de toute obédience qui, au cours de la décennie 1989-1999, mirent l'accent sur les conséquences des politiques néolibérales des deux mandats présidentiels successifs du péroniste Carlos Saúl Menem. Et nombreux furent ceux qui, ensuite, dénoncèrent la poursuite de ces politiques sous le gouvernement radical de Fernando de la Rúa : il était pourtant parvenu à la Présidence grâce au vote de ceux qui lui avaient fait confiance pour changer de cap afin de mener le pays comme il avait promis. Pour quiconque se préoccupait réellement de la question sociale, les indicateurs sur l'emploi net et les salaires avaient depuis longtemps dépassé la cote d'alerte. La pauvreté, qui avait été un phénomène marginal dans la société argentine, avoisinant les 8 % dans la décennie 70, atteignit 20 % dans les années 80 ; avec l'augmentation du chômage ou du sous-emploi, et la chute du pouvoir d'achat des salaires durant le gouvernement Menem, elle continua d'augmenter pendant la dernière décennie.

En 2002, avec une récession économique de 14 %, une inflation des prix du panier de la ménagère de 70 %, et 40,1 % de la population économiquement active avec des problèmes d'emploi (on comptait au mois de mai 2002 21,5 % de chômeurs et 18,6 % de sous-employés), la pauvreté frappait 55 % de la population[13].

Les politiques néolibérales, destinées, entre autres choses, à réduire le rôle de l'Etat, provoquèrent également de graves désengagements financiers des services publics de santé et d'éducation, avec pour conséquence une moindre capacité à satisfaire les demandes croissantes des secteurs les plus nécessiteux : cela est dénoncé depuis longtemps par les médecins et les enseignants. Ainsi, par exemple, dans la province de Tucumán, le réseau de prévention sanitaire n'était pas en état de secourir les 18 000 enfants mal nourris et les 46 000 familles en situation critique, recensés dans toute la

---

[13] Ismael Bernúdez, *Clarín*, Buenos Aires, 18-12-02.

province, notamment parce que le nombre d'agents sanitaires était insuffisant[14] : ces derniers sont notamment chargés de repérer les enfants issus de certaines familles nécessitant « une aide totalement individualisée » pour être assistés, selon le ministre de la Santé Ginés González García[15].

En matière de prévention ou d'accueil, les hôpitaux sont totalement saturés ; ils souffrent d'un déficit chronique et ancien d'équipement, de lits, de personnel médical et d'infirmerie, de médicaments et même de produits de base comme les bandes ou la gaze[16].

Un autre exemple éclairant est celui du dysfonctionnement des restaurants scolaires. Ceux-ci sont tenus de nourrir les enfants avec un budget insuffisant de 0,7 peso par jour (0,19 euros à peu près) et par enfant ; or les fonds ne sont pas toujours acheminés à temps, ce qui crée des interruptions du service[17]... Des situations semblables ou pires que celles de la province de Tucumán se répètent dans toutes les provinces argentines.

Ces décès liés à la malnutrition ont relancé le débat sur le montant et l'efficacité des secours nationaux destinés à répondre aux urgences sociales. Mais aussi sur la question, plus polémique encore, de savoir si ces fonds servent vraiment aux indigents ou s'ils sont déviés vers les circuits du clientélisme politique ou se volatilisent avec les trous noirs de la corruption des agents de l'Etat.

L'Etat destine 350 millions de pesos (environ 95 millions d'euros) par an pour pallier à la faim de ses citoyens, quand il faudrait le quadruple d'après les calculs d'une organisation non gouvernementale sérieuse[18]. 1 524 233 familles bénéficient en principe de ces fonds, selon les chiffres officiels ; ils sont donc répartis dans toutes les provinces et dans la ville autonome de Buenos Aires, notamment à travers le Programme d'Urgence

---

[14] Enrique Zamudio, Ministre de la Santé du Tucumán. Conversation avec l'auteur.
[15] *Clarín*, Buenos Aires, 15-11-02
[16] Conversations de l'auteur avec les directeurs et directeurs-adjoints de différents hôpitaux de Tucumán.
[17] Conversations de l'auteur avec différents directeurs d'écoles du Tucumán.
[18] Andrea Rabolini, *Clarín*, Buenos Aires, 19-11-02.

Alimentaire (PEA). Tucumán, par exemple, au moment où l'on apprenait la mort des enfants, recevait 1 383 780 pesos par mois, ce que le secrétaire de la province pour le Développement humain, Alberto Darnay, considérait comme « insuffisant pour répondre à la crise provoquée par un modèle d'exclusion sociale »[19].

La majeure partie de cette somme est répartie en 44 000 bons alimentaires de 25 pesos chacun, un montant jugé ridiculement bas par les bénéficiaires et que l'on soupçonne de ne pas toujours arriver entre les mains de ceux qui en ont vraiment besoin. Une autre partie sert à aider 271 cantines où mangeraient 40 000 personnes environ. Au début du mois de décembre 2002, la Justice provinciale a arrêté le commissaire rural du village de San Pablo, accusé d'avoir reçu des fonds d'aide aux cantines, lesquelles ne les ont jamais touchés[20]. Ce n'est peut-être pas le seul cas de ce genre. Un autre programme national important d'assistance sociale est celui des "*Jefes*" et "*Jefas de Hogar*" (chefs de foyer) : il distribue 150 pesos par mois à plus de 2 millions de personnes. Dans la province de Tucumán, les bénéficiaires sont 100 000 environ ; mais un audit achevé fin novembre 2002 a relevé 17 % d'irrégularités dans l'attribution de cette aide [21].

Le gouvernement du président Eduardo Duhalde a rapidement réagi face à la crise de malnutrition en lançant une campagne d'assistance sociale dans la province de Tucumán et dans les autres provinces, appelée « Opération Sauvetage » : son épouse, qui fait partie du Conseil national de la Coordination des Politiques Sociales, Hilda « Chiche » de Duhalde, la dirige. L'opération a reçu l'appui logistique de l'Armée dans certaines tâches. De cette façon, le gouvernement national a cherché - et en partie réussi - à faire retomber la responsabilité de ce qui était arrivé sur le gouverneur du Tucumán, le péroniste Julio Miranda.

Peu nombreux sont ceux qui se sont souvenus que la première dame de la nation était allée au Tucumán en juin 2002 et avait déclaré alors que sa visite avait pour but « d'aider à ce

---

[19] Rubén Elsinger, *Clarín*, Buenos Aires, 15-11-02.
[20] *La Gaceta*, Tucumán, 6-12-02.
[21] Rubén Elsinger, *Clarín*, Buenos Aires, 28-11-02.

qu'on fasse une utilisation plus efficace des fonds afin qu'il n'y ait plus d'enfants qui meurent de faim »[22]. Il est évident que cette tentative a échoué. Mais on ne donne pas pour autant d'explications. Le gouverneur de la Province, Miranda, s'est quant à lui, a logiquement été très affaibli par ces affaires. Il a certes obtenu que les députés qui lui sont redevables repoussent à la chambre unique provinciale trois demandes de mise en examen politique, sous l'accusation de faits de corruption et de délit « de non-assistance à personne en danger ». Mais il a dû annoncer des élections provinciales anticipées et déclarer renoncer à se présenter à quelque charge élective que ce soit.

Une autre conséquence de ces décès d'enfants fut la mobilisation de la solidarité nationale et internationale. Elle se matérialisa par d'importants dons, notamment de nourriture, venant de particuliers ou d'ONG. Le gouvernement espagnol a, de son côté, promis de construire une maternité et un hôpital pour enfants dans la province de Tucumán[23]. Et le gouvernement italien a annoncé qu'il allait envoyer une aide d'urgence de plus d'un million d'euros pour la province[24].

---

[22] Rubén Elsinger, *Clarín*, Buenos Aires, 12-6-02.
[23] *Clarín*, Buenos Aires, 4-12-02.
[24] *Clarín*, Buenos Aires, 23-11-02.

Quatrième partie

Clés pour l'avenir

Du désastre au renouveau

Pascal Morand [1]
ESCP-EAP

L'Argentine, aujourd'hui, est en état d'apesanteur. A priori, tout va mal. Après avoir enduré la crise mexicaine et l'effet tequila, le niveau élevé du dollar, l'inflation, ou encore la dévaluation du real brésilien, le « plan de convertibilité » a échoué lamentablement. Il est difficile de dire si son maintien obsessionnel, contre vents, marées et tempêtes (alors que de toute évidence la monnaie était surévaluée) témoigne d'une hantise de l'hyperinflation exacerbée par le passé douloureux de l'Argentine en la matière, du rêve éveillé de la consécration d'une ère nouvelle rappelant la tradition du réel merveilleux cher à la littérature latino-américaine, ou plus simplement d'une névrose monomaniaque qui a conduit le promoteur du *currency board*, Domingo Cavallo, à l'isolement dans une tour d'ivoire - comme semble le penser son condisciple Paul Krugman. Quant à la responsabilité du FMI, Michaël Mussa s'efforce d'en relativiser la portée dans l'opuscule qu'il a consacré au sujet, où il met en exergue tant la réussite remarquable que connut l'économie argentine jusqu'en 1998 que les méfaits de la politique budgétaire et fiscale du pays, ainsi que ceux de la poursuite du plan de convertibilité au-delà de 1997-1998. Il ne dédouane pas pour autant l'organisme où il a longuement officié qui a, selon lui, commis deux erreurs importantes, d'une part en négligeant d'exercer les pressions nécessaires à l'adoption d'une politique budgétaire responsable, d'autre part en acceptant d'apporter un soutien financier additionnel durant l'été 2001, alors que les chances de succès du maintien du taux de change à

---

[1]. Directeur général de l'Institut français de la mode, professeur d'économie à l'ESCP-EAP, Membre du Cerale.

son niveau de référence (1 peso/1 dollar) s'étaient manifestement envolées[2].

Toujours est-il que l'Argentine est en récession depuis 1999 et se trouve confrontée à une très grave crise d'endettement, que le système bancaire est moribond et qu'il n'y a plus d'unité monétaire, puisqu'au-delà du bimonétarisme dollar/peso, chaque province a créé sa propre monnaie : on aboutit ainsi à cette situation inouïe où *patacones* et autres *bonos* sont cotés dans certains bureaux de change. Plus grave pour la population, l'instauration du *corralito* a pour effet de bloquer l'épargne pendant plusieurs années, avec des perspectives[3] plutôt incertaines de voir ces fonds restitués en dollars, et les Argentins redoutent avec raison que leurs économies et leurs retraites, dans un contexte où leur financement n'est nullement assuré par la collectivité –s'évaporent d'un trait. Ils ne peuvent en réaction que s'indigner de cette mesure considérée comme inique et multiplier les initiatives judiciaires. Ce qui est sûr est que la confiance des citoyens, si nécessaire à la stabilité monétaire et bancaire, est mise à mal pour longtemps.

Du point de vue politique, la situation n'est guère meilleure, même si elle semble quelque peu contrôlée. Le gouvernement Duhalde est peu populaire. La bataille fait rage chez les péronistes dans la perspective de la prochaine élection présidentielle. Carlos Menem fourbit ses armes, mais le doute s'est instauré quant au degré de soutien que les Etats-Unis lui accordent désormais. Le parti radical est en mauvaise posture. Les débats politique et économique qui animent le Congrès versent dans une certaine banalité, peut-être parce que le pouvoir législatif n'a pas réellement fait le deuil de la dictature et que la servitude volontaire, ce faisant, s'est substituée à la soumission imposée. Mais le plus grave est que la classe politique dans son ensemble est aujourd'hui discréditée aux yeux des Argentins. Pour la plupart, le principal problème du pays est qu'il est fort mal géré par ceux qui en ont la charge.

---

[2] Michaël Mussa, *Argentina and the Fund : From Triumph to Tragedy,* Institute for International Economics, March 25, 2002, également consultable sur le site www.iie.com.

[3] Il est certes question que soit annoncée dans les premiers jours de décembre l'ouverture du *corralito*.

Sur le front social, les indicateurs sont également au plus bas. Plus d'un Argentin sur deux, on le dit souvent, se situe désormais au-dessous du seuil de pauvreté, défini en termes de dollars par habitant. Le chômage atteint un seuil inquiétant. Et tandis que le pays a longtemps été le plus égalitaire d'Amérique latine, il revêt désormais la forme d'une société duale, tendance qui s'est accélérée dans les trois dernières années et n'a de cesse de s'aggraver. Les bidonvilles se développent et il est désormais impossible de s'y attarder tant la violence s'y est installée au cours des deux ou trois dernières années, situation nouvelle dans le pays. L'insécurité gangrène la province de Buenos Aires et gagne tout le territoire. Il est difficile toutefois d'en prendre la mesure précise, car on estime que la majorité des délits ne sont pas déclarés, ce qui appelle un commentaire particulier.

En effet, le problème de l'insécurité revêt deux facettes. Le premier niveau est celui de l'information généralement traitée par les médias internationaux. L'image donnée est parfois celle d'un pays en proie à des gangs dont le développement s'alimente de la misère et du désespoir, qui n'hésitent pas à enlever, rançonner et tuer (un peu comme Paris lors de la période des attentats apparaissait à travers le prisme de CNN comme une ville en état de siège) et face auxquels la population, encline à s'armer pour mieux se défendre, s'engage malgré elle dans un engrenage sans garde-fous. Cette situation, à quoi s'ajoute le son aigu et répété des casseroles lors des manifestations, a d'ailleurs conduit nombre de visiteurs et touristes à annuler leurs voyages, et des compagnies d'assurance américaines à ne plus couvrir ceux qui passent outre. A un deuxième niveau, se pose la question de la politique de la police, voire celle de sa responsabilité dans un certain nombre de cas. Il est vrai qu'à lire ou écouter les commentaires qui entourent les assassinats et décrivent certains responsables policiers locaux, on semble plus proche de la *soif du mal* que des *incorruptibles*. La situation est complexe, et ne se limite pas au problème des brebis galeuses : dans la structure sociale actuelle, la police a d'autant plus de pouvoir que l'armée est largement discréditée depuis la guerre des Malouines, qui mit fin à la dernière dictature. Par ailleurs, du fait du fédéralisme, il n'y pas une police mais autant de polices que de provinces, plus une police fédérale qui n'est pas pour autant à la tête des autres, ce qui facilite la formation de clans locaux, sans qu'une police des polices ne vienne apporter la régulation administrative et éthique nécessaire. A quoi s'ajoute le fait que 70 % des policiers sont originaires des bidonvilles et continuent d'y habiter. Ces conditions expliquent les dérives, qui sont potentiellement plus nombreuses lorsque la structure politique et sociale se délite ; elles montrent la nécessité d'une politique globale pour y mettre un terme.

En dépit de ces difficultés, l'Argentine continue de vivre à peu près normalement. Buenos Aires est toujours la ville la plus européenne hors d'Europe. Les *Porteños* continuent d'apparaître aussi modernes et dans l'air du temps que les Parisiens ou les Madrilènes. La vie culturelle et intellectuelle bat son plein. Et l'on retrouve cet élan salutaire dans l'intérieur du pays. Toutefois, les prix ont augmenté de 40 % depuis janvier sans que les salaires évoluent. Et s'il n'y a ni effondrement ni disette à ce jour, chaque catégorie sociale a dû consentir des efforts importants (sur l'alimentation, le coût des études pour les enfants, voire l'assurance-maladie privée...) et, pour l'essentiel, les Argentins ont cessé de voyager à l'étranger, y compris en Uruguay. Au bas de l'échelle sociale, logiquement, la situation est devenue encore plus précaire, et l'on a le regret de constater à la tombée de la nuit que dans les grandes villes argentines, fouiller les poubelles est devenu un job.

Du point de vue économique, la dévaluation, même si elle est totalement disproportionnée (350 %) et fait craindre l'inflation importée, a desserré le garrot. Il est vrai que les exportations, par lesquelles le redémarrage de l'économie devrait s'opérer, n'ont pas vraiment décollé, si bien que certaines voix en concluent qu'elles ne sont pas corrélées à la valeur de la monnaie. Ceci est absurde et démontre si besoin en était que les débats macroéconomiques ont complètement occulté les aspects microéconomiques et dangereusement oublié les entreprises. De nombreux facteurs expliquent en effet la lenteur de la croissance des exportations, parmi lesquels les problèmes de financement liés à l'état du système bancaire, la faiblesse des moyens alloués à la politique de soutien à l'exportation si on les compare par exemple aux situations chilienne ou brésilienne, l'absence de point de repères (car nul ne connaît la valeur du peso et des prix à un horizon de six mois, le seul élément certain étant le doublement des prix industriels depuis janvier), la politique anachronique de taxation des exportations. Il faut mettre l'accent sur deux autres facteurs : d'une part, la structure des exportations, majoritairement composées de produits agricoles (soja, maïs, tournesol...) expose tout particulièrement l'Argentine aux protectionnismes américain et européen ; d'autre part, l'industrie - du textile au machinisme agricole - a été décimée par la politique monétaire au cours des dernières années. Il lui est désormais offert de ne plus se limiter à une attitude strictement défensive, mais elle doit avant tout rétablir ses marges et se réorganiser avant de songer à une politique agressive d'exportation, qui suivra naturellement. Quant au rôle du tourisme et à son potentiel de contribution à la balance des paiements courants, le climat d'insécurité perçu de l'étranger n'est pas de nature à l'encourager, mais l'on n'imagine guère par ailleurs que prenne pied un tourisme de masse, ne serait-ce qu'en raison de la localisation géographique du pays et des distances qu'il faut parcourir en son sein pour visiter les sites et régions qui font sa renommée.

On comprend que fasse rage aujourd'hui le débat monétaire. Plusieurs scénarios sont envisagés, et aucun ne s'impose de lui-même. Ainsi, la dollarisation peut permettre de stabiliser l'économie à condition que soit entériné un niveau suffisant de dévaluation. Mais le fait qu'elle soit exclue par le Brésil la rend délicate. Il est certain qu'elle ne saurait constituer une solution de facilité. Qui plus est, elle est loin d'être neutre du point de vue du futur du Mercosur, comme de la marge de manœuvre réelle ou perçue du pays, d'autant que l'Argentine ne forme pas avec les Etats-Unis la « zone monétaire optimale » qui pourrait justifier techniquement la dollarisation. Le FMI a en tout cas fait savoir qu'il n'était pas favorable à une décision trop rapide en sa faveur. La construction d'une union économique et monétaire dans le cadre du Mercosur, sur le modèle européen, est évidemment séduisante. Mais on sait quel travail de longue haleine elle représente, et combien elle doit être soutenue par les responsables politiques des pays considérés. Le souffle pourrait venir d'un projet conduit sous la houlette conjointe de l'Argentine et du Brésil, qui ne disposent cependant pas de la force qu'a pu représenter, dans le cas de la France et de l'Allemagne, le double effet de la sublimation du traumatisme de la guerre et de la réunification allemande. Il faudrait également compter avec les réticences américaines, dont il est aisé d'imaginer la teneur. Quant au maintien du flottement du peso, il peut donner souplesse et flexibilité et alimenter ainsi le moteur économique, et l'on imagine mal que les marchés tendent à surévaluer la monnaie argentine. Mais il n'a de sens que si le gouvernement fédéral comme ceux des provinces ne profitent pas de cette apparente aubaine pour reprendre leurs habitudes excessivement dispendieuses sans se soucier du péril qu'ils occasionnent (ce qui sera d'autant plus délicat qu'il faudra dans le même temps lutter contre le chômage, la pauvreté et la marginalité) et que si la déflation a été suffisamment forte pour tuer dans l'œuf les anticipations inflationnistes pouvant conduire à l'engrenage fatal et incontrôlé inflation/dévaluation.

Quels que soient les choix macroéconomiques et monétaires finalement adoptés, ils ne suffiront pas à redresser le pays. Le problème essentiel, aujourd'hui, est que l'Argentine, tout en conservant un fort sentiment identitaire, se trouve en panne de projet et ne croit plus en son destin. Elle a enregistré de nombreux départs au cours des six derniers mois. 200.000 immigrés (Boliviens, Paraguayens...) sont retournés dans leurs pays d'origine. 450.000 Argentins ont quitté le pays. Le risque existe donc d'un syndrome tel que celui que Fernando Pessoa a décrit pour le Portugal, lorsqu'il explique que le départ - en l'occurrence pour les grandes conquêtes - des forces les plus vives et dynamiques du pays, a freiné pendant longtemps le développement économique de la terre natale. Pourtant, l'Argentine continue de bénéficier d'atouts importants, tels que ses ressources naturelles, son potentiel humain, notamment grâce au niveau de son enseignement supérieur (la situation de l'enseignement secondaire s'étant certes dégradée), ses liens naturels avec le Brésil et l'Europe. Et l'effondrement du *currency board* ne doit pas faire oublier les effets positifs des premières années, au cours desquelles les gains de productivité furent massifs – le volume physique de la production agricole a ainsi crû de plus de 80 % au cours de la décennie–et l'économie s'est restructurée, bénéficiant des effets d'entraînement positifs de sa « transnationalisation »[4].

L'économiste et industriel José Kulesz a souligné dans un article publié par le quotidien *Clarin* que l'on est confronté aujourd'hui à un problème d'ordre sémantique : le recours systématique au mot « crise » pour définir la situation économique actuelle de l'Argentine et aux canevas classiques de raisonnement pour identifier les moyens de sortir de l'ornière - au niveau national comme de la communauté internationale. Mais le concept de crise se réfère selon lui à l'existence d'un point d'inflexion, alors que la dégradation continue de la situation ces dernières années mériterait davantage la dénomination de catastrophe. José Kulesz appelle la formation d'un nouveau paradigme et propose que le cœur en soit la notion de production, largement délaissée. Cette idée semble pertinente, aussi bien pour interpeller sur les questions liées à la croissance, à la compétitivité et à l'emploi, qu'au caractère nuisible des bureaucraties trop lourdes à l'échelle des différentes provinces du pays, parfois improductives et grassement payées en haut de la hiérarchie.

L'Argentine n'a pas seulement traversé une grave crise économique et financière comme cela lui arrive à intervalles réguliers. Elle a été victime d'un cadre qu'elle s'est imposé et dont elle a un temps pensé qu'il l'aiderait - fût-ce par la contrainte - à tenir le rang dont elle s'estime digne à raison, mais qui s'est malheureusement transformé en un carcan mortifère. Elle en est maintenant sortie, encore ankylosée par la défaite qui a suivi cette guerre monétaire de dix ans. Ce ne sont probablement pas les générations épuisées par le combat contre la dictature et les désillusions économiques qui trouveront l'énergie de reconstituer l'Etat, et de poser les jalons d'une nouvelle solidarité nationale. Ni la plupart des dirigeants

---

[4] Voir Roberto Bouzas, "La Argentina después de las reformas", in Roberto Bouzas (coordinador), *Realidades nacionale comparadas ; Argentina. Bolivia.Brasil.Chile.Paraguay.Uruguay*, Buenos Aires, Fundación OSDE, 2002. Daniel Chudnovsky y Andrés Lopez, *La transnacionalización de la economia argentina*, Buenos Aires, Eudeba/Centro de Investigaciones para la Transformación, 2001.

politiques actuels, trop souvent empêtrés dans leurs contradictions et minés, pour une partie d'entre eux, par la corruption - même si sa réalité est probablement moins grave que ce qu'elle apparaît aux yeux de la population. Mais le pays dispose en quantité suffisante de jeunes cadres économiques et politiques, de responsables et intellectuels de haut niveau capables, s'ils parviennent à forger une dynamique collective, d'inverser la tendance, de reconstruire et de faire rentrer l'Argentine dans le XXIe siècle, sinon aussi bien qu'elle est rentrée dans le XXe, du moins avec une sérénité retrouvée. C'est dans cette perspective qu'elle doit être encouragée financièrement, politiquement et intellectuellement par la communauté internationale.

La crise argentine, un regard de la campagne

Marcelo E. Sili [1]
Universidad Nacional del Sur,
Bahía Blanca

L'Argentine a connu à la fin de l'année 2001 la crise la plus brutale et profonde de son histoire. Celle-ci est le produit de divers phénomènes articulés entre eux : une dette extérieure impressionnante, un appareil productif sous-utilisé, un niveau de corruption très inquiétant, une perte de confiance totale dans la classe politique et syndicale, une détérioration persistante des conditions sociales et économiques, etc.

Néanmoins, cette crise a ouvert un espace pour de nouvelles opportunités soucieuses de construire un modèle différent de développement national du point de vue politico-institutionnel, mais aussi socio-économique et territorial.

Nous exposerons ici comment, à partir de la crise de décembre 2001, se met en place un nouveau scénario territorial en Argentine, où le secteur agricole, un des seuls qui émerge avec force du processus de dévaluation, est prépondérant. En effet, celui-ci s'oppose au secteur des services : après l'apogée des années 90, la crise qui suivit montre clairement l'incapacité des services à soutenir le développement national.

La crise argentine

Comprendre la crise argentine implique de comprendre l'échec du plan de convertibilité mis en œuvre en 1991. L'objectif poursuivi était de retirer à l'Etat toutes ses activités

---

[1]. Chercheur associé à Dynamique Rurale (Université Toulouse Le Mirail), chercheur CONICET et coordinateur PRORURAL (Argentine), professeur au Département de Géographie, *Universidad Nacional del Sur*, Bahía Blanca, Argentine, sili@impsat1.com.ar

productives, de déréguler et libérer les marchés dans le but d'accroître la compétitivité du pays. Les moyens principaux furent la création du peso (à parité avec le dollar) et l'implantation d'une politique d'ouverture progressive.

L'assurance d'un change immuable, garanti par la convertibilité fixe entre peso et dollar fut la base d'une mauvaise assignation des ressources et le point de départ de la perte de compétitivité de l'agriculture. En effet, la baisse des coûts de production (donc du prix de vente) ne compensa pas l'augmentation du change, préjudiciable aux exportations. Ainsi, au début des années 90, le secteur productif agricole argentin entra en crise par manque de rentabilité.

Malgré ce contexte de faible rentabilité des secteurs productifs traditionnels (industrie, agriculture), l'Argentine acheta, durant la décennie, infrastructures et services pour plus de 120.000 millions de dollars, notamment en Europe et aux Etats-Unis. La modernisation et les profits les plus importants se firent au bénéfice des fonds de pension (8.600 millions de dollars de commissions), des banques, des assurances, de l'immobilier, de la téléphonie, des péages routiers les plus utilisés, des centres commerciaux, des quartiers "fermés" et sécurisés : tous services majoritairement urbains financés sur la dette extérieure.

Or ce processus de développement de services financiers liés à la consommation ne produisit pas les ressources nécessaires au remboursement de la dette publique et privée. Cela fut clairement perçu par les entreprises transnationales et les banques qui, dès 1997, commencèrent à retirer leurs fonds et leurs investissements, alors que le déficit de compétitivité et de développement du système productif augmentait le "risque" dans le pays. Si le système financier argentin ne s'effondra pas à la fin de la décennie 90, ce fut uniquement parce que les organismes financiers internationaux continuèrent à financer... la fuite de capitaux.

Dans le secteur agricole et rural, le plan de convertibilité fut accompagné d'autres moyens complémentaires : suppression des monopoles de concentration des produits frais, réduction des tarifs douaniers et impôts à l'import-export, disparition des organismes régulateurs de la production et de la commercialisation, flexibilisation des marchés de capitaux, dérégulation et la privatisation des services publics, etc.

Ajoutées à la faiblesse des financements et aux taux d'intérêts élevés, ces mesures induirent une forte augmentation des coûts d'exploitation agricole (main d'œuvre, coût de la vie de famille, etc.). Celle-ci contraignit les producteurs à changer d'échelle productive, engendrant ensuite une période de concentration de la propriété terrienne, de plus en plus soumise aux investisseurs urbains et étrangers.

On estime de fait que plus de 50 % de la superficie productive de l'Argentine n'est plus travaillée par le propriétaire, mais par des employés sous contrats. Ce phénomène marginalisa les petits producteurs qui durent vendre leurs exploitations et migrer vers les centres urbains, à la recherche de nouvelles opportunités de travail, ou bien se maintenir dans les zones rurales dans des conditions généralement précaires.

Ainsi le modèle adopté au début des années 60, qui s'appuyait sur le développement de l'agriculture familiale, laissa place à un modèle de développement agricole entrepreneurial caractérisé par une haute modernisation technologique (mécanisation, utilisation intensive d'intrants : engrais, pesticides...) et la concentration partielle de la terre dans les mains de nouveaux acteurs.

Les zones rurales associées au modèle de production traditionnel et de bas niveau technologique furent systématiquement marginalisées, du fait qu'elles ne parvinrent jamais au niveau d'échelle ou de compétitivité nécessaire pour s'intégrer de manière durable au marché global.

A l'inverse, dans d'autres espaces, des processus sélectifs de développement agro-industriel se renforcèrent, s'appuyant sur des superficies immenses et de grandes entreprises dédiées à l'exportation. La conséquence est double : d'une part, une forte dépendance des localités vis-à-vis des grandes entreprises (ce qui les rattache au lieu, ce sont seulement les avantages comparatifs, impôts provinciaux ou locaux), lesquelles, en cas de perte de rentabilité délocalisent leur site très facilement. D'autre part, apparition de « déserts verts » : de vastes zones rurales liées aux complexes agro-industriels traditionnels (oléagineux, viandes, céréales, etc.) commencèrent à fonctionner comme espaces productifs sans population, avec un haut niveau de technologie importée, peu de main d'œuvre et une production entièrement vouée à l'exportation.

Parallèlement à ce processus de différenciation territoriale, se produisit une réorganisation des aires urbaines renforçant la concentration économico-productive sur l'axe Buenos Aires-Rosario, et autour de noyaux urbains possédant une tradition industrielle et universitaire comme Rosario, Cordoba ou Mendoza. Si bien que, dans les années 90, la marginalité, la pauvreté et la violence affectèrent d'abord ces zones, lesquelles se développaient grâce aux nouveaux services (port, téléphonie, infrastructures, etc.). Le phénomène est aussi flagrant dans les zones de transit de marchandises (villes de frontières ou portuaires comme Bahía Blanca, ou Necochea-Quequén), qui accueillirent de nouveaux investissements et des flux massifs de marchandises intraMercosur et internationaux.

Ainsi, la décennie 90 a agi de manière différentielle en termes de développement territorial. Au développement et à la modernisation de certaines aires urbaines directement liées aux services et à la consommation haut de gamme, s'oppose la détérioration de vastes zones industrielles et rurales du pays.

La crise de 2001 et son impact sur le secteur agricole

En décembre 2001, la crise en Argentine s'amplifia et impliqua la rupture avec le modèle antérieur. La combinaison de l'endettement extérieur extrême, de hauts niveaux de chômage et de marginalité, de la faible productivité de l'économie nationale, de la surévaluation du peso par rapport au dollar et de la fuite massive des capitaux créa le chaos. Ce dernier frappa toutes les dimensions de la vie nationale, affectant la gouvernabilité, accroissant de manière spectaculaire le nombre de pauvres et de marginaux, et situant l'Argentine comme pays à haut risque en termes d'investissements.

L'effondrement de l'économie nationale ne frappa pas tout le pays ni toutes les activités de manière égale. Certains secteurs industriels liés à la substitution des importations et le secteur agricole lié à l'exportation entamèrent un processus de

« récupération » après plusieurs années de crise. Quatre facteurs permettent ce changement :
- Le facteur fondamental est la dévaluation qui engendra un taux de change bien plus favorable. Celui-ci permit une augmentation des prix de nombreux produits et intrants, affectant le pouvoir d'achat de la population en général ; mais il aida aussi à améliorer substantiellement la rentabilité de la production des biens d'exportation. En effet, l'inflation actuelle est de 100 % tandis que la dévaluation fut de 350 %. Cela signifie que, malgré l'augmentation des prix des productions, ces dernières seront vendues en dollars surévalués : pour les producteurs agricoles, la rentabilité est élevée.
- Au moment du processus de dévaluation, le secteur agricole en général se trouvait dans une situation d'endettement profond vis-à-vis des banques privées et publiques. La « pésification » des dettes (conversion de la dette des dollars en pesos) permit aux producteurs de les rembourser rapidement : en effet, alors qu'ils cotisaient en dollars, les dettes se maintenaient en pesos. Ainsi des milliers de producteurs purent solder leurs dettes, lever leurs hypothèques et consolider leur patrimoine.
- Quand survint la crise, les agriculteurs gardèrent leurs productions, ce qui leur permit de vendre plus tard, quand la valeur était plus importante en dollars.
- Enfin, au moment de la crise, les prix internationaux des céréales commencèrent à s'élever. Les producteurs purent vendre avec des prix en dollars supérieurs aux prix antérieurs. La hausse de prix des produits agricoles permit aux agriculteurs de neutraliser les effets des « rétentions agricoles» (20 % d'impôts sur les exportations) instaurées par l'Etat début 2002.

La conséquence de ces facteurs est le redressement des secteurs agricole et forestier dans tout le pays et des exportations en particulier, avec 1.000 millions de dollars d'excédents par mois, situation inédite dans la dernière décennie. Pour ces raisons, une forte croissance des exportations nationales est prévisible, en provenance des grandes entreprises, comme des petites et moyennes entreprises agro-industrielles.

Cela est envisageable également du fait que, de plus en plus, les producteurs argentins reprennent le contrôle de leur production, au détriment des grandes entreprises exportatrices. Traditionnellement, la capacité de stockage de l'économie argentine était aux mains des exportateurs et située près des ports ; les agriculteurs travaillaient pour eux. En définitive, le marché était déterminé par ceux qui possédaient la capacité de stockage. Aujourd'hui, l'utilisation de nouvelles formes de stockage (silos, emballages) donne aux producteurs locaux une plus grande indépendance et leur permet de mieux gérer la commercialisation et d'autofinancer leurs productions (car il n'y a plus de crédits disponibles) pour les campagnes agricoles à venir. En ce sens, la crise a permis aux producteurs non seulement d'améliorer la rentabilité de leur production, mais aussi de trouver l'indépendance vis-à-vis des grands groupes économiques et financiers qui, durant les années 90, avaient le monopole du stockage et de la commercialisation.

Le tournant dans les campagnes

La crise de décembre 2001 provoqua en Argentine un bouleversement brutal tant économique que politique ou social. Elle changea aussi la vision des Argentins sur le développement de leur pays et sur leur territoire. Jusqu'à ce moment fatidique, les stratégies de développement reposaient sur les secteurs financiers et de services. Organisés depuis Buenos Aires et d'autres grandes villes, le développement et la modernisation étaient des notions urbaines.

L'abandon de la convertibilité et de tout le dispositif économique et financier qui la soutenait (services financiers et urbains) engendra un changement net. Les secteurs florissants des années 90 (services commerciaux, assurances, services financiers, sécurité sociale, etc.) sont plongés dans une crise profonde et licencient massivement. Les activités agro-industrielles exportatrices et les industries substitutives aux importations, quant à elles, redeviennent performantes et se développent. Cette situation tient un corollaire territorial et modifie les « milieux » du développement : les centres urbains cessent d'être l'unique axe de modernisation, au profit des aires industrielles des villes moyennes et des zones rurales.

Ainsi la crise se transforme-t-elle en nouvelle opportunité pour les aires rurales. Les zones de faible rentabilité, autrefois frappées par l'exode rural, connaissent aujourd'hui une ère de développement et de renaissance. Néanmoins, cela n'est possible qu'à partir d'un processus migratoire de la ville vers la campagne qui concerne trois types d'acteurs : les personnes marginalisées par le système urbain qui viennent chercher du travail à la campagne, les néoruraux en quête d'un nouveau style de vie, et enfin les acteurs qui recherchent dans les zones rurales de nouvelles possibilités d'investissements dans le secteur primaire.

Dans le cas des personnes migrant de la ville à la campagne, il s'agit de recherche de travail ou d'études. Ces acteurs n'ont pas trouvé en ville la possibilité de développer leurs activités et, après plusieurs années d'échec, se tournent vers les zones rurales, où ils possèdent généralement un environnement familial qui leur permet de survivre.

Le second phénomène correspond aux personnes qui voient le monde rural comme un espace de développement personnel. Il s'agit de personnes originaires de grandes villes, notamment de Buenos Aires, qui migrent vers le monde rural, sans pour autant y avoir d'ancrage familial ou de passé. Ce choix répond d'abord au désir de trouver de meilleures conditions de vie que celles offertes par la ville, que ce soit en terme environnemental, de sécurité ou de disponibilité de temps, etc. Ces individus sont à la recherche de nouvelles valeurs, de nouveaux styles de vie, de plus de tranquillité, de plus d'espace, de lieux où ils peuvent disposer de temps pour s'adonner aux activités familiales, sociales ou de loisirs, et pour redécouvrir les valeurs traditionnelles de la terre et les liens communautaires que le modèle de modernisation ne fut jamais en mesure de générer.

Enfin, le troisième type d'acteurs vient à la campagne acheter des terres pour y développer une activité productive (agriculture, élevage ou autre activité non traditionnelle), sous forme personnelle ou mandaté par des personnes spécialisées. Ce processus qui s'est accéléré au cours des années 90 et s'est accentué avec la crise de 2001 est en train de changer le visage des espaces ruraux provoquant des innovations en matière de production comme de technologie dans les zones rurales traditionnelles. Même si ces nouveaux acteurs agricoles sont dissociés des processus locaux de développement (étant directement liés à la ville régionale), ils sont néanmoins responsables de l'accroissement de la production, lequel découle de l'application de nouveaux modèles de gestion et d'investissements lourds réalisés dans les processus productifs.

Consolidés à partir de la crise de 2001, ces processus manifestent une redécouverte des espaces ruraux comme milieu de progrès, de changement social et de qualité de vie. Ils vont de pair avec une perte d'attractivité des zones urbaines qui, traditionnellement et notamment dans les années 90, étaient considérées comme le siège et le phare de la modernité.

La crise argentine de la fin 2001 est significative à plusieurs points de vue. Sans omettre les graves effets sur l'économie et sur la société argentine, elle permet de donner un nouveau sens et de nouvelles valeurs aux zones rurales du pays. Elles ne sont plus aujourd'hui considérées comme des espaces marginaux et de faible valeur pour le développement, mais comme des lieux ouverts à de nouveaux projets et modèles de développement économique et social. Ainsi, depuis la crise, ce n'est pas seulement le monde rural qui change, mais aussi la façon dont les sociétés urbaines d'Argentine perçoivent et redécouvrent le « pays intérieur ».

Pour que ce processus de changement soit durable, pour que puisse se construire une nouvelle géographie économique nationale et une alternative de développement à long terme, il est nécessaire de fixer un agenda politique pour le développement rural et agricole. Sans cet agenda politique, l'Argentine continuera à faire fausse route et ne profitera jamais des enseignements ni des opportunités de la crise.

Eléments de bibliographie

Sili, M. (1995). « Las políticas macroeconómicas del ajuste estructural y su impacto territorial en la Argentina de los 90 », *Yearbook, Conference of Latin Americanist Geographers*, Vol. 21, pp. 77-90.

Sili, M. (2000). *Los espacios de la crisis rural. Geografía de una Pampa olvidada*. EdiUns. Bahía Blanca, 2000, 179 p.

Document

Why Brazil isn't Argentina

Ted Goertzel, 08-2002
Rutgers University, Camden, NJ

When you've seen one wasteful, debt-ridden, poorly managed South American economy you've seen them all, right? That's what too many Americans think. And it is hard to blame them when newspapers and television commentators talk about "Latin America" as if all the countries were the same. There's even talk of "contagion" as if Argentina had some kind of Mad Economist's Disease that could spread to its neighbors. Unfortunately, while economic mismanagement is not contagious, panic is. Brazil's economic future will be much smoother if the world's bankers, investors and political leaders don't slip into a herd mentality. Brazil isn't Argentina, and it isn't likely to follow Argentina into financial collapse. Here's why. Let's start with the bottom line. Brazil's economy has grown remarkably over the last forty years. Argentina's has not. Brazil experienced only brief periods of stagnation during the debt crisis in the early 1980s and the inflation crisis in the early 1990s. It dealt with both crises responsibly, recovered and went on to resume its growth. For Argentina over the same period, rapid growth has been the exception, stagnation the rule. The only really striking growth Argentina experienced over the last four decades was in the early 1990s, and that led up to the recent collapse. If we categorize countries according to their economic track records, instead of their geography, Brazil belongs with the winners, Argentina with the laggards. Argentina's other important neighbor, Chile, has also done very well, at least since the mid-1980s.

Geography is not destiny; countries can do very well on the southern cone of South America, as Brazil and Chile have snown. But why has Argentina done so much worse than its neighbors? The main reason is probably national culture. Argentines thought of themselves as enlightened Europeans living on the fringes of a primitive continent. Their ideal was to sit back and live off the riches of the pampas. Brazilians are more diverse, racially and culturally, and their complexes are of inferiority, not superiority. Brazil was known as "the land of the future – and it always will be." Now the positions are reversed; Brazilian companies are buying up their Argentine counterparts at bargain prices, and Argentines are learning Portuguese in the hope of finding jobs in São Paulo.

In 1991, the Argentines were fed up with hyperinflation and desperately wanted their money to be as good as the American dollar.

So they ammended their constitution to make it so. But this meant there wasn't enough money to pay for all the civil servants. Instead of laying people off, they let the states print up their own quasi-money to pay them. They stuck adamantly to this system until the banks collapsed. The Brazilians also ended hyperinflation with a monetary reform. But when the economy couldn't keep up with the new exchange rate, they let the currency float, not as soon as they should have, but soon enough to avoid a collapse.

For the last eight years, Brazil has been governed by a distinguished sociologist, Fernando Henrique Cardoso, who understands enough economics to know when the economists are out of touch with political realities. Argentina's politicians left the economy the hands of an economist, Domingo Cavallo, who is a technical whiz but too optimistic about imposing his theories on a recalcitrant society. As a culture, Brazilians are inclined to work problems out so that no one gets hurt too badly. Argentianians are more inclined to stand on principle, even if the principle isn't working. They've become "the place where bad ideas go to die."

Brazil's parties are fluid, with politicians frequently jumping from one to another. Foreigners often have the misconception that Luis Inácio "Lula" da Silva, of the Worker's Party, is a radical leftist, challenging the capitalist, free market orthodoxy of Fernando Henrique Cardoso's Social Democratic Party. Actually Lula and Fernando Henrique are old friends, there's very little difference in their party platforms, and they might easily end up in the same political coalition. Lula and the other candidates in Brazil's presidential election have already met with President Cardoso and agreed to honor the agreements he made with the International Monetary Fund to get a $30 billion loan commitment. Brazil has consistently met its commitments to the IMF and other foreign lenders. Regardless of who wins the election, Brazil will continue to be ruled by a center-left coalition.

Argentina' political parties are more polarized than Brazil's, with strong traditional loyalties to the two main centrist parties. They are in a state of flux today, and there is a possibility of a populist outsider winning power. Mariano Grondona, Argentina's best known political columnist, believes that what Argentina needs most, in addition to a president like Cardoso, is a responsible opposition leader like Lula. Of course, Brazil has problems, including a heavy debt burden, energy shortfalls and environmental problems. It has difficulty raising taxes enough to pay for entitlements for its aging population. There is far too much poverty, especially among the people of color. The stock and financial markets are sometimes unstable, and the government occasionally has to step in to bail out a failed bank. But these problems are not so different from those in the United States and other countries, and the Brazilians can manage them with a little help from their friends.

Le Mercosud n'est pas mort

Marcos Savini
Journaliste, Brasília

Quand la Banque centrale brésilienne, en janvier 1999, décida d'abandonner le régime de parité de change avec le dollar et adopta le libre flottement du real pour sauver ce qui restait des réserves monétaires appauvries du pays, la « mort du Mercosud » était à la une de tous les journaux. Plus au sud et deux ans plus tard, face à l'importance de sa dette en monnaie nord-américaine, l'Argentine ne pouvait pas prendre de semblables mesures sans provoquer l'effondrement de son économie – comme cela est arrivé en décembre 2001.

Le Brésil et l'Argentine avaient choisi jusque-là des politiques monétaires opposées. Le Mercosud, après huit ans d'histoire d'intégration régionale et de succès commercial, se trouvait en crise permanente. Pratiquement chaque jour, certains journaux brésiliens affichaient à la « une » la « mort du Mercosud ». Malheur au journaliste expert en économie qui serait alors arrivé à la rédaction, après avoir parlé avec ses sources d'information à l'Esplanade des Ministères à Brasília, sans apporter un nouvel élément du crime !

À Buenos Aires, l'autopsie allait être confirmée par Domingo Cavallo, le ministre des Finances du gouvernement de Fernando de la Rúa : Cavallo le premier plaida en faveur de l'idée de faire rétrocéder le Mercosud d'une union douanière à une zone de libre échange. C'était lui aussi qui avait commencé à démanteler, sans aviser ses partenaires, le tarif extérieur commun du bloc.

Trois ans plus tard, l'effondrement économique, social et politique de l'Argentine a projeté une nouvelle ombre sur le Cône Sud. Mais, cette fois, les nouveaux hérauts de la mort du

Mercosud ne s'expriment plus dans la presse brésilienne ou au sein du gouvernement argentin, mais aux Etats-Unis parmi les experts universitaires et les autorités gouvernementales : là se multiplient les voix affirmant qu'il ne reste, pour le Brésil, que la Zone de Libre Echange des Amériques (ZLEA) pour accroître les exportations brésiliennes[1].

Ce type d'opinion n'est pas une nouveauté parmi les Nord-Américains. En 1997 déjà, la secrétaire de Commerce du gouvernement Clinton, Charlene Barshefisk, avait défini le Mercosud comme étant un « petit arrangement régional » devant disparaître lors de la construction de la ZLEA. Cette affirmation provoqua partout beaucoup d'embarras.

Aujourd'hui, l'idée selon laquelle le Mercosud aurait évolué trop vite n'est plus un tabou. Si quelques entrepreneurs ne parlent pas de la « mort du Mercosud », ils ont néanmoins embrassé l'idée de Cavallo d'abandonner le projet d'une union douanière. Cette proposition a été un drapeau de la campagne électorale de José Serra, le candidat malheureux du gouvernement Fernando Henrique Cardoso à la présidence du Brésil en 2002 : le Protocole d'Ouro Preto, document de création de l'union douanière en 1994, est selon lui une monstruosité compliquant la recherche de nouveaux marchés d'exportation par le Brésil, puique la définition de la politique commerciale doit être faite avec l'Argentine, le Paraguay et l'Uruguay[2].

Quoi qu'il en soit, le Mercosud est aujourd'hui à l'évidence une union douanière imparfaite. Environ un tiers des importations n'est pas soumis au tarif extérieur commun. D'ailleurs, le projet de libéralisation des échanges de marchandises est « mité » de beaucoup d'exceptions et barrières non-tarifaires pour des secteurs comme le sucre, les chaussures, le textile, la volaille et la viande de porc. Il y a au total tellement

---

[1] Voir "Edwards: O Mercosul morreu", in *Jornal do Brasil*, 12/09/2002, opinion de Sebastian Edwards, professeur à l'Université de la Californie (UCLA) et ex chef économiste de la Banque Mondiale pour l'Amérique Latine et les Caraïbes. Voir encore les manifestations insistantes sur le même sujet d'Albert Fishlow, professeur de l'Université de Columbia. De l'autre côté de l'Atlantique, Alain Touraine affirme que "parler du Mercosud est un non-sens, au moins pour le moment", dans le quotidien *O Globo* de 15/09/2002.
[2] Voir "O Mercosul não deu certo", dans *O Estado de São Paulo*, 26/09/2002.

d'exceptions qu'il n'existe guère dans les pays membres de base de données capables d'estimer leur impact sur le commerce régional.

Le Mercosud souffre de beaucoup d'autres imperfections : le Protocole de Montevideo, signé en décembre 1997 pour régler la libéralisation des services, n'est pas encore ratifié par les parlements nationaux ; la protection des investissements, la politique de concurrence et l'harmonisation des normes sanitaires et phytosanitaires restent embryonnaires ; le tribunal permanent instauré par le Protocole de Olivos, signé en mars 2002, n'existe que sur le papier...

Échanges en chute

Malgré toutes ses imperfections, le Mercosud n'a pas encore dit son dernier mot. Certes, c'est un moment très difficile du point de vue commercial. Le bloc résiste très mal aux crises. L'effondrement de l'Argentine a presque paralysé les échanges de marchandises intra-bloc, particulièrement dommageables aux exportateurs brésiliens. Sur le premier semestre de 2002, les échanges entre le Brésil et l'Argentine ont chuté de 66,2% par rapport à la même période en 2001[3]. La valeur du commerce bilatéral s'est effondrée à 968,8 millions de dollars, la pire depuis la signature par les présidents Fernando Collor et Carlos Menem du Traité d'Assomption, fondateur du Mercosud.

Pour l'Argentine, le préjudice était mineur. Sur le premier semestre de 2002, les exportations argentines au Brésil se sont réduites de 27,6 % par rapport à la même période de 2001. Mais la balance commerciale bilatérale est parallèlement la plus favorable à l'Argentine jamais rencontrée : 1.481 milliards de dollars.

D'autre part, des entreprises brésiliennes ont accumulé pour 500 millions de dollars de créances impayées par leurs partenaires argentins. Le marché voisin a perdu la plus grande partie de son attractivité depuis que son Produit Interne Brut

---

[3] Base de données du ministère du Développement, de l'Industrie et du Commerce du Brésil.

(PIB) a chuté de 14,9 % au premier semestre de 2002, par rapport à la même période de 2001.[4]

Selon les entrepreneurs brésiliens, tous ces chiffres démontrent que l'Argentine et le Mercosud, pour le moment, ne constituent pas un bon marché pour l'exportation.[5] En effet, les ventes du Brésil vers les autres pays du bloc ont diminué de 58,6 % entre janvier et juillet 2002. Elles représentent seulement 5,9 % du commerce international brésilien, contre 12,4 % sur la même période en 2001.

Pour compenser ces difficultés, les entreprises brésiliennes sont en quête de nouveaux marchés. Alors que les exportations vers l'Argentine ont chuté de 62,2 % au premier semestre 2002, les ventes ont augmenté de 25,88 % vers le Mexique, de 2,2 % vers les Etats-Unis, de 82,51 % vers l'Inde et de 16,56 % vers la Russie. La baisse de 2,593 millions USD, par rapport à la même période en 2001, est presque la valeur de la diminution des exportations vers les pays du Mercosud : 2,324 milliards USD de moins par rapport au premier semestre 2001.[6]

Les facteurs non-commerciaux

Malgré les conséquences dramatiques de la crise argentine pour le commerce intra-bloc, les indices qui pourraient nous conduire à prédire la mort du Mercosud demeurent faibles. Au contraire, les pays du Cône Sud ne semblent pas disposés à mettre un terme à leur projet d'intégration.

D'abord, l'adoption d'un système de change flottant en Argentine a mis un terme au principal motif de tension entre le Brésil et l'Argentine depuis janvier 1999. Cette harmonisation favorise une convergence macroéconomique et entrouvre la possibilité d'une future union monétaire.[7]

---

[4] Base de données de l'*Instituto Nacional de Estadísticas y Censo* (Indec), Buenos Aires.
[5] Voir "Mercosul deve limitar-se a uma zona de livre comércio, dizem empresários", dans *Valor*, 15/10/2002.
[6] Base de données de la *Secretaria de Comércio Exterior* (Secex), Brasília.
[7] Voir "FH sonha com moeda única do Mercosul", dans *Jornal do Brasil*, 21/08/2002.

Deuxièmement, la crise a provoqué un important changement de l'opinion publique argentine vis-à-vis du Brésil et du Mercosud. Elle semble plus favorable aujourd'hui que jamais, grâce à la solidarité démontrée par les autorités brésiliennes depuis le début de l'effondrement économique et social de son voisin.[8]

Cette attitude officielle brésilienne favorable au Mercosud au Brésil ne changera pas avec l'accès au pouvoir d'un gouvernement du Parti des Travailleurs. Pendant la campagne électorale, Luiz Inácio Lula da Silva et ses plus proches collaborateurs ont assuré plusieurs fois que le Mercosud est la priorité des relations internationales du pays. Il prévoit même une « politique extérieure coordonnée » et une convergence macroéconomique capable de conduire à la fondation d'une Banque Centrale et d'une monnaie unique pour le bloc.

Quelques grandes entreprises brésiliennes ne doutent pas de l'importance de l'Argentine et du Mercosud pour la région, alors que les compagnies européennes et les Américains sortent du pays, elles ont profité de la baisse des prix. *La Petrobrás* a acheté pour 1,181 milliards de dollars US la deuxième entreprise argentine du secteur de l'énergie, la *Perez Companc Energia*. D'ailleurs, elle a encore dépensé 500 millions USD pour l'acquisition de 500 stations services de la YFP. De son côté, l'Ambev, géante brésilienne du secteur des boissons, a acheté 36 % du capital (avec droit de vote) de la Quilmes, la plus grande brasserie argentine. D'autres possibilités d'affaires ont été annoncées dans les secteurs des finances, des chaussures et du textile.

Troisièmement, le sentiment dominant des classes politiques brésiliennes et argentines est nettement favorable à faire de l'intégration régionale un projet d'état définitif ; cela a ainsi été précisé dans la déclaration finale du sommet entre Fernando Henrique Cardoso et Eduardo Duhalde à Brasília, le 26 octobre 2002 :

"... La conjoncture actuelle ne doit pas être un obstacle pour l'intensification des relations Brésil-Argentine dans tous les

---

[8] Voir "Imagem do país entre Argentinos melhora de nível", dans *Folha de São Paulo*, 22/07/2002, d'après le sondage du consultant Hugo Haime & Associados : 70, 1% des Argentins approuvent l'intégration commerciale avec le Brésil.

secteurs et pour la consolidation et le perfectionnement du Mercosud. Ces options restent encore le meilleur chemin vers l'insertion de plus en plus positive des deux pays dans le champ international »[9].

Ce jour-là, le Brésil et l'Argentine ont signé, après sept ans de négociations, un accord concernant le secteur automobile. Ils ont encore décidé de mettre un terme aux conflits dans les secteurs de la volaille et du textile, et ont créé un système de garanties des exportations (la Convention de Crédit Réciproque) ; ils ont proposé l'articulation des chaînes productives dans plusieurs secteurs industriels. Ils ont en outre annoncé l'ouverture du premier Centre de Promotion Commerciale Conjointe du Mercosud, à Berlin.

Enfin, pour l'Argentine, la survie du Mercosud est vitale, puisque sa dépendance commerciale vis-à-vis du Brésil n'a pas diminué après la crise ouverte en 2001. Au contraire, 20 % du PIB du pays dépendent aujourd'hui des exportations, contre 10 % en 2001, et le Brésil reste le principal acheteur de marchandises argentines[10].

Finalement, l'union des pays du Cône Sud reste stratégique : pour faire face à l'OMC ; et, dans les négociations avec la ZLEA ou l'Union Européenne, pour faire face aux politiques protectionnistes des pays développés. Les négociateurs du Mercosud réunis à Brasília le 11 octobre 2002 ont réaffirmé leur volonté d'avoir des positions communes sur la ZLEA, en repoussant la proposition américaine de construire le libre échange à partir de multiples accords bilatéraux pour éviter l'adoption de la clause de nation plus favorisée.

Face aux barrières, tarifaires et non-tarifaires, et aux subsides internes qui compliquent l'entrée des produits du Mercosud dans les pays développés, les partenaires du Mercosud semblent

---

[9] Voir le document sur le site du ministère des Affaires Étrangères (http://www.mre.gov.br). Pendant le sommet, il y avait plusieurs déclarations à la presse sur l'irréversibilité du Mercosud. Pour Eduardo Duhalde il "est très difficile que les leaders puissent changer ce qui est déjà une décision d'avoir un destin commun"; dans le *Correio Braziliense*, 29/09/2002.
[10] Voir l'analyse de Rosendo Fraga, directeur de la *Fundacción Nueva Maioria*, dans "Argentina atenta ao Brasil como nunca", *Gazeta Mercantil*, 03/10/2002.

rejoindre le Brésil dans sa quête pour des nouveaux marchés. En dépit des crises argentine et, plus récemment, brésilienne, les négociations du bloc s'intensifient et se multiplient aux quatre coins du globe : Mexique, Thaïlande, Inde, Afrique du Sud, Communauté Andine, Caraïbes et Amérique centrale.

En conclusion, pour le Brésil comme pour l'Argentine, il semble qu'il n'y ait toujours pas de meilleur allié que le Mercosud, dans le jeu du commerce et de la politique internationale. Il est dans ces conditions peut-être trop tôt pour décréter sa mort.

Document
Argentina and the IMF, Brazil and the IMF
Transcript of a Press Briefing on Latin America,
september 23, 2002, Washington, D.C.

Horst Köhler, Managing Director,
Anne Krueger, First Deputy Managing Director,
Anoop Singh, Director, Western Hemisphere Department,
Thomas C.Dawson, Director, External Relations Department,
Fonds Monétaire International-FMI [1]

- *Mr. Köhler*: I would like to begin with a few words on our current thinking on Latin America, the status of our dialogue on Argentina, and Brazil's new economic program which we hope will facilitate a smooth political transition and a return to higher growth.

This has been a difficult year for many countries in Latin America. Growth is weak, on average, but with performance varying from country to country depending on individual circumstances. The region has faced external shocks, notably the rise in global risk aversion and borrowing costs, and the electoral cycle in many countries and underlying vulnerabilities have magnified the impact on economic activity and investor uncertainty.

The document that you will receive tomorrow will show slowing growth across the continent, with sharp contractions in Argentina, Uruguay, and Venezuela. Direct contagion from the Argentina crisis has been relatively limited, and experienced most in neighboring Uruguay and Paraguay, although there have been clear indirect effects as investors have focused attention on underlying vulnerabilities.

The position of some countries remains relatively strong, with growth clearly positive this year in Chile and Mexico, illustrating that sound policy management is the best protection against cyclical downturns as well as contagion.

At this stage, we expect a return to growth in 2003 for all countries, although this will depend upon maintaining the domestic consensus for economic reforms on the one hand and on a steadily improving external environment on the other.

Now some remarks about Argentina. The situation in Argentina remains very serious, and it is a country of great concern for us. Argentina's recession is by far its deepest in the post-war period. While there are some recent encouraging signs in the great stability of economic and financial variables, the unemployment and social

---

[1]. Texte reproduit avec l'aimable autorisation du FMI.

situation remains difficult, and a firm foundation for recovery has still to develop. This environment and this situation is for the IMF clearly an incentive, an urgent understanding that we need to find a way to help Argentina.

The main issues on the agenda are as follows: First, establishing a monetary anchor. This requires dealing with the uncertainties for deposit leakages. Second, we need to complete the fiscal framework by ratifying the bilateral agreements of the provinces and beginning their full implementation, and the President has told me last week in a telephone conversation that he expects now Buenos Aires to produce good news.

Finalizing a clear strategy for bank restructuring. Here there have been numerous missions in Buenos Aires and talks here in Washington. There is progress, but still there needs to be a finalization of these talks. And maintaining also coherence in economic policies is important by avoiding policy reversals that prolong a climate of investor uncertainty.

My concern is that ongoing debate in Congress about back and forth, of course, doesn't give investors assurance there is now a clear-cut direction.

We are working intensively with the authorities in Argentina to resolve these and other issues, and we are making progress in regard to that. Our joint efforts remain guided by the clear objective of putting in place an economic program that would maintain macroeconomic stability during the political transition and pave the way for broader structural reform and growth resume in 2003. And our approach insofar remains the same we had from the beginning of our talks with President Duhalde, the short-term, relatively short-term agreement for stabilization and then with the new government a more medium-term approach also to take a broader concept for structural reforms.

We are hopeful that all concerned parties in Argentina will come together so that this objective can be quickly and finally achieved. We are hopeful—and I would also like to use this meeting with you as a kind of appeal to the parties in Argentina to pull together at least to this minimum degree of consensus for getting a [inaudible] to the situation in Argentina and from this basis to improve the situation.

As I mentioned before, I had a very constructive conversation with President Duhalde last week on the phone, and I not least also asked him how he sees the situation in Congress, and, of course, we rely very much on him to organize some common understanding in Congress about what is needed now in Argentina to improve the situation.

For our part, we are ready to cooperate in any way that will help. Minister Lavagna will come soon to Washington, and I am really looking forward to have a meeting with him.

A few remarks on Brazil. Here, the situation has been complicated by investors' desire for clear indications of economic policy continuity by the successor government. Brazil's new economic program seeks to provide such reassurance, and investor confidence clearly improved after the main presidential candidates indicated their support for the core elements of the program. At the same time, macroeconomic policies remain strong, underpinned by inflation-targeting framework, the floating exchange rate regime, and a strong medium-term setting for fiscal policy aimed at maintaining debt sustainability. And, Mr. Sotero, at my first meeting with you, during that telephone interview, we talked about Brazil, and you asked me: do you really know the situation, do you know the country? And I learned after this that indeed Brazil has a strong financial banking sector, which is one of the fundamentals—and you made me aware about that.

At the same time, macroeconomic policies remain strong. With this fiscal and economic framework we feel there is a good process.

Sustained implementation of these policies will assure that Brazil's situation is sound going forward and will establish the framework for growth to strengthen.

Financial markets will probably remain volatile—that is a matter of reality—until the uncertainties around the political transition are resolved, and we should not be overly surprised by this. But we expect to see a quick return to more normal conditions in the market once the transition is complete.

In this context, I want to be very clear—and I have said it from the outset of the new turbulences around Brazil—that the Fund is prepared to cooperate fully with whatever government the people of Brazil choose to represent them. We are not having in mind to support one specific candidate, and we also do think it is only natural that any President-elect will have his own views of what is right for the country. And we will take this discussion up as soon as this is decided by the electorate in Brazil.

So that is the introduction. Sorry that it may have been too long but I tought it made sense to present it to you. Thank you.

Question: My question is about the political consensus that everybody is worried about. Argentina has a government that is in transition. There is an upcoming election where we have three candidates. And then, well, we have Congress and we have a court, and the court is not ruling always in the sense that the IMF or even the government would like. So in this frame, how can you define consensus? What will be the indications that you will say now there is a consensus, this prior action has been accomplished?

- *Mr. Köhler*: Well, I think the matter of consensus is a question for the Argentines, for their system. I feel this is maybe the most difficult problem, that, say, there are too many Argentine institutions, groups, families, who are pulling in different directions. That is what I see still as the main problem. And if this is not really improving, I would think that they are missing the point and that they are not acting in the interest of the people. Because it is really time—after these months and months of disaster, social dislocation, hardships—that at least up to the election the political infighting should be limited.

And I do think that President Duhalde, having declared that he is a transitional President, should have the authority, and the fighting parties should give him this authority in this transition time, to speak up as the authority of Argentina and to work with us.

We need to have a minimum degree of judgment that whatever we agree with President Duhalde and his government will be implemented or will work. We do not want to interfere in this process. We do not want to say this President is good, this President is bad. We do not want to say that the judicial system is—I do not know what. That is an Argentine issue. But the Argentines, and all these parties and institutions I have mentioed, should understand that we cannot present to our Board an agreement where we have no indication or at least a judgment about the probabilities that what we have agreed with this President or this government will be implemented. That is the core problem, and I hope indeed that we make progress, and I have some optimism now. But I need to be realistic also to tell you the following: we have discussed last week for the first time a report of the Independent Evaluation Office where they told us, the independent evaluators, that we need to have a judgment about, if it is decreed, if it is really going to be implemented. If we have the judgment that is not reasonable this IEO report recommends us not to agree on programs. So that is the situation.

- *Ms Krueger*: In many countries when there have been difficulties, economic difficulties of the general kind that Argentina has, there comes a point when most people in society—never everybody, but most people in society— recognize that they have a common interest in getting out of the mess that leads to what the political scientists often call "suspension of politics as usual", meaning that there is some recognition that there is a common good and that for at least a period of time until these things get sorted out, this common interest should override some of the particular interests that are the normal, everyday business of politics. And we have seen that in some countries. We have seen it in Turkey. We saw it in Korea. We have seen it in some others. We are, as far as we can tell, not seeing it to anything like the same degree in Argentina. There still seems to be, if you like, this reluctance to say: okay, we are in this boat together, we have all got an interest in seeing it move more smoothly. And, therefore, it is in everybody's interest to get together on these fundamentals to avoid some continuing low level of output, to restore economic growth and all the rest of it. So that, I would have thought, was in almost every Argentine's interest, and this is what is to me so puzzling, that we do not see any of this political consensus which would support a program regardless of what the political eventualities were.

Question: Mr. Singh, you have been to Argentina. My question is whether you agree with what has been said and if you could substantiate it with your experience.

Mr. Köhler: Well, I think Mr. Singh should not agree what management just said.

[Laughter.]

Mr. Köhler: That doesn't mean that I give him a kind of direction what he has to say, but we should here be very open. Anoop, please?

Mr. Singh: Let me just say that in the two visits I have had to Argentina, what we try to do very much as a team is to meet a lot of people from all over the place. We tried to meet people, of course, from the government. We met many Governors. We met trade unions. We met bankers. We met academics. And I was asked very often why are we spending so much time meeting these people. So I explained that we are working on a program, working on economic policies, but in a crisis that is as deep as Argentina's, it is very important to understand how is the crisis perceived by the Argentines themselves. It is they who are experiencing the crisis. Only then can we understand what lies behind the crisis in the view of the Argentines; and, number two, what is their solution for the crisis.

And here I can tell you that we got a very good response. People responded to us in a professional and friendly way. There was none of this political nonsense we sometimes see around us. They told us their individual views. We got letters. And the common theme of those discussions was the need to come together. And I have a letter written by school children in a school in Salta that actually uses these words: we want to come together, and the words were, "as a family so that we can be happy in Argentina."

And so I really think that the people want to come together in a consensus, and what we are working on is just one dimension of it, the economics of it. But I do think the economic side is fundamental for stability overall. And I think our call for consensus is nothing more than what has been experienced today by Argentines, whether they are in school or whether they are working. This is my view.

Question: I have never been able to really get a full answer to this question I will put forward, so here in this more intimate setting, let us see if I can. The way I see things is that this is a vicious cycle, what is going on with Argentina. Argentina is in a bad situation, the IMF doesn't help, the international community doesn't help, the investors take the money out, then Argentina gets worse, and then it keeps going.

In a very simplistic way, it is like a family in conflict needing intervention. But the people who are intervening are not really helping.

So a the situation which is bad becomes worse. And the IMF will help only if Argentina does something, and if Argentina does not do it - it is just a vicious cycle that I would like to understand better the IMF position in a more, you know, elaborate kind of way, if possible.

Mr. Köhler: I think it is not as complicated as you told us just now. Why? First, the IMF never asks for the impossible. When we are saying - and that is our philosophy - we need to have a comprehensive, sustainable program, this is quite often a lot. But in the case of Argentina we are not asking for everything needed. What we ask for are a few things. Take, for instance, this monetary anchor. Argentines have a history of decades of crises and, in particular, inflation, hyperinflation. The hyperinflation of the 1980's led to President Menem's policy and the currency board.

I think that whatever we do, we should not end up again in hyperinflation, and, therefore, we are saying we need to have some kind of monetary anchor because if you cannot anchor money supply, how can you protect against inflation? This basic idea is deeply rooted in the people's mind. They were angry about the situation and moved to the dollar when they thought that their own currency was not good.

So I want to say this anchor is not just a theoretical concept of this institution. It is even more, I think, rooted in the society in Argentina. Therefore, we put such an importance on it.

Secondly, the fiscal. I mean, Argentina wants to be open to the international community. Despite all of the peculiarities of their history and its ups and downs, what is right is that Argentines are open and do not want to be cut off from the international community. The international community - and that includes, in particular, investors - need to have a minimum understanding about order in the country. And this means also fiscal order. And here the provinces play a crucial role because it is a matter of fact that the fiscal disorder was not least, possibly even mainly, located in the provinces. And this has the effect that even today the statistics between provinces are not yet clearly comparable in all details.

I think historically it comes from the fact that Argentina was built up as a nation from the provinces, not from the center. But, this proud, powerful nation, cannot get its potential together if every province has its own understanding about what is right, what is wrong and its own understanding about the common good for Argentina.

Therefore, again, we are not asking for the impossible. We are not asking for too many things. We are only asking for just a few things.

And this other point that we have asked for some minimum consensus in the society, also including institutions like a judicial system, Congress, and so on, I mean, I think this is not impossible, and you cannot put it in a vicious cycle as a judgment. Nothing will get better if in the society, there is not a minimum, say, desire to hope. Without having rules for the game, how can a society work together?

So, therefore, what we are saying as a kind of appeal is: please, we want to come to an agreement with President Duhalde, please, society, let's give him this authority, the competence, so that he can agree on something with us so that we on our side have at least a judgment and are able to present it to our Board as something that it is going to be implemented. There is a famous German writer who had a lot of stories about a young boy who was a very intelligent boy but behaved absolutely not as his parents wanted him to. When he had to promise something, he said, "Yes, I'll do it", but behind his back he crossed fingers, and by crossing fingers behind the back he meant he didn't need to do it. Sometimes I have the feeling that this is what happened to us with Argentina. We make agreements, but they are not implemented. Of course, I am not going to blame Argentina alone. Maybe we had asked also things they could not implement. That is a fair question. We are in the process of reviewing them. Certainly we have also our share in some developments. But this cannot deviate from the core problem, and this is that the key for this situation to be solved, or to be improved, lives in Argentina itself.

Ms. Krueger: If I could just add something there. Another way of saying it is that we can't help unless Argentina will do at least a minimum to help itself.

Question: But the point that I would like to understand is that Argentina will not be able to do it unless you help, so that—

Ms. Krueger: That is where I would disagree with you. We can help and we can make the adjustment easier. There is no doubt. And we want to do that. But unless Argentine authorities do their minimum, whatever we do is not going to make any difference six months later.

Mr Dawson: And it is in their interest to do so.

Ms. Krueger: And it is in their interest to do so, but it is the kind of thing where, yes, if you will do your part, then we can help—"you" being Argentina—but for us on our own, to lend where the fiscal situation is what it was, when there was no monetary anchor, when all these things are going on, like the "corralito", et cetera, I guarantee you that three months later things would have been right back to where they were.

Mr. Köhler: You will recall—I was so happy, we all have been so happy—when President Duhalde with the governors published on April 24, the 15 points.

That was a good outline for an approach, and I thought that was really something we could build on—I mean, we are now months later, and the provinces themselves back and forth. But if a leader should be elected—and I am sure it will happen—I mean, he or she should know, everybody should know, whoever is elected, he has to have a sense of responsibility for the nation as a whole. And, therefore, all potential leaders now should speak up and say let us forget specifics of campaign, but now let us prepare the ground for an agreement with the Fund. And we are the first to honor that.

Question: It strikes one then that you complain about the situation in the country where it is evident what the country needs, people in the country want to do it, but inevitably the political leader of the country is not contributing. The question is, why doesn't the IMF just say no?

Mr. Köhler: Because we still hope that we can come to an agreement and there is progress. The fiscal framework seems to be possible to agree.

There is stabilization in terms of inflation and even business activity. People try to help themselves, so there is some improvement. We should not give up. We are patient, but we have also to have our minimum kind of firmness not to demonstrate whatever happens, the Fund will justify everything. So we stick to our few criteria, and I hope—and I want to be hopeful that we come to an agreement.

Question: I wonder about when you, the IMF, saw it coming. Did it see it coming? Because it did not happen overnight in Argentina. I mean, every three months you sent people there, they came back with a review, and you would lend some more money. And all of a sudden, it seems the mess came up.

Ms. Krueger: Everybody saw things getting worse in Argentina before the program at the end of 2000. Then there was hope that there would be some correction of the fiscal situation, and, of course, that did not happen, which is what led to the departure of the then-Economy Minister and so on. Then came in the new Economy Minister, and he said, okay, we are going to go to zero fiscal deficit, and the zero deficit law was passed.

Now, you are asking why did we keep on working with the Argentines. One reason is simply that Argentina is a member country, and we want to help if we can. As long as there is any hope, we will do so.

Now, in that case, the zero deficit law was in place. It was passed in, I think, July. The last Argentine loan was in August. Then come the first review, it was very clear that the zero deficit law, despite its existence, could not be implemented, at which point it was reasonably clear that something had to be done to bring the situation back to something that would offer a sustainable basis. So as long as there was hope that Argentina would address its issues its way—you could think of other approaches, but that is the one that Argentines said they preferred, and if they had implemented that, I believe there was a significant chance that it would have worked. And we want members to choose their own ways to do it, and that was one way if they could then have done it. But when those numbers came in at the end of September, October, November ... No more.

Mr. Köhler: What I have an interest again and again to say is that zero deficit law was an idea of the government at that time, and it was passed by Congress. It was not the idea of the Fund. We accepted it because we heard it from the press and then thought, okay, if they have the strength to turn it around, then it may work. That was the situation. Congress passed this law, but as it turns out then, it seems that not too many in Congress believed they are in charge of implementing this law. And this is still the situation.

Question: Since the IMF has been studying the introduction of a sovereign debt restructuring mechanism or SDRM, or the adoption of a collective action clause in the contracts, I would like to know if this was in some point discussed with Brazil, the Brazilian administration, and how to assess the need for Brazil to do that in the future.

Mr. Köhler: Well, here is our expert, Anne Krueger. But let me, as a kind of introduction, say the following: Brazil is, of course, a member, and they have a very good team. They have a very good Executive Director. He makes all the points. He is involved in this discussion. So they are part of this discussion. But, of course, the more political question is: what does it mean for Brazil in this situation?

I want to tell you it has no meaning because we feel that the right policy—they do not need to restructure, the Brazilians. They do not need it. And this is why we said we would like, we would appreciate if all major candidates would endorse at least the core elements of the program because we feel that, with the potential of Brazil, which is a huge potential, and these core elements of the program, they will grow, literally, out of the problem. And I will not give up that this is a preferred option. With everybody who talks in election campaigns and all these many advisors in the world and intellectuals who know everything, there are always, possibly, different options. But I strongly do think Brazil has the potential to take the option, get out of this difficulty through growth, a credible policy. They do not need to work on the basis of restructuring. It's not unavoidable. That is our advice.

Anne?

Ms. Krueger: There is nothing—and there was no discussion of restructuring. There is no reason to restructure. If you look at the real interest rate in Brazil over the past, say, ten years, if you look at the average rate of growth, figure that debt to GDP will be about 60 percent at the end of this year, more or less, figure that the real exchange rate has depreciated, it won't depreciate more. If it appreciated, debt to GDP would go down. As you know, debt to GDP goes down about a half a percentage point for every percentage point of real appreciation. So figure it won't depreciate any more. Then figure on growth at an average of, let us say, 3.5 percent, which is not ambitious relative to the past, 3.5 percent plus 3-3/4 percent primary surplus before this year means that the debt to GDP would go down on that basis and that debt is sustainable.

Now, if growth is higher, debt is even more sustainable. If the real interest rate is lower, better yet. So, I mean, I think that that is a reasonably conservative estimate based on not the crisis numbers right now, but the numbers in the past. So there was no discussion in the program. The Brazilian authorities quite clearly are determined that they will maintain their standing in the international community, got no interest in the discussion. Nobody raised the issue on either side. It was just not thought about because there was no reason to, given that debt seemed sustainable and they interpreted it. And I believe that for the most part markets are reacting to political uncertainty, and if the new President when he is elected comes in and gives the markets reassurance, I think that things will revert to more normal values very quickly, and that that will in itself be sufficient.

In the program it does say that should there need to be an increase in the primary surplus because we have misestimated that, that would be happening. So we could re-evaluate that, but I think we have got some cushion in those numbers.

The second part of the answer is—I happened to be at the World Bank in the 1980s when there was the first so-called debt crisis, and since then most people in the international community have recognized that there needs to be some kind of a mechanism that makes the debt restructuring, when it has to happen, less messy. But they have also recognized that it is costly. People are not going to do it just because they say the mechanism is there. And, in any event, anything that happens—happens or happened last year, this year, next year—is irrelevant for that because we could not possibly get things done in time to make a difference.

Question: Last week, Ms. Krueger said that there is a kind of a deadline for Argentina in terms of payments to their multilaterals, and there is some discussion among politicians and among professional economists about if Argentina should pay them up.

In dealing with Argentina, when you are negotiating this kind of minimum framework, you are part of the discussion, and you are part of the process generating enough consensus. Don't you feel that given the impression that you are somehow going away from the possibility of an agreement, you eventually are encouraging the most irrational leaders inside, in the political spectrum, that actually do not want an agreement, but in looking for a consensus, perhaps you are—if you push too much, you actually generate the opposite?

- *Question*: I have a little follow-up. In fact, it is true that the majority of the government and the majority of the people now, according to the polls, say that we should not pay anymore if there is no agreement. And that is serious because—

- *Mr. Köhler*: That is certainly a serious question, and the difficulty is that there is—there are not too many people, at least official people and people with authority in Argentina, who talk to their people in honesty and transparency. Not too many. Everybody has a specific interest position and fights for it. But if you talk to the people and tell them that we are in a difficult situation, that we may not come out of it without pain, like I said months ago, then you are depicted, as they depicted me, as a kind of stupid guy who wants to impose pain on the Argentines.

So I am always surprised at how able the media are to concentrate on comments from outside. They comment on everything here, but they do not comment or discuss what has to happen inside in Argentina. Let this stupid Mr. Köhler talk what he wants, but we are aware we need to do something so that the situation improves.

This is, again, this situation in which there is a lack of—how should I say it?—responsibility. Looking at the interest of Argentina on the whole, there is not a public debate about what do we have to do in Argentina, and then let us discuss that. We can also discuss what the IMF should do or not do and all these others, but, please, also don't forget what is our own job. That's part of the problem.

I am aware that, of course, people could say I am fed up. That could be said by people who just maybe are less informed about the context and how should—why should an ordinary Argentine know all the specifics about the international financial institutions, the IFIs, the IMF, and monetary policy and so on. He just wants to have a decent job, security, and a family he can care for. That is what he wants. So I should not expect from him to understand but I should expect from some leaders that they try to explain to the people their situation, and that is not a guarantee that the people then will accept that they need to have a kind of working relationship with us or the international community.

I am not sure that they accept because they care for the most immediate thing, but there is a chance because the Argentine people are, in my view, not less intelligent than others.

As for our contribution, and it can only be a contribution, although I know it helps Argentina, I do not want to see our contribution mainly as something that helps to preserve an international system of IFI financing. At the end, it is important that it helps Argentina and not that we are repaid, the World Bank is repaid, or so.

I hope that Argentina will not fall in arrears. We are working at least to try to do our job that this is not happening. But this falling in arrears is for me not the most decisive point for what has to happen. More important is that whatever we do, it be a contribution for an improvement to bring back sustainable development so that Argentina can get out of the mess.

- *Ms. Krueger*: I share that view, but I would also add just one more thing which goes along the same line. We face this dilemma in a number of countries, not just Argentina. Argentina is perhaps the most visible right now. But there are a number of countries where, for whatever reason, the politicians want to go and do things that are going to have longer-term or medium-term or even short-term consequences that are truthfully not sustainable and not acceptable and it is not a basis on which we can lend.

Now, when you hit this gulf, if you like, between what the politicians are willing to do and what is in some sense economically defensible, then the Fund is really caught, because, on the one hand, it may be interpreted that we are not contributing to whatever; it may be thought that, on the other hand, we cannot back down on what I will call the minimum bare essentials of something that offers hope for, in this case, Argentina in the longer term. And we are caught that way in a number of countries where the economic policies that are being put forward are things that simply you just can see are something coming on up ahead.

The second part of the argument, I think, is that I do believe that one of these days, I hope soon, the Argentine body politic, including the politicians and the people, are going to recognize that they have got to somehow get together and get their act together on a program that will permit them to resume economic growth. And when that happens, I think things will sort out in terms of IFI financing and everything else. And like the Managing Director—until that happens, if that is the cost to us that we don't get paid that is very unfortunate for Argentina and—but I do not believe it will be a long-term situation for either of us.

- *Mr. Köhler*: I should also add to this, I was very eager that we have in place something for social alleviation from the beginning. And I discussed it a lot with Enrique Iglesias and Jim Wolfensohn, and as you may know, the World Bank offers this, I think it is called head of household program. Can you imagine that even now, months after this was produced, they have not yet agreed the rules for this program, the governance rules for this program?

I do not know why. I mean, I am so puzzled, really.

- *Question*: At the end there will be an agreement [inaudible]. At the end of the discussion either with this government or the next government. Could you possibly estimate when? A lot of people think in Argentina that this will never happen.
- *Ms Krueger*: How many missions have we sent to Argentina this year?
- *Mr. Singh*: We made a count. This year alone there have been a total of 21 visits.
- *Ms. Krueger*: Did we do that without intention to agree on a program?

- *Question*: Mr. Köhler, last week at the Council of Americas, you mentioned that the IMF has learned to be more humble and that the Fund has to accept risk. You made a reference to overshooting, and my question is regarding Latin America and Brazil in relation to inflation. My question is: Is the Fund ready to accept higher rates of inflation, or do you think Latin America still cannot have higher rates of inflation without reaching hyperinflation?

- *Mr. Köhler*: Well, I mean, the inflation rate, it is not carved in stone that only 0 percent is the right approach or only this works. It is always part of a dynamic economy. But we have accumulated enough experience to be able to say that high inflation is not good for the poor because it diminishes the value of their money. It is not good at the end for investors because it makes it difficult or them, high inflation, to calculate. And we have experience enough that low inflation is good for sustained growth.

But I would guess that every country has its own set of objectives and what is the outcome of a policy approach. I can give an example of a discussion about a bit more inflation. There was a famous German Chancellor, Helmut Schmidt, whom I admire very much, and I worked with him, and we are still in contact. He produced this formula end of the '70s, a bit more inflation is better than a bit more unemployment.

The outcome of this was that they had more inflation and more unemployment in Germany, and it did not work.

So, I mean, that does not mean that there is any precooked set of data which means that this is right, this is wrong. You need always to put it in the context of a special country, the environment, the particular constraints, and all of this. And at the end it is a mix. But the direction of low inflation, stability, I think serves well particularly Brazil, which has such a high potential and which heavily, I think, took advantage of foreign direct investment. They should not put in danger this prospect of further foreign direct investment through being [inaudible]. Now, loosen a bit monetary policy, then we have more growth and all of this. It's dangerous.

- *Question*: You mentioned about leaders telling the truth to their people, speaking the truth to their people. The leading presidential candidate in Brazil, that may very well win the election on October 6th, said yesterday in a speech that the first year of his government will be a very difficult one. It leads to a two-fold question I have.

In addition to the reassurances you received from Mr. Malan, Mr. Arminio Fraga, in terms of what the candidates were saying about the agreement with the Fund, has the Fund sought or was any candidate or representative of—has there been a dialogue between the Fund and representatives of the candidates, or have all the assurances been given through Mr. Malan and Mr. Arminio Fraga?

The other thing is: How does a positive or a negative outcome in Brazil influence your efforts here to reform the whole crisis prevention that you and Ms. Krueger are so much directly involved with? How does a positive or a negative outcome play?

- *Mr. Köhler*: In relation to the first question, I talked to President Cardoso, I talked to Minister Malan and Mr. Fraga, and we relied on their judgment about what was appropriate for a direct dialogue with the candidates. I can tell you that I am prepared to meet with any candidate or President-elect as soon as possible if he wants to meet with me. So I am prepared to have a direct dialogue with any candidate, or President-elect, whenever they want to take up this dialogue.

Second, negative outcome, I do not know what is a negative outcome, I mean, from the election because I—

- *Question*: No, no, I am sorry. I am referring to the fact there is a hope that the support of the Fund will make it possible for us, when we elect a President, that the situation will not destabilize, that we will make—we will go through—we will not renegotiate debt. But there is also concern that it may not happen that way and that indeed the situation could deteriorate if the new President gives wrong signals, et cetera, et cetera, because we know that the margin of error for us is not zero. It's negative. So it is in that context. It is not the negative outcome or positive outcome in Brazilian elections. You made a calculated risk, a reasonable risk, as you called in your speech the other day, that Brazil will make it. My question is—obviously for us, we know how much we are going to pay if we don't make it. We have families there.

Now, for this exercise that you are making here to reform the Fund, to do crisis prevention, et cetera, how important is—or what happens if we make it, what happens if we don't make it to your—what happens if we screw up?

- *Ms. Krueger*: Well, first off, the program is back loaded. Most of the disbursements come after there is a new President-elect if not a new President. But in that sense, most of the support comes, and if so—we tried to do the best we could to move the odds in favor of a good outcome. In terms of what that does to the international financial architecture, first valid impact, I cannot think of how it affects it. I mean, I think the international community is set on trying to improve crisis prevention and crisis resolution. We are going to continue on that. I think the various parts we have talked about before are still there.

Obviously we will go back and say what lessons could we have learned, but if I could tell you what they will have been, if that were to happen, if I could use that many if's, obviously if I knew the lessons now, if there are any, we would have incorporated them. So that is a very hard one. But I think in terms of where we are going, we think the Brazilian macroeconomic stance is broadly conducive to sustainability.

By the way, I would not be surprised if the new President chooses to follow policies and if the markets are reassured, if Brazil's economic upturn did not happen much more rapidly than people think.

- *Mr. Köhler*: We will not turn our back. We will not turn our back to Brazil whatever happens. But we feel it was right to be proactive, also to be, if you want so, generous because there is the potential and the alternative is dire. But whatever happens, we will not turn our back to Brazil. But we should discuss any different situation when the situation is there.

- *Mr. Singh*: Let me just make one comment on that. We are all in the press and other ways focusing on what happens if there is a negative outcome. I think you should also consider and publicize the huge payoffs for Brazil and the Brazilian people if there is a positive outcome. And that cannot be measured in numbers, but if you consider the impact on people, individuals and families, of growth going back to 3 and 4 percent, you are talking of a huge event for the country that is among the largest in the world.

- *Question* Well, you said that Brazil should stabilize, and that after the elections, the political uncertainties are over. So my question is, real quickly, what do you think the exchange rate will stabilize at?

[Laughter.]

- *Ms Krueger*: As I said, I think it is really safe to assume that there would be no more real depreciation.

- *Mr. Köhler*: Let me make a final comment on Latin America, and, again, going back to Mr. Sotero, I indeed learned a lot in these two and a half years I am now here. But I am basically optimistic. There is now a risk of backlash from everywhere, difficult situation in Argentina, anti-globalization discussion, clearly this greater world economy, though I had liked to be in a different situation. But, people, we should not confuse ourselves. At the end it is the potential, it is the will, it is the policy which will stay the course. And I have no doubt that there can be and will be a bright future in Latin America. We will try to do our job in this context. Anoop Singh, Anne Krueger, we all are now concentrating on Latin America, systematically discussing what kind of lessons learned should we draw from our experience, and on this basis how can we improve. I am basically not pessimist.

Les représentations de l'Europe et de l'Argentine à l'heure de la crise

Florence Pinot[1]
ESCP-EAP

Les relations entre l'Europe et l'Argentine s'inscrivent dans une histoire pluriséculaire profondément marquée, tant à l'époque coloniale qu'après l'indépendance, par le transfert outre-Atlantique du modèle de civilisation européenne. Si cette affirmation est susceptible de s'étendre à toute l'Amérique latine, le Cône Sud offre, sans doute, l'échantillon le plus concentré de ce que peut être une émanation européenne en « Extrême-Occident »[2] et, par conséquent, de relations axées autour de la proximité culturelle.

Alors que l'Argentine connaît une crise sans précédent, il est opportun de prendre la mesure des effets que cette situation a pu avoir sur les relations argentino-européennes. Compte tenu de leur forte composante culturelle - la culture ne parle pas seulement à l'esprit mais aussi aux cœurs-, il faut surtout s'interroger sur l'évolution de la perception des citoyens depuis les événements détonateurs de décembre 2001.

L'empathie culturelle, pivot des relations entre l'Europe et l'Argentine

C'est un lieu commun, longuement répété et vérifié des deux côtés de l'Atlantique[3] : tel un cordon ombilical reliant le Rio de

---

[1]. Florence Pinot de Villechenon est professeur de civilisation hispanique à l'ESCP-EAP où elle dirige le Centre d'Etudes et de Recherche Amérique latine Europe (CERALE).
[2] Cf. Alain Rouquié, *Amérique latine, Introduction à l'Extrême-Occident*, Seuil, 1987.
[3] Cf. par ex. Georges Clemenceau, *Notes de voyage dans l'Amérique du Sud*, Paris, rééd. Ed. Utz, 1991

la Plata au Vieux Continent et corollaire d'une Espagne métropole puis d'une France révolutionnaire, enfin des liens étroits entretenus avec les puissances européennes du XIXe siècle – Grande-Bretagne et France en tête -, l'affinité culturelle a infusé chez le peuple argentin, descendant en grande partie d'immigrants européens débarqués entre 1880 et 1914, le sentiment d'appartenance à une même civilisation.

Cette proximité culturelle n'a pas empêché, loin s'en faut, l'établissement de relations substantielles dans d'autres domaines, tels que le politique ou l'économique –elle les a même favorisées- et elle a fait preuve d'une vitalité certaine jusqu'à nos jours. Mais, compte tenu de la gravité des circonstances que traverse la société argentine, on est tenté d'en cerner la portée et les limites et d'en mesurer les effets sur les temps à venir.

Rappelons, en premier lieu, que ladite proximité a favorisé chez les responsables politiques argentins une surestimation des capacités de réponse de l'Europe à leur égard, faisant oublier l'échelle des priorités en vigueur dans une Europe tiraillée par de multiples enjeux (approfondissement, élargissement à l'Est, développement des anciennes colonies, conflit arabo-israélien,…). De là une propension à attendre de l'Europe ce que celle-ci n'est pas en mesure de donner, par exemple un traitement préférentiel comme celui réservé depuis les années 70 aux pays ACP[4].

En deuxième lieu, cet ascendant de l'Europe s'est exercé surtout parmi les couches supérieures de la population et au sein de la bourgeoisie instruite[5] ; elle a eu moins de prise dans les secteurs populaires, dès lors que se sont dilués, au fil des générations, les effets de l'immigration[6]. La culture de masse - au sens le plus large- véhiculée par la télévision échappa à cette influence française et européenne et eut plutôt tendance à

---

[4] Afrique, Caraïbe et Pacifique, *i.e.* les anciennes colonies.
[5] André Siegfried en signala les limites dans *Amérique latine*, Armand Colin, 1934,
[6] Pour les classes moyennes alors en formation dans les grandes villes comme Buenos Aires et les grosses agglomérations de la pampa céréalière, constituées d'immigrants et de fils d'immigrants, l'Europe est la terre des origines. Pour l'oligarchie, elle est le berceau de la culture, du savoir-vivre et du bon goût, cela est particulièrement vrai pour la France.

succomber, jusque dans les coins les plus pauvres, à l'*american way of life*.

Ensuite, elle a souffert de la concurrence des Etats-Unis qui ont sû déployer, dans la deuxième moitié du XXe siècle notamment, d'importants moyens pour battre l'Europe en brèche sur ce même terrain culturel comme sur les autres. Que l'on songe simplement à la force de frappe nord-américaine dans le champ de la formation universitaire et qui trouve son expression la plus tangible dans l'octroi, depuis des décennies, d'aides importantes –sous forme de bourses notamment- visant à attirer dans les universités et les laboratoires des Etats-Unis les meilleurs diplômés latino-américains.

On est en droit d'en reconnaître les effets dans l'itinéraire intellectuel d'une partie des dirigeants latino-américains, davantage formés aux Etats-Unis qu'en Europe, qui occupèrent des responsabilités gouvernementales à partir des années 80 et, plus particulièrement, des années 90. Cela est particulièrement vrai pour les fonctionnaires en charge des portefeuilles ministériels d'économie et de finances. Rappelons le cas dans les années 90 de Domingo Cavallo, le père de la *convertibilidad* argentine, de Roque Fernández son successeur et de Carlos Rodríguez, ou encore des équipes qui se sont succédées à la tête de l'économie chilienne, sous le gouvernement Pinochet comme après, avec les gouvernements démocratiques.

Les années 90 et la mondialisation : la nouvelle conquête économique de l'Argentine

L'essor de la mondialisation -et des technologies contribuant à sa diffusion- eut pour effet d'ancrer plus fortement le *leadership* des Etats-Unis dans le domaine du savoir et de la connaissance. Cette suprématie est non négligeable quand on sait combien ces domaines sont déterminants pour le positionnement stratégique des pays en développement.

Malgré cela, et dans ce contexte de concurrence économique et culturelle, l'Europe enrichit qualitativement ses relations avec l'Amérique latine. En effet, les années 90 marquent un point d'inflexion : les entreprises européennes arrivent en force en Argentine, compte tenu d'un environnement hautement favorable à l'investissement étranger se traduisant par un processus de privatisations de grande ampleur, un cadre juridique stable, l'existence d'un régime de protection des investissements, le libre rapatriement des dividendes. Par conséquent, des intérêts économiques d'une nature nouvelle viennent relayer un ascendant culturel qui, moins en phase avec les attentes et les tropismes des nouvelles générations, pouvait être menacé d'effritement. Rappelons au passage que le rapport de cause à effet entre l'affinité culturelle et le tropisme économique mériterait, ici encore, d'être établi.

C'est donc en investisseurs que les Européens débarquent et la magnitude des opérations est en mesure de modifier la perception de l'Europe qu'ont les Argentins. Les termes de *conquistador* et *El Dorado* font leur apparition dans la presse généraliste et économique, fréquemment associés aux entreprises espagnoles qui ratissent de long en large le continent latino-américain, du Mexique au Chili, en passant par le Brésil.

Cette évolution récente des relations entre l'Espagne et ses anciennes colonies est de nature à changer la perception qu'ont les Argentins de l'ancienne « mère patrie ». En effet, à la fin du XIXe siècle, l'Argentine s'était inscrite dans une démarche délibérément modernisatrice, conçue par des hommes porteurs d'un véritable projet. Cela la conduisit à se hisser, au début du XXe siècle au rang des pays riches et à disposer, à la fin de la Deuxième Guerre, d'un PIB par habitant bien supérieur à celui de l'ancienne métropole. L'Espagne d'alors, loin d'être un modèle aux yeux des Argentins, suscite plutôt un sentiment de fraternité de bon aloi, alimenté par les immigrants espagnols installés en grand nombre sur les rives du Rio de la Plata.

Qu'en est-il dans les années 90 ? L'Espagne a parachevé avec succès sa transition politique et son décollage économique, elle a rejoint l'Europe et elle a exercé un véritable *lobbying* en faveur de l'Amérique latine au sein des instances européennes. La représentation que se font d'elle les Argentins évolue en conséquence, parallèlement aux grandes opérations de rachat ou de prise de participation menées par de grandes entreprises espagnoles tels que les groupes énergétiques (Endesa d'abord, puis Repsol), les entreprises de télécommunications (Telefónica), les grands groupes bancaires (BBVA, BSCH). Les partenaires espagnols sont de ce fait assimilés aux autres grands investisseurs étrangers, tels des acteurs poursuivant une logique lucrative et se mouvant dans le cadre d'une stratégie orchestrée par les maisons mères.

De plus, le fait que les entreprises européennes (Iberia, France Télécom, Suez-Lyonnaise des Eaux, EDF, Endesa, Stet Italia...) soient intervenues au titre des opérations de privatisation et de mise sous concession des services publics et soient devenues des prestataires de services de base (eau, électricité, téléphone...) investit l'Argentin d'un rôle nouveau : celui d'un consommateur sourcilleux de la qualité de prestations devenues essentielles à son quotidien. Certes, la proximité culturelle a joué un rôle clé dans le management des équipes plurinationales au sein de ces entités économiques. Il n'en reste pas moins que la relation ne se décline plus, aux yeux des consommateurs argentins, selon des logiques d'amitié ou d'affinité mais selon la logique fournisseur-client. D'où l'impatience de l'opinion publique face aux dysfonctionnements du service, comme ce fut le cas en 1999, quand se produisit dans la chaleur suffocante de l'été austral l'*apagón* [7] à Edesur, entreprise électrique détenue par les Espagnols. Ou encore les crispations générées par l'idée que ces nouveaux acteurs européens intervenaient dans le cadre de services privatisés alors qu'en Europe les maisons mères bénéficiaient encore de la couverture de l'Etat et que, par conséquent, l'expérience argentine faisait les frais d'un premier essai.

Le partenariat Europe – Argentine mis à l'épreuve par la crise

Les crises ont souvent le mérite de favoriser la mise à nu de dysfonctionnements nichés au plus profond d'une société. Les analyses réunies dans cet ouvrage tentent d'apporter quelque lumière sur les nombreuses dimensions de la crise sans précédent traversée par l'Argentine : crise des institutions, manque de légitimité de l'ensemble de la classe politique, pauvreté rampante, chute massive du pouvoir d'achat, carences

---

[7] Cette coupure d'électricité coûta 95 millions de dollars à l'entreprise espagnole ENDESA, dont 75 millions de réparation aux 126.000 clients lésés.

en matière d'éducation et de santé, montée de l'insécurité... Il n'est jamais très gratifiant de prendre conscience du que l'on a manqué son rendez-vous avec le destin. Mais il est important de signaler aussi l'énergie avec laquelle les Argentins ont entamé un intense travail d'introspection collective[8]. On peut reconnaître à cet exercice le mérite d'avoir conduit les Argentins à explorer les causes endogènes de la crise. L'on est en droit d'espérer qu'il débouchera sur une lecture lucide du passé national et sur une meilleure appréhension de la nature des défis à relever.

Mais, dans le cadre plus réduit de cet article, il appartient d'évoquer les effets de la situation actuelle sur les perceptions des relations Argentine - Europe des deux côtés de l'Atlantique.

Ces perceptions sont, certes, fortement déterminées par la situation dans laquelle s'est placé le pays en proclamant son défaut de paiement à la fin de 2001 ; un défaut conduisant, comme prévu, à l'isolement financier et déclenchant un laborieux processus de négociation avec les différents membres de la communauté internationale, dont l'Europe. Dans ce contexte, les entreprises européennes ont été fortement affectées par les mesures économiques proclamées au début de l'année 2002 qui ont drastiquement changé les règles du jeu sur lequel elles avaient basé leur stratégie d'investissement et d'exploitation dans les années 90, sous le régime de la « convertibilité » qui établissait une parité immuable d'1 peso = 1 dollar. L'abolition de la parité fixe a sérieusement compromis, nul ne peut en douter, l'équilibre financier des investisseurs européens devenus depuis des acteurs majeurs de l'économie argentine.

Rappelons certains faits qui permettent de mettre en évidence divers pics de crispations des deux côtés de l'Atlantique.

- Début janvier, le tout nouveau gouvernement Duhalde abolit la *convertibilidad* et proclame la *pesificación* asymétrique de l'économie (les créances sont converties à 1,40 peso pour 1 dollar et les dettes à 1 peso pour 1 dollar). Les banques

---

[8] Nous songeons aux innombrables notes diffusées dans les journaux notamment. Citons par exemple la série « Las enseñanzas de la crisis. El optimismo de la razón » parue dans le quotidien *La Nación* à partir du 6 janvier 2002 et celle intitulée « Qué le pasó a la Argentina ? » du mois d'octobre 2002.

réagissent avec véhémence et manifestent des craintes sérieuses quant à la solvabilité du système banquier tout entier. La population, dont les avoirs sont bloqués, fait alors des banques son bouc émissaire. Comme celles-ci sont en majorité étrangères, c'est contre ces dernières qu'elle canalise sa colère.
- Le gouvernement multiplie les annonces et attise la confusion générale. Voulant ménager la population échaudée par la dévaluation et soucieux d'éviter un sursaut inflationniste, il annonce sa décision de geler les tarifs des services publics. Cela se traduit par une occasion supplémentaire de semer la discorde entre investisseurs européens et consommateurs locaux, réciproquement persuadés de poursuivre des intérêts totalement contradictoires.
- De l'autre côté de l'Atlantique, à la bourse de Madrid, les actions Repsol-YPF, Telefónica, Gas Natural, Endesa et des banques SCH et BVA s'effondrent. Le 6 janvier, dans la presse espagnole, toutes tendances confondues, les critiques fusent : « Duhalde opte pour le protectionnisme et lèse les entreprises espagnoles », titrent *El País*, *El Mundo* et les autres. Le sentiment s'installe, parmi les Espagnols que ce sont les épargnants de la Péninsule qui paieront le prix de ces mesures. En mars 2002, lors de l'assemblée générale des actionnaires du BBVA à Bilbao, le président se plaint : « On nous traite de voleurs alors que nous sommes les victimes ».
- Mais des solidarités ponctuelles et inattendues se tissent : ce jour-là [9], à Bilbao, quelques militants des groupes d'opposition présents dans l'assemblée en tant qu'actionnaires minoritaires accusent les responsables de la banque de se comporter en usuriers. Barcelone a aussi son *cacerolazo*[10] le 7 janvier, puis à Madrid, lors de la clôture du Sommet UE-Amérique latine, des dizaines de milliers de personnes défilent pour un monde plus juste et condamnent « l'exploitation de l'Amérique du sud »[11].
- En Argentine cette fois-ci, un appel circule dès les premiers jours de janvier sur internet intitulé « Pour exercer le pouvoir

---

[9] *La Nación* du 10 mars 2002.
[10] Manifestations désormais associées aux protestations de rue émanant de la classe moyenne argentine ; elles ont conduit à la démission du président De La Rúa ainsi que de son successeur Rodríguez Sáa.
[11] *La Nación* du 20 mai 2002.

populaire » : il invite l'ensemble des Argentins à décrocher tous les téléphones afin d'occasionner des pertes pour les entreprises espagnoles. Le cri de guerre est « le gouvernement espagnol fait pression pour augmenter les tarifs en accord avec la dévaluation ; ça suffit » !

- De même, lorsque le Crédit Agricole annonce du jour au lendemain la fin de ses activités en Argentine, une manifestation se forme aux portes de l'ambassade de France. Les journaux titrent en gros : « *Se fueron como los maridos...* » faisant allusion à l'abandon brutal du foyer conjugal par un mari ingrat. L'ambassade d'Espagne connaît le même sort, après que le BSCH a menacé de ne plus assister sa filiale argentine si la crise financière se prolongeait[12].

On voit ici comment, dans les premiers mois de 2002, une séquence d'annonces heurtées, désordonnées et contradictoires, d'un gouvernement semblant changer d'avis d'heure en heure, a pu exacerber les réactions des uns et des autres.

D'une manière plus générale, il est aisé d'imaginer chez les investisseurs européens un désenchantement face à l'abandon des règles du jeu (nombreuses étaient toutefois les Cassandres annonçant l'inéluctable et douloureuse sortie de la convertibilité), face aussi à l'état de déliquescence dans lequel le pays a plongé, face enfin au manque de consistance des interlocuteurs politiques.

On assiste donc, du côté européen, à une certaine déception liée au sentiment d'avoir misé sur un partenaire et des équipes qui ne se sont pas révélés à la hauteur et qui n'ont pas su tenir leurs engagements. On comptait avoir face à soi un interlocuteur mûr, maîtrisant son potentiel et s'engageant délibérément dans la voie d'un développement soutenu, mais l'on retrouve des responsables politiques fort occupés à régler des comptes et à préserver leurs parcelles de pouvoir et complètement déconnectés d'une société en plein désarroi qui réclame, ni plus ni moins, que la fin d'un système[13].

Il est sans doute des investisseurs, grosses entreprises ou simples souscripteurs de titres, qui n'ont agi qu'en fonction de

---

[12] Source *Le Monde* du 27 juin 2002.
[13] Cf. le leit-motiv *Que se vayan todos !* brandi notamment par la candidate aux prochaines élections présidentielles, Lilita Carrió, et certains secteurs de la gauche.

critères purement économiques. A ceux-là de tirer des conclusions en ces termes sur l'opportunité de leur démarche. Mais il en est d'autres, dans les milieux d'affaires, intellectuels et politiques qui ne cachent pas leur agacement face à l'étonnante incapacité des classes dirigeantes argentines à faire en sorte que leur projet politique – quand il y en a un – soit en phase avec la société civile et s'avère à même de satisfaire les aspirations de cette dernière. C'est que, aux yeux de ceux-là, l'Argentine fait sans doute partie de ces pays moyennement avancés du périmètre occidental avec lesquels on partage un sentiment d'appartenance à une même civilisation et avec lesquels on s'attend à ce que le dialogue se fonde sur la confiance et la réciprocité.

Onze mois après ces événements, qu'en est-il de ces représentations du côté argentin, depuis que la crise s'est installée dans la rue et dans les foyers ?

Il y a, manifestement, une frange de la population qui, en vertu de préjugés idéologiques, a toujours condamné tant les politiques dites d'ouverture que le principe de privatiser et le fait que cela fasse l'affaire des entreprises étrangères. Cette fraction étant, par principe, hostile aux investissements étrangers, on peut s'attendre à ce qu'elle grince des dents au premier grain de sable mis dans les rouages complexes des négociations financières avec les créanciers et les investisseurs étrangers.

Il y a aussi les secteurs les plus démunis qui sont, eux, peu ou pas concernés par cette problématique des représentations. Ils jugeront, en effet, un prestataire de service, qu'il soit argentin ou étranger, à sa simple capacité à le maintenir quand le paiement du service fait presque défaut. D'autant que les entreprises gérant les services publics depuis les années 90 se sont efforcées d'opérer non pas en filiales mais bien en tant qu'entités nouvelles, créant des consortiums avec l'apport de partenaires locaux (ce fut le cas au départ de *Aguas Argentinas*, compagnie en charge de la distribution d'eau à Buenos Aires, de *Telecom Argentina* ou d'*Edesur*, pour ne citer que quelques exemples). Le rattachement au pays d'origine est, de ce fait, plus discret de prime abord.

Mais il y a aussi cette large fraction de la société comprenant les classes moyennes qui, dans sa démarche d'introspection collective, converge dans ses analyses avec la communauté internationale, du moins pour ce qui est des causes de la crise (pas forcément sur les éléments de réponse à ses maux). C'est ce segment de la population qui est devenu très réactif à tout geste susceptible d'assimiler les Européens à des *conquistadores* venus en quête de richesses et quittant les lieux dès que les temps cessent d'être cléments. C'est la même catégorie qui montre un agacement récurrent face au moindre signe traduisant l'immobilisme européen en matière de protection agricole. C'est lui aussi qui se montre las des hésitations constantes du gouvernement et de la cacophonie régnant au sein de la classe politique et entre les trois pouvoirs de la République.

Il y a lieu de rappeler que, mis à part le départ intempestif du Crédit Agricole, les entreprises européennes et, plus particulièrement, les entreprises françaises et espagnoles ont fait preuve de compréhension à l'égard de la situation argentine. La meilleure preuve en est le fait que, onze mois après la dévaluation, le rattrapage des tarifs de services publics n'a toujours pas eu lieu[14], qu'aucune n'a plié bagages[15] et que quelques groupes ont même procédé à de nouveaux investissements, comme Carrefour par exemple. Il est certain que, dans cet exercice acrobatique qui conduit le gouvernement à tenter de chasser l'épouvantail de l'hyperinflation tout en essayant d'appliquer les recettes prônées par le FMI, les partenaires européens ont leur rôle à jouer : d'une part, ils peuvent contribuer à ce que leurs gouvernements respectifs plaident pour une attitude moins intransigeante parmi les hauts responsables du FMI et, d'autre part, ils peuvent afficher auprès des Argentins -responsables politiques et citoyens- une attitude constructive pouvant conduire vers une sortie de crise. De fait, le *corralito* s'étant quelque peu assoupli, le peso s'étant stabilisé, quelques mois durant, face au dollar et la hausse des tarifs ne s'étant pas encore produite, les esprits se sont quelque

---

[14] Un rattrapage des tarifs est annoncé pour les premiers jours de décembre 2002.
[15] L'Oréal a annoncé à qui voulait le croire que son repli n'était pas lié à la crise…

peu calmés et ont cessé de vouer aux gémonies les entreprises européennes.

La situation étant particulièrement tendue, le moindre signe est décodé et interprété par une communauté que la crise a rendue extrêmement réactive. C'est ainsi que le feu vert de Bruxelles autorisant l'importation supplémentaire de viande argentine (*cuota Hilton*) a été immédiatement interprété à Buenos Aires comme un signe de compréhension et d'appui envoyé par l'Europe aux Argentins.[16] De même, les propos du commissaire Pascal Lamy venu débattre de l'ouverture des échanges UE – Mercosur début mars ont eu pour but de rassurer les Argentins quant aux réactions de l'UE face aux difficultés du moment : c'est selon une stratégie de long terme que les entreprises européennes se sont installées en Argentine et c'est parce qu'elles croient dans le potentiel du marché argentin qu'elles l'ont fait[17], rappela le commissaire. Dans le même esprit, un des hauts responsables du patronat espagnol, la CEOE, proclama : « L'Argentine est un pari que l'on ne peut pas perdre » ; et la presse locale s'en fit immédiatement l'écho.[18]

Mais, s'agissant du long terme, les relations entre l'Argentine et l'Europe sortiront-elles affaiblies du marasme actuel ? Elles sont, nous n'en doutons point, mises à l'épreuve. De là à dire que les liens vont fléchir ou perdre de l'intensité, il y a un pas considérable.

A ce titre, il est intéressant d'évoquer le résultat de deux enquêtes datant de 2002. L'une[19], menée le 3 avril auprès d'un échantillon de 500 personnes vivant à Buenos Aires et dans les environs, donne les résultats suivants : face à un éventuel recours à une assistance étrangère pour résoudre la crise argentine, les réponses affichent une préférence très nette pour

---

[16] *La Nación* annonçait le 26 mars 2002 « Un sueño que se hizo carne » et insistait sur l'importance de ce geste alors que la France était en campagne pour les présidentielles et que l'Europe connaissait un excédent en la matière, pour cause de désaffection de la population pour la viande bovine à la suite des interrogations pesant sur la sécurité alimentaire.
[17] *La Nación* du 3 mars 2002.
[18] *La Nación* du 12 mars 2002
[19] Source *Clarín* du 9 juin 2002.

une tutelle technique des ONG internationales et des gouvernements de France, d'Italie et d'Espagne (*sic*) plutôt qu'une tutelle exercée par le gouvernement des USA ou par le FMI.

La deuxième, menée par Gallup entre le 4 et le 8 avril, sonde les priorités des Argentins en matière de politique étrangère. Les résultats montrent que le Mercosur s'affiche en premier pour les personnes interrogées (42 % des réponses, 46 % en 1999, 42 % en 2000 et 31 % en 2001) et que l'UE est la deuxième avec 20 % des préférences (15 % en 1999, 22 % en 2000 et 24 % en 2001), les Etats-Unis n'occupent que la troisième place avec 16 % des préférences (16 % en 2001, contre 17 % en 1999, 15 % en 2000 et 19 % en 2001).

A la lecture de ces chiffres, on peut constater l'importance donné au proche voisinage dans le cadre du Mercosur. Mais on peut y voir aussi le signe tangible que la crise n'a pas porté un coup fatal aux relations avec l'Europe et que les citoyens n'ont pas changé de manière drastique, loin s'en faut, leur perception à ce sujet.

Revenons sur le long terme. Pour les entreprises européennes, l'Argentine intégrée dans un Mercosur fortifié reste un relais de croissance économique non négligeable. Mais il y a plus : l'Argentine et le Mercosur ont besoin de l'Europe et l'Europe a besoin de plus d'Amérique latine et de plus de Mercosur, cet ensemble créé à son image. Ne sont-ils pas tous deux des composantes essentielles de l'Occident, cet Occident menacé par le terrorisme transnational ? Ne sont-ils pas indispensables à la construction d'une multipolarité nécessaire pour garantir des rapports équitables entre les peuples ? Ne sont-ils pas des éléments clés pour contrecarrer les effets d'uniformisation de la mondialisation ?

Ces relations ont en fait pris un tournant qu'il faut interpréter dans le périmètre plus large de la scène mondiale. Le dialogue politique est fluide, la coopération culturelle est bien vivante ; de plus, les années 90 ont réactivé de façon substantielle les partenariats économiques, apportant de nouveaux éléments à l'écheveau des relations. L'on peut d'ailleurs espérer que les responsables argentins seront mieux armés à l'avenir pour adopter, au sein des négociations internationales, des attitudes plus cohérentes et plus soucieuses des intérêts nationaux. Mais il faudra plus pour sortir l'alliance UE–Amérique latine de l'amicale rhétorique dans laquelle on a trop tendance à l'enfermer ; et donc pour lui donner du contenu. S'il s'agit de faire échec à l'unilatéralisme, c'est au repérage continu des convergences qu'il faut travailler, tout comme au renforcement de l'attractivité réciproque.

L'Argentine aura à cœur de se montrer prévisible et cohérente, et de faire preuve d'une stratégie de croissance et d'insertion internationale digne de ce nom. L'Europe devra, elle, se montrer délibérément engagée dans la modernité et non rivée à un eurocentrisme qui n'est plus de mise, accrochée aux avantages acquis par le passé. C'est à cette condition qu'elle pourra de nouveau faire rêver les jeunes générations d'Argentine - et celles des autres pays latino-américains.

Les auteurs

Christophe Aguiton, militant depuis le début des années 70, syndicaliste à France Télécom, CFDT puis SUD des 1989, élu sur liste syndicale au Conseil d'administration de FT de 1996 à 2000, militant dans les mouvements de lutte contre le chômage, à AC! à partir de 1993 puis dans les "marches européennes contre le chômage" en 1997, militant à ATTAC depuis 1998. Il a publié *Le retour de la question sociale*, avec Daniel Bensaïd, Ed. Page 2, 1997 et *Le monde nous appartient*, Plon, 2000.

Jean-Michel Blanquer, professeur de droit public, directeur de l'Institut des Hautes Etudes de l'Amérique Latine (Université Paris III Sorbonne Nouvelle). Il a publié récemment : *Las dos Colombias* (en coord. avec Christian Gros), Ed. Norma, 2002 ; il a coordonné le n° spécial de la revue *Pouvoirs* sur l'Amérique latine, 2001.

Daniel Campi, Docteur en histoire, chercheur du CONICET et professeur d'histoire économique et d'historiographie des universités de Tucumán et Jujuy. Parmi ses publications *Estudios sobre la historia de la industria azucarera argentina* (2 vols.).

Laurence Caramel est journaliste au *Monde*.

Joëlle Chassin est enseignante et chercheur (CREDAL et CRALMI-EHESS). Ses articles et études portent principalement sur les Indépendances et les formes de l'opinion en Amérique latine, notamment au Pérou. Co-auteur de *Los espacios públicos en Iberoamérica, Ambigüidades y problemas, Siglos XVIII-XIX* (coord. par F.X. Guerra et A. Lempérière), CEMCA-Fondo de Cultura Económica, México, 1998, et de *Les sociabilités dans le monde hispanique XVIIIe-XXe siècle* (coord. par L.F. Martin et A-M Brenot) P.U. de Valenciennes, 2000. Elle codirige avec Denis Rolland les collections sur l'Amérique latine et la Péninsule ibérique des Editions L'Harmattan.

François Chesnais, économiste, membre de l'Observatoire de la mondialisation, Professeur associé à l'Université de Paris-Nord, Villetaneuse, membre du conseil scientifique d'ATTAC, collaborateur du *Monde diplomatique*.

Thomas C. Dawson, Nord-Américain formé à Stanford et Princeton, il a une carrière oscillant entre administration fédérale et les entreprises privées du Conseil. Il a successivement travaillé pour le Département d'Etat, McKinsey and Co, le Département du Trésor, la Maison Blanche, Regdon Associates, à nouveau le Trésor avant d'être entre 1989 et 1993 *U.S. Executive Director* au Fonds Monétaire International, puis de nouveau dans le privé chez Merrill Lynch jusqu'en 1999. Il est depuis Directeur des relations Extérieures du Fonds Monétaire International.

Daniel van Eeuwen, professeur (science politique) des Universités, dirige le Centre de Recherches sur l'Amérique latine et les Caraïbes (CREALC) et l'option Amérique latine-Caraïbes de la formation doctorale de science politique comparative à l'Institut d'études politiques d'Aix-en-Provence. Il est l'auteur de nombreuses publications sur les questions politiques latino-américaines, et a notamment dirigé *La transformation de l'Etat en Amérique latine. Légitimation et intégration* (Karthala, 1994), *Les nouvelles intégrations latino-américaines et Caraïbes. Régionalisme ouvert et mondialisation* (1998), et *L'Amérique latine et l'Europe à l'heure de la mondialsiation. Dimensions des relations internationales,* Karthala - CREALC - IEP/Aix, Paris, 2002.

Rubén Elsinger est journaliste, correspondant du quotidien argentin *Clarín* à Tucumán

Ted Goertzel, Ph.D., est professeur de sociologie à Rutgers University, Camden NJ (Etats-Unis). Il est notamment l'auteur d'une biographie de Fernando Henrique Cardoso (*Fernando Henrique Cardoso: Reinventing Democracy in Brazil.* Boulder: Lynne Rienner, 1999). goertzel@camden.rutgers.edu

Marianne González Alemán est doctorante en histoire contemporaine (F.-X. Guerra dir., Paris I). Sa recherche porte sur les formes de l'action collective de rue en Argentine, les cultures politiques et leurs relations avec l'espace de la ville de Buenos Aires entre 1945 et 1974. Elle a publié « Au centre du débat ? La mémoire des années 70 en Argentine », in *Histoire et Sociétés de l'Amérique latine*, 2001-2002, n°13. « La Marche de la Constitution et de la Liberté, une certaine idée de l'Argentine authentique, 19 septembre 1945 », in D. Tartakowsky et M. Pigenet, « Les marches collectives », *Le Mouvement Social*, 2001-2002, n° 202. granola@netcourrier.com

Pierre Kalfon est journaliste et écrivain. Il a longtemps vécu dans le Cône Sud (Argentine, Chili et Uruguay), y occupant des fonctions culturelles et diplomatiques. Il a signé deux films documentaires *El Che* (réalisé par Maurice Dugowson en 1997) et *Le dernier combat de Salvador Allende*. Il est l'auteur, entre autres publications, de *Allende, Chili, 1970-1973*, *Argentine* (poche), *Les Amériques latines en France* (avec Jacques Leenhardt, Paris, Gallimard), *Che, Ernesto Guevara. Une légende du siècle*, (Paris, Seuil).

Horst Köhler, né en Pologne et de nationalité allemande, est docteur en économie et en sciences politiques de l'université de Tübingen, où il a été assistant. Il a ensuite occupé plusieurs postes aux ministères de l'Economie et des Finances de l'Allemagne. Il fut l'un des négociateurs allemands des accords de Maastricht, puis vice-ministre des Finances, Président de l'Association allemande des caisses d'épargne de 1993 à 1998 et Président de la Banque européenne pour la reconstruction et le développement. Il est, depuis mai 2000, le huitième Directeur général *(Managing Director)* du Fonds Monétaire International, succédant à Michel Camdessus.

Jean Jacques Kourliandsky est chercheur à l'IRIS (Institut de relations internationales et stratégiques) où il est responsable des questions diplomatiques et stratégiques concernant l'Espagne et les pays de l'Amérique hispanophone. Membre du comité de rédaction des revues *Espaces latinos* et *La Revue internationale et stratégique*.

Anne Krueger, docteur en économie de l'université du Wisconsin, a enseigné dans plusieurs universités (Minnesota, Duke et Stanford) ; elle est, notamment, l'ancienne présidente de l'*American Economic Association,* membre de l'Académie nationale des sciences et membre associé du *National Bureau of Economic Research.* Parmi ses publications récentes, *Economic Policy Reform: The Second Stage* (2000), *The WTO as an International Organization* (2000) et *Changes in Exchange Rates in Rapidly Developing Countries: Theory, Practice and Policy Issues* (1999; avec Takatoshi Ito). Depuis septembre 2001, elle est Première Directrice générale adjointe *(First Deputy Managing Director)* du Fonds monétaire international.

Marcelo Lagos est historien. Professeur et chercheur de la *Facultad de Humanidades y Ciencias Sociales* de l'*Universidad Nacional de Jujuy*. Il est l'auteur de nombreux livres, articles et revues en Argentine comme à l'étranger. Il a coordonné quatre livres collectifs. Ses principaux thèmes de recherche portent sur l'agro-industrie régionale, les marchés du travail et la question indigène en Argentine.

Christine Legrand est journaliste au *Monde*.

Estela López est argentine mais habite en France depuis 23 ans. Ancienne employée et syndicaliste de l'industrie métallurgique argentine, elle est professeur d'espagnol dans un collège de la région parisienne.

Serge Marti est journaliste au *Monde*.

Pablo Ortemberg formé à l'*Universidad de Buenos Aires*, réside en France depuis l'an 2000. Il prépare une thèse d'histoire sur « les Fêtes et les constructions de l'identité nationale et régionale au Pérou entre le XVIIIe et le XIXe siècles », sous la direction de Nathan Wachtel à l'EHESS. Il a publié « Celebraciones del poder real en Lima: itinerarios teórico-metodológicos », in *Memoria Americana* n°9, Université de Buenos Aires, 2000, pp. 87-123. portemb@hotmail.com

Susana Peñalva est sociologue, chercheur du CONICET, membre du Centre d'Etudes Urbaines et Régionales de l'université de Buenos Aires, et chercheur associée au centre Cultures et Sociétés Urbaines (Paris 8). Elle écrit sur l'analyse des modes de vie des classes populaires, l'intervention de l'Etat et les politiques publiques et est co-éditrice de *Descentralización y democracia. Gobiernos locales en América Latina* (Santiago du Chili, 1989) ; *Desempleo estructural, pobreza y precariedad. Coordenadas y estrategias de política social en Argentina y América Latina* (Buenos Aires, 1996). Sa thèse, en préparation, porte sur les « Formes institutionnelles de régulation et désaffiliation en Argentine ». penalva@iresco.fr.

Florence Pinot de Villechenon est professeur de civilisation hispanique à l'ESCP-EAP où elle dirige le CERALE Centre d'Etudes et de Recherche Amérique latine-Europe.

Carlos Quenan : Maître de conférences en économie à l'Institut des Hautes Etudes de l'Amérique latine (IHEAL), à l'Universite de Paris 3 Sorbonne Nouvelle, et économiste senior à CDC IXIS, est auteur de plusieurs ouvrages et de nombreux articles sur les relations économiques internationales et la macroéconomie des pays latino-américains.

Denis Rolland est professeur de l'Université Robert Schuman Strasbourg 3, directeur de recherche au CHEVS-Fondation Nationale des Sciences Politiques et ancien auditeur de l'Institut des Hautes Etudes de l'Entreprise. Parmi ses dernières publications *La crise du modèle français, Marianne et l'Amérique latine*, Rennes, PUR, 2000 ; *Mémoire et imaginaire de la France en Amérique latine*, Paris, L'Harmattan, 2000 ; *Louis Jouvet et le théâtre de l'Athénée en guerre, 1. de Paris à Rio de Janeiro* Paris, L'Harmattan, 2000 ; Et parmi les ouvrages en co-direction *Intellectuels et politiques au Brésil*, Paris, L'Harmattan-IUF, 2003 ; *Pour une histoire de l'exil français*, revue *Matériaux*, BDIC, septembre 2002. denisrolland@freesurf.fr

Pierre Salama est professeur d'économie à l'université de paris 13, membre du CEPN-CNRS et de son conseil scientifique et directeur scientifique de la revue *Tiers monde* publiée aux PUF. Il a écrit douze livres, la plupart sur l'Amérique latine, et quasi tous traduits en espagnol et en portugais. Il est membre de comités éditoriaux de plusieurs revues latino-américaines et surtout spécialisé sur le Brésil, l'Argentine, le Mexique et la Colombie. Ses thèmes de recherche privilégiés sont la pauvreté (et son corrollaire, la richesse), la dépendance financière, la drogue et la violence.

Marcos Savini, journaliste brésilien et collaborateur du mensuel *Primeira Leitura* à Bruxelles (2001/2002), exerce aujourd'hui sa profession à Brasília. Ex-correspondant du quotidien *Correio Braziliense* en France et en Allemagne. Il est titulaire d'un mastère en Relations Internationales de l'Université de Brasília, avec un mémoire sur les relations entre le Mercosur et l'Union Européenne.

Jérôme Sgard est économiste senior au CEPII (Paris) et Professeur-associé à Paris-Dauphine. Il travaille sur les crises et les réformes économiques dans les économies émergentes et en transition. A notamment publié : *Europe de l'Est, la transition économique* (1997, Flammarion) et *L'Economie de la Panique, faire face aux crises financières* (2002, La Découverte).

Marcelo Sili est géographe, formé l'*Universidad Nacional del Sur* (Argentine). Il a travaillé sur les politiques de développement à l'ILPES-CEPAL et fait son doctorat en développement rural à l'université de Toulouse Le Mirail puis un post-doctorat à l'INRA-SAD. Il est l'auteur de plusieurs livres et articles sur le développement et sur les transformations territoriales et rurales en Argentine. Il a coordonné de nombreux projets de développement local et régional dans différentes provinces et municipalités argentines. Il est chercheur du CONICET, Professeur de l'*Universidad Nacional del Sur* et coordinateur du PRORURAL (*Programa de apoyo al desarrollo de los espacios rurales de la Argentina*).

Anoop Singh, Indien, après avoir travaillé à la *Reserve Bank of India* puis à la Banque mondiale, exerce depuis 25 ans au sein du Fonds Monétaire International. Il était *Deputy Director of the Asia and Pacific Department* avant d'être nommé en février 2002 *Director for Special Operations* puis en juin *Director, Western Hemisphere Department*.

Joseph E. Stiglitz, prix Nobel 2001 d'économie, a eu une carrière universitaire au sein des meilleures universités nord-américaines (MIT, Yale and Stanford) avant de rejoindre l'administration Clinton en 1993 comme membre du *Council of Economic Advisors*. En 1997, il est devenu *Senior Vice President and Chief Economist* à la Banque mondiale. De plus en plus critique vis-à-vis des politiques néolibérales, il est entré en conflit avec son administration et a quitté la Banque mondiale. Depuis 2001, il enseigne à *Columbia University*.

Arnaud Zacharie est porte-parole et coordinateur du réseau scientifique d'ATTAC-Belgique, chercheur au CADTM, coauteur de « Sortir de l'impasse. Dette et ajustement » (2002) et de « Mise à nu des marchés financiers. Les dessous de la globalisation » (2002), diplômé en relations internationales, en études européennes et en communication

Photos noir et blanc de couverture :

Soucieuses de l'avenir incertain de leurs enfants et victimes des graves difficultés économiques qui bouleversent actuellement la vie quotidienne des couches populaires en Argentine, les femmes *piqueteras* sont sorties de leurs foyers... couper les routes à côté de leurs compagnons.
Les photographies en noir et blanc illustrant la couverture de ce livre sont un témoignage de leur mouvement. Elles ont été réalisées et cédées gracieusement par la photographe argentine **Verónica Mastrosimone**, co-réalisatrice (avec Malena Bystrowicz) du film « Piqueteras » (« Piquets de grèves »), leur opéra prima (Arg./doc. 2002, format DVDCam/vidéo). En donnant la parole aux femmes-*piqueteras*, ce photo-documentaire, réalisé à Cutral-Co (Nuequén), Mosconi (Salta) et Ledesma (Jujuy), montre la lutte de ces « chômeurs-coupeurs de route » et donne à entendre leurs attentes pour l'avenir en Argentine.
Le film a été récemment invité à participer de plusieurs festivals européens. Il a été présenté par ses réalisatrices dans la séance d'ouverture du cycle « Portraits de Buenos Aires » programmé par le Forum des Images à Paris (du 5 juin au 28 juillet 2002). Il a été projeté en France dans le cadre du Festival du Cinéma latino-américain à Bordeaux, Toulouse, Paris, Nantes et Pau. Il a été présenté aussi en Espagne, invité au Festival de Cinéma documentaire de Malaga, au Festival Apolo de nouveaux réalisateurs de Barcelone, au Concours de courts métrages de Avilés et au Salon du Livre de Gijón. Il a été projeté en outre à la Maison de l'Amérique et à la Filmothèque de Madrid.

Verónica Mastrosimone vit actuellement à Buenos Aires et réalise des reportages spéciaux sur commande. vmastrosimone@hotmail.com

Tous copyrights (textes et photos) réservés. Photo couleur de la 1ère de couverture Estela López.
Droits de cet ouvrage, s'il y a lieu, intégralement versés à une Association humanitaire de San Salvador de Jujuy.

Table des matières

Introduction : Argentine, un an après, *Denis Rolland* 9

1. Clés générales 13

Où vont les Amériques ? *Jean-Michel Blanquer* 15
Document : Amérique latine : les revers d'une libéralisation précipitée, *Laurence Caramel et Serge Marti, Le Monde, 15-10-2002* 20
Après la décennie perdue, la décennie piégée par le libéralisme, *Pierre Salama* 22
Repères chronologiques : la crise en Argentine et dans les pays voisins, *Denis Rolland* 26

2. Clés économiques et financières 33

Une crise inédite, *Carlos Quenan* 35
Document : Should Countries like Argentina be able to Declare Themselves Bankrupt? *Anne O. Krueger, FMI, 18 janvier 2002* 45
« Chronique d'une crise annoncée », *Pierre Salama* 48
Document : L'Argentine face aux institutions financières internationales, *Christine Legrand, Le Monde, 20-11-2002* 57
Document : Why the Nation That Followed the Rules Fell to Pieces, *Joseph E. Stiglitz, Washington Post, May 12, 2002* 60
Le FMI et le désastre argentin, *Jérôme Sgard* 65
Document : IMF Extends Argentina's SRF Repayment Expectation by One Year, *FMI, 20 novembre, 2002* 74
Le meilleur élève devenu bonnet d'âne, *Arnaud Zacharie* . 75
Document : Dette illégitime ou criminalité financière contre développement humain, *Arnaud Zacharie, ATTAC, juin 2001* 80
Libéralisation de l'économie et « désalarisation » sous contrainte : l'Argentine de l'an 2000 en proie à une crise structurelle, *Susana Peñalva* 83
Document : Ce qui se joue en Argentine, *François Chesnais* 109

3. Clés historiques, politiques et sociales 113

De Perón à Duhalde, la faillite d'un système politique,
   Daniel van Eeuwen.. 115
Dieu n'est plus argentin, *Pierre Kalfon* 121
Dépérissement diplomatique, érosion d'une nation,
   Argentine 2001-2002, *Jean Jacques Kourliandsky* 128
"Transformisme" et culture politique, considérations
   sur la crise, *Daniel Campi*..................................... 141
Prendre la rue, une tradition argentine, 19 et 20
   décembre 2001, *Marianne Gonzalez*....................... 149
La formation des assemblées populaires en Argentine :
   portrait de la protestation et de l'explosion
   associative, *Pablo Ortemberg*.................................. 169
Document : Forum social en Argentine, *Christophe Aguiton,
   ATTAC*... 188
Document : Témoignage d'une Argentine émigrée en France,
   Estela López... 191
L'impact des politiques néolibérales sur une province
   marginale : le cas de Jujuy, *Marcelo Lagos*............. 195
La faim tue les enfants dans le « grenier du monde »,
   Rubén Elsinger.. 204

4. Clés pour l'avenir... 211

Du désastre au renouveau, *Pascal Morand*................... 213
La crise argentine, un regard de la campagne,
   Marcelo E. Sili... 221
Document : Why Brazil isn't Argentina, 08-2002, *Ted Goertzel*..... 229
Le Mercosud n'est pas mort, *Marcos Savinil* 232
Document : Argentina and the IMF, Brazil and the IMF,
   Transcript of a Press Briefing on Latin America, *Horst
   Köhler, Anne Krueger, Anoop Singh, Thomas C.Dawson*,
   23-09-2002 239
Les représentations de l'Europe et de l'Argentine
   à l'heure de la crise, *Florence Pinot* 255

Les auteurs 269

655080 - Mai 2016
Achevé d'imprimer par